Adaptation française :
Dominique Boutel *(Black Beauty)* avec l'aimable
autorisation des Éditions Gallimard,
Marie-Céline Cassanhol *(Le moulin sur la Floss)*,
Gérard Joulié *(Le vent dans les saules)* avec l'aimable
autorisation des Éditions Phébus,
Christophe Rosson *(Le jardin secret, Le magicien d'Oz, Le génie des sables)*,
Maïca Sanconie *(Le siège de la roulotte, La sorcière dans la barque de pierre, Lorna Doone, Les héros du rail, Les sœurs géantes et le cygne d'argent, Sur l'épaule du vent du Nord, L'œillet couleur d'or, Le frelon à perruque, Les enfants de la forêt nouvelle, La légende de la tsarevna et des sept géants, Les bébés d'eau, Qu'as-tu fait Katy?, Rebecca de la clairefontaine, Pollyanna)*,
Paulette Vielhomme-Callais *(La Petite princesse)* avec l'aimable
autorisation des Éditions Gallimard

Secrétariat d'édition :
Myriam Merlant

© 2006 Éditions Gründ pour l'édition française
www.grund.fr

Première édition 2005 par Bardfield Press sous le titre
STORIES FOR GIRLS
© 2005 Miles Kelly Publishing Ltd

ISBN 978-2-7000-1493-8
Dépôt légal : août 2006
PAO : Ewa Magnuska
Imprimé en Chine

Loi n° 49-956 du 16 juillet 1949 sur les publications destinées à la jeunesse

GARANTIE DE L'ÉDITEUR
Malgré tous les soins apportés à la fabrication, il est malheureusement possible que cet ouvrage comporte un défaut d'impression ou de façonnage. Dans ce cas, il vous sera échangé sans frais. Veuillez à cet effet le rapporter au libraire qui vous l'a vendu ou nous écrire à l'adresse ci-dessous en nous précisant la nature du défaut constaté. Dans l'un ou l'autre cas, il sera immédiatement fait droit à votre réclamation.

Éditions Gründ – 60, rue Mazarine – 75006 Paris

Histoires pour les Filles

GRÜND

Sommaire

La petite princesse   11
Frances Hodgson Burnett

Le siège de la roulotte   37
Alice Massie

De l'autre côté du miroir   51
Lewis Carroll

Black Beauty   61
Anna Sewell

La sorcière dans la barque de pierre   75
Adaptation de Fiona Waters

Lorna Doone   83
R. D. Blackmore

Les héros du rail   99
Edith Nesbit

La foire aux vanités   133
William Makepeace Thackeray

Les sœurs géantes et le cygne d'argent   147
Adaptation de Fiona Waters

Heidi   161
Johanna Spyri

Sur l'épaule du vent du Nord   181
George MacDonald

Les quatre filles du docteur March   197
D'après Louisa May Alcott

L'œillet couleur d'or   219
Adaptation de Fiona Waters

Le jardin secret   227
Frances Hodgson Burnett

Le frelon à perruque   251
Lewis Carroll

Jane Eyre	259
Charlotte Brontë	
Les enfants de la forêt nouvelle	281
Captain Marryat	
La légende de la tsarevna et des sept géants	297
Adaptation de Fiona Waters	
Le vent dans les saules	313
Kenneth Grahame	
Les bébés de la mer	357
Charles Kingsley	
Qu'as-tu fait, Katy?	367
Susan Coolidge	
Le moulin sur la Floss	379
George Eliot	
Rebecca de la clairefontaine	391
Kate Douglas Wiggin	

Les grandes espérances	405
Charles Dickens	
Pollyanna	431
Eleanor H Porter	
Le magicien d'Oz	439
Lyman-Frank Baum	
Le génie des sables	467
Edith Nesbit	
Alice au pays des merveilles	497
Lewis Carroll	

Introduction

Cet ouvrage rassemble des extraits de chefs-d'œuvre de la littérature pour la jeunesse qui comptent parmi les préférés des enfants. Des personnages comme Dorothée, Heidi, Lorna Doone et Black Beauty ont enchanté des générations de lecteurs dans le monde anglophone. On les retrouve ici, mis en scène par de charmantes illustrations signées par des illustrateurs confirmés.

Les auteurs comprennent aussi bien Lewis Carroll que Kenneth Grahame, Charlotte Brontë et George Eliot. Les jeunes enfants seront ravis d'entendre ces histoires lues à haute voix, et les fillettes plus âgées aimeront les lire seules. Tous seront entraînés dans des mondes extraordinaires, qui captivent l'imagination.

Ces histoires ont souvent été écrites par les auteurs pour leurs propres enfants, comme Kenneth Grahame pour son fils Alastair. De la même manière, Lewis Carroll inventa une suite d'aventures étranges pour amuser la petite Alice Liddell, qui n'avait que dix ans, et ses sœurs. Tous ces épisodes furent publiés sous le titre d'*Alice au pays des Merveilles* et *De l'autre côté du miroir*.

La plupart des histoires de ce recueil sont des extraits, destinés à encourager les lecteurs à trouver les livres desquels ils sont issus pour les lire en entier. Sélectionnées par Fiona Waters, célèbre auteur pour enfants, chaque histoire est précédée d'une introduction présentant le livre et ses personnages, ainsi que d'une brève biographie de l'auteur. C'est une véritable anthologie, que les enfants consulteront à maintes reprises et qui restera au cœur de la bibliothèque familiale. Elle convient aux fillettes de tous les âges et les accompagnera longtemps.

La petite princesse

Frances Hodgson Burnett

Traduction de Paulette Vielhomme-Callais

© Éditions Gallimard

Introduction

La petite princesse, *écrit par Frances Hodgson Burnett (1849-1924), raconte l'histoire d'une petite fille, Sara - élevée et choyée par son père, le riche capitaine Crewe - qui doit quitter son pays pour Londres, afin d'y suivre les cours du pensionnat réputé de Miss Minchin. Mais un jour, son destin prend une tournure tragique à l'annonce de la mort de son père. Ce livre magnifique montre comment Sara parviendra à survivre et quelle sera sa destinée après ce terrible bouleversement.*

La petite princesse

Sara

Par une sombre journée d'hiver où le brouillard jaunâtre était si épais qu'on avait allumé les becs de gaz, une curieuse petite fille était assise avec son père dans un fiacre qui roulait sans se presser dans les rues de Londres où les vitrines des magasins resplendissaient comme en pleine nuit.

Pelotonnée sur la banquette, elle s'appuyait contre son père qui l'entourait de son bras et regardait les passants à travers la vitre d'un air rêveur et étrangement précoce.

Une telle expression surprenait sur le visage d'une enfant aussi jeune : elle aurait déjà paru au-dessus de son âge si elle avait eu douze ans. Or Sara Crewe n'en avait que sept. Pourtant le fait était qu'elle passait son temps à rêver et à retourner des idées bizarres dans sa tête. Aussi loin que ses souvenirs remontaient, les adultes et leur monde avaient toujours été pour elle un sujet de réflexion. Il lui semblait avoir déjà vécu très, très longtemps.

« Papa », dit-elle d'une petite voix mystérieuse, si bas que c'était presque un murmure.

Le capitaine Crewe la serra contre lui :

– Qu'y a-t-il ma chérie ? demanda-t-il en se penchant vers elle. À quoi pense ma petite Sara ?

– Alors c'est ça, l'endroit ? chuchota-t-elle en se blottissant contre lui. Dis, papa, c'est ici ?

– Oui, ma chérie. Nous voici enfin arrivés.

Et, bien qu'elle n'eût que sept ans, Sara sentit la tristesse qui perçait dans cette réponse.

Elle avait l'impression qu'il y avait des années qu'il lui parlait de « cet endroit », comme elle disait toujours. Elle n'avait jamais connu sa mère qui était morte en la mettant au monde, de sorte qu'elle ne lui avait pas manqué. Elle n'avait pour toute famille que ce père jeune, beau et riche qui la gâtait. Il avait toujours partagé ses jeux et ils s'aimaient beaucoup. Elle savait qu'il était riche parce qu'elle l'avait entendu dire par des gens qui croyaient qu'elle n'écoutait pas. Ils avaient ajouté qu'elle le serait aussi plus tard, mais elle ne se rendait pas bien compte de ce que cela signifiait. (…)

La petite princesse

« Cet endroit » où il faudrait qu'elle aille un jour était le seul sujet d'inquiétude qu'elle ait jamais connu au cours de sa brève existence. Le climat des Indes étant très mauvais pour les enfants, les parents s'arrangeaient pour les envoyer ailleurs dès qu'ils étaient assez grands – généralement à l'école, en Angleterre. Sara avait vu d'autres enfants partir et avait entendu parler des lettres qu'ils écrivaient à leur père et à leur mère. Elle savait qu'il faudrait qu'elle s'en aille aussi, et, bien qu'elle ait été parfois captivée par la description que son père lui faisait du voyage et de ce pays inconnu, l'idée qu'il ne resterait pas avec elle la troublait.

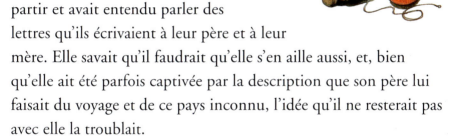

– Dis, papa, tu ne pourrais pas venir avec moi ? lui avait-elle demandé quand elle avait eu cinq ans. On irait ensemble à l'école et je t'aiderais à apprendre tes leçons.

– Oh, tu verras, ce ne sera pas long, avait-il répondu comme à chaque fois que le sujet revenait dans la conversation. Tu habiteras dans une belle maison où il y aura plein de petites filles pour jouer avec toi. Je t'enverrai beaucoup de livres et tu pousseras si vite que tu ne sentiras pas le temps passer. Quand tu seras assez grande et assez instruite pour revenir t'occuper de ton papa, ça sera comme s'il n'y avait même pas un an que tu étais partie.

– Eh bien, papa, dit-elle d'une voix douce, puisque nous en sommes là, il va bien falloir nous y résigner.

Il se mit à rire et l'embrassa, amusé par le sérieux de ce discours. À vrai dire, il ne se sentait nullement résigné, tout en sachant très bien qu'il ne devait pas le montrer. Ce drôle de petit bout de chou avait été pour lui un compagnon hors pair, et il se disait qu'aux Indes il se sentirait bien seul quand il ne verrait plus sa petite robe blanche accourir à sa rencontre le soir lorsqu'il rentrerait au bungalow. Et, tandis que le fiacre arrivait sur la grande place morne où se trouvait la maison qui était le but de leur voyage, il l'entoura plus étroitement de son bras.

C'était une construction de brique, grande et morne elle aussi, qui se dressait au milieu d'une rangée de maisons toutes pareilles dont elle ne se distinguait que par la plaque de cuivre qui brillait sur sa porte.

Il y était gravé en lettres noires :

MISS MINCHIN

Pensionnat pour jeunes filles de bonne famille

— Nous voici arrivés, Sara, dit le capitaine Crewe d'un ton aussi enjoué que possible.

Il la souleva pour l'aider à descendre du véhicule, monta avec elle les marches du perron et sonna à la porte. Sara devait souvent se dire par la suite que la maison était tout à fait comme miss Minchin : elle présentait bien, mais elle était très laide à l'intérieur. Jusqu'aux fauteuils qui avaient l'air bourrés de noyaux de pêche ! Dans le vestibule, tout était froid et reluisant. (...)

Sara s'assit sur une des chaises d'acajou à dossier droit et jeta un regard autour d'elle.

— Je ne peux pas dire que cela me plaît beaucoup, déclara-t-elle. Mais je suppose que les soldats n'aiment pas non plus aller à la guerre – même ceux qui sont courageux.

Le capitaine Crewe éclata de rire. Il était jeune et gai, et ne se lassait jamais des curieuses péroraisons de sa fille.

— Oh ! Sara ! s'écria-t-il. Que vais-je devenir sans mon petit mentor ? Je ne connais personne d'aussi sérieux que toi.

— Pourquoi les choses sérieuses t'amusent-elles tant ? demanda Sara.

– Parce que tu parles comme un vrai petit pape, répondit-il en riant de plus belle.

Puis il la prit dans ses bras et l'embrassa très fort. Il s'était brusquement arrêté de rire et on aurait pu croire que les larmes lui montaient aux yeux.

Miss Minchin fit son entrée juste à ce moment-là. Sara trouva qu'elle ressemblait beaucoup à sa maison : grande et morne, respectable et laide. Elle avait de gros yeux froids et glauques, et un sourire froid et cauteleux qui s'élargit encore à la vue de Sara et de son père. La dame qui avait recommandé son établissement au capitaine Crewe lui avait appris toutes sortes de choses intéressantes sur ce jeune officier – entre autres qu'il était riche et prêt à dépenser beaucoup d'argent pour sa fille.

– Ce sera un grand privilège d'avoir la charge d'une petite fille aussi douée et aussi jolie, capitaine Crewe, dit-elle en prenant la main de Sara qu'elle se mit à caresser. (…)

Sara restait là, sans bouger, les yeux fixés sur miss Minchin. Comme d'habitude, de drôles d'idées lui trottaient dans la tête.

La petite princesse

« Pourquoi dit-elle que je suis jolie ? se demandait-elle. Ce n'est pas vrai du tout. Isobel, la fille du colonel Grange – en voilà une qui est jolie ! Elle a les joues roses, des fossettes et de longs cheveux dorés. Moi, j'ai les cheveux noirs et courts et mes yeux sont verts. De plus j'ai le teint mat et je suis plutôt maigrichonne. Je ne connais aucune petite fille qui soit aussi laide. Alors pourquoi raconte-t-elle des histoires ? »

Sara avait tort de se croire laide. Elle ne ressemblait évidemment pas à Isobel Grange, la plus jolie des enfants de la garnison, mais elle avait un charme bien à elle. Plutôt grande pour son âge, elle était mince et souple, avec un joli petit visage expressif encadré de cheveux noirs qui ne bouclaient qu'aux pointes. Ses yeux étaient effectivement d'un vert qui tirait sur le gris, mais ils étaient beaux et frangés de longs cils noirs. Et si elle trouvait leur couleur déplaisante, beaucoup de gens n'étaient pas de son avis. Elle n'en restait pas moins convaincue de sa laideur, et les flatteries de miss Minchin la laissaient froide.

« Si je disais qu'elle est jolie, je raconterais des histoires et je le saurais, pensait Sara. Dans son genre, elle est aussi laide que moi. Je me demande pourquoi elle dit ça. »

Elle devait le découvrir par la suite. Lorsqu'elle connut mieux

Histoires pour les filles

miss Minchin, elle s'aperçut qu'elle racontait la même chose à tous les parents d'élèves.

Debout à côté de son père, Sara les écoutait parler tous les deux. (…)

– Je ne me fais aucun souci pour son éducation, déclara gaiement le capitaine Crewe en tapotant la main de sa fille. Elle a tout le temps le nez fourré dans les livres. Voyez-vous, miss Minchin, elle ne lit pas, elle dévore, comme une petite louve qu'elle est. Il lui faut sans cesse de nouveaux livres – de préférence des ouvrages pour adultes, bien grands, bien gros, bien épais – en français et en allemand aussi bien qu'en anglais. (…) Quand elle exagère, arrachez-la à ses lectures et envoyez-la faire un tour sur le Row avec son poney ou s'acheter une poupée neuve. Elle ne joue pas assez à la poupée.

– Mais papa, protesta Sara, tu sais bien que si j'achetais tout le temps des poupées, j'en aurais trop pour pouvoir vraiment les aimer. Les poupées doivent être des amies intimes. Émilie sera mon amie intime.

Le capitaine Crewe regarda miss Minchin, et miss Minchin regarda le capitaine Crewe.

– Qui est Émilie? demanda miss Minchin.

La petite princesse

– Dis-le-lui, dit le capitaine Crewe en souriant.

Une expression à la fois très solennelle et d'une grande douceur passa dans les yeux de Sara :

– C'est une poupée que je n'ai pas encore, expliqua-t-elle. Une poupée que papa va m'acheter. Nous allons partir ensemble à sa recherche. Elle sera mon amie, et je pourrai lui parler de papa quand il ne sera plus là.

De cauteleux, le sourire de miss Minchin devint franchement obséquieux :

– Quelle enfant originale ! s'écria-t-elle. Elle est vraiment trop mignonne.

– Bien sûr qu'elle est mignonne, répondit le capitaine Crewe en attirant Sara contre lui. Il faudra bien prendre soin d'elle en mon absence, n'est-ce pas miss Minchin ?

Sara passa plusieurs jours à l'hôtel avec son père. En fait ils ne se quittèrent plus jusqu'à ce qu'il reprenne le bateau pour les Indes. Ils allèrent faire des courses dans les grands magasins et achetèrent toutes sortes de choses – bien plus qu'il n'en fallait à Sara. Le capitaine Crewe était un homme jeune, impulsif et un peu naïf. Il voulait non seulement que sa fille ait tout ce dont elle avait envie, mais aussi tout ce dont il avait envie pour elle. Si bien

Histoires pour les filles

qu'à eux deux ils composèrent une garde-robe beaucoup trop somptueuse pour une enfant de sept ans. (…)

Ils finirent par trouver Émilie, mais seulement après être allés dans un grand nombre de magasins de jouets et avoir regardé toutes sortes de poupées.

– Il ne faut pas qu'elle ressemble à une poupée, disait Sara. On doit avoir l'impression qu'elle écoute quand on lui parle. Vois-tu papa, l'ennui avec les poupées – ce disant elle penchait pensivement la tête de côté – c'est qu'elles n'ont jamais l'air d'entendre ce qu'on leur dit.

Ils virent des poupées grandes et petites, des poupées aux yeux bleus ou aux yeux noirs, aux boucles châtaines et aux nattes blondes, habillées ou dévêtues.

– Tu comprends, dit Sara tandis qu'ils en examinaient une qui n'avait rien sur le dos, si Émilie n'a pas de robes quand je la trouverai, nous pourrons l'emmener chez le couturier pour qu'il lui en fasse sur mesure. Comme ça, elles lui iront bien mieux.

Après bon nombre de déceptions, ils décidèrent de laisser le fiacre les suivre et de se promener à pied en regardant les vitrines. Ils étaient passés devant deux ou trois magasins sans même y entrer, lorsqu'en arrivant à proximité d'une boutique plus modeste Sara tressaillit et serra brusquement le bras de son père :

La petite princesse

– Papa ! s'écria-t-elle, voilà Émilie !

Le rose lui était monté aux joues et, à voir l'expression de ses yeux gris-vert, on aurait pu croire qu'elle avait reconnu quelqu'un de très proche et de très cher.

– Elle nous attend, je t'assure ! Entrons voir à l'intérieur.

– Seigneur ! Mais qui va faire les présentations ? demanda le capitaine Crewe.

– Tu me présenteras et moi je te présenterai, répondit Sara. Mais comme je l'ai reconnue tout de suite, il se peut qu'elle me reconnaisse aussi.

Peut-être Émilie la reconnut-elle en effet. Toujours est-il que, lorsque Sara la prit dans ses bras, les yeux de la poupée avaient une expression vraiment intelligente. Elle était grande, mais sans être encombrante. Ses cheveux châtain doré ondulaient naturellement et retombaient sur ses épaules comme une chape. Ses yeux bleu-gris, profonds et limpides, étaient bordés de cils doux et épais – de vrais cils, pas de simples traits de pinceau.

– Mais bien sûr papa, bien sûr que c'est Émilie, dit Sara en détaillant les traits de la poupée qu'elle avait prise sur les genoux.

Émilie fut donc dûment achetée et emmenée dans un magasin de vêtements pour enfants où l'on prit ses mesures pour lui confectionner un trousseau aussi somptueux que celui de Sara. (…)

– Je tiens à ce qu'elle ait toujours l'air d'une enfant bien soignée, dit Sara, parce que je suis sa mère, même si je m'en fais une amie.

Le capitaine Crewe se serait vraiment beaucoup amusé si ces courses ne lui avaient rappelé l'imminence de son départ. Son cœur se serrait à l'idée de devoir se séparer de sa chère petite camarade.

Il se leva au milieu de la nuit pour la regarder dormir. Sara tenait Émilie dans ses bras, et ses cheveux noirs, étalés sur l'oreiller, se mêlaient aux boucles châtain doré de la poupée. Elles avaient toutes les deux une chemise de nuit à ruchers de dentelle et de longs cils qui se recourbaient sur leurs joues. Émilie ressemblait tellement à une vraie petite fille que le capitaine Crewe fut content qu'elle soit là. « Aïe, aïe, aïe, ma petite Sara, je ne crois pas que tu saches combien tu vas manquer à ton papa », soupira-t-il en tirant sur sa moustache avec une expression juvénile.

La petite princesse

Le jour suivant, il la conduisit chez miss Minchin et l'y laissa. Son bateau devait lever l'ancre le lendemain. Il expliqua à miss Minchin qu'il avait chargé MM. Barrow et Shipworth, avoués et notaires, de ses affaires en Angleterre ; elle pourrait les consulter chaque fois qu'elle en aurait besoin, et ils régleraient le montant des dépenses qu'elle ferait pour Sara. Il écrirait à sa fille deux fois par semaine, et voulait qu'elle ait tout ce qui pourrait lui faire plaisir.

– C'est une petite personne très raisonnable, ajouta-t-il. Elle n'a jamais envie de ce qui serait mauvais pour elle.

Puis il accompagna Sara dans son petit salon et ils se firent leurs adieux. Sara s'assit sur ses genoux et, tenant les revers de son manteau dans ses petites mains, elle le regarda avec insistance pendant un long moment.

– Tu veux m'apprendre par cœur, petite Sara ? demanda-t-il en lui caressant les cheveux.

– Ce n'est pas la peine, répondit-elle. Tu es déjà dans mon cœur.

Elle passa alors les bras autour de son cou et ils s'embrassèrent comme s'ils ne voulaient jamais plus se lâcher.

Assise par terre dans son boudoir, le menton entre les mains, Sara regarda le fiacre démarrer devant la porte de la maison et le suivit des yeux jusqu'à ce qu'il tourne le coin de la place. Émilie

Histoires pour les filles

était assise à côté d'elle et regardait dans la même direction. Lorsque miss Minchin envoya sa sœur voir ce que faisait leur nouvelle pensionnaire, miss Amélia ne put pas ouvrir la porte.

– J'ai fermé à clé, dit poliment une drôle de petite voix à l'intérieur. Je voudrais rester seule, si vous le voulez bien.

Miss Amélia était une grosse demoiselle courtaude à qui sa sœur inspirait une sainte terreur. Elle avait certainement plus de cœur que miss Minchin, mais elle ne lui désobéissait jamais. Elle redescendit l'escalier et dit d'un ton presque effrayé :

– Quelle drôle de petite fille, ma sœur ! Je n'ai jamais vu une enfant aussi précoce. Elle s'est enfermée dans sa chambre et ne fait pas le moindre bruit.

– Cela vaut mieux que si elle se roulait par terre en hurlant comme d'autres, répliqua miss Minchin. Gâtée comme elle l'est, je m'attendais à ce qu'elle mette la maison sens dessus dessous. Parce que si quelqu'un a l'habitude qu'on fasse ses quatre volontés, c'est bien elle.

– J'ai ouvert la malle et rangé ses affaires, dit miss Amélia. Je n'ai jamais vu ça. Il y a de l'hermine et de la zibeline sur ses manteaux et de la vraie dentelle de Valenciennes sur ses jupons. Mais tu as bien vu comme elle est habillée ? Qu'en dis-tu ?

La petite
princesse

— Je trouve ça parfaitement grotesque, répliqua sèchement miss Minchin. Mais ça fera très bon effet quand nous emmènerons les pensionnaires à l'église le dimanche. Il faudra la mettre au premier rang. Elle est nantie comme une petite princesse.

À l'étage, assises par terre dans le salon fermé à clé, Sara et Émilie regardaient fixement le coin de la place derrière lequel le fiacre avait disparu, tandis que le capitaine Crewe continuait à se retourner et à leur envoyer des baisers comme s'il ne pouvait plus s'arrêter.

Une leçon de français

Le lendemain matin, quand Sara arriva en classe, les élèves la regardèrent avec de grands yeux. Elles avaient déjà toutes entendu parler d'elle : depuis Lavinia Herbert, qui se croyait déjà adulte avec ses treize ans, jusqu'à Lottie Legh, le bébé du pensionnat, qui n'en avait que quatre. Elles savaient parfaitement que la nouvelle était l'élève-vedette de miss Minchin, qui considérait sa présence comme un honneur pour son établissement. Certaines avaient même réussi à apercevoir Mariette, la femme de chambre française qui était arrivée la veille au soir. Lavinia s'était arrangée pour passer devant la chambre de Sara pendant que la porte était ouverte et avait vu Mariette défaire une malle qui était arrivée après les autres.

– Elle était pleine de jupons à volants de dentelle : il y avait des masses et des masses de dentelle, glissa-t-elle à l'oreille de son amie Jessie tout en se penchant sur son livre de géographie. Je l'ai vue les sortir et les secouer. Miss Minchin a dit à Amélia qu'une garde-robe pareille était ridicule pour une fille de son âge. Ma mère trouve aussi que les enfants doivent être vêtus simplement. Elle porte un de ces jupons en ce moment – je l'ai vu quand elle s'est assise.

– Elle a des bas de soie ! murmura Jessie en baissant elle aussi le nez sur son livre de géographie. Ses pieds sont minuscules. Je n'en ai jamais vu d'aussi petits.

– C'est à cause de la forme de ses mules, souffla Lavinia avec aigreur. Maman dit qu'un bon chausseur peut vous faire de petits pieds même lorsqu'ils sont grands. Je ne trouve pas du tout qu'elle soit jolie. Elle a les yeux d'une drôle de couleur.

– Elle n'est pas jolie au sens ordinaire, concéda Jessie en jetant un coup d'œil à l'autre bout de la salle. Mais elle vous donne envie de la regarder. Elle a les cils très longs et les yeux presque verts.

Assise près du bureau de miss Minchin, Sara attendait tranquille-

La petite princesse

ment qu'on lui dise ce qu'il fallait faire. Nullement gênée par toutes ces paires d'yeux fixés sur elle, elle regardait ses nouvelles camarades d'un air intéressé. Elle se demandait à quoi elles pensaient. Est-ce qu'elles aimaient miss Minchin ? Trouvaient-elles les cours intéressants ? Avaient-elles un père tout pareil au sien ? Avant de venir en classe, elle avait parlé de lui avec Émilie.

– Maintenant il est en mer, lui avait-elle dit. Il va falloir que nous soyons de grandes amies et que nous partagions tous nos secrets. Regarde-moi Émilie. Tu as les plus jolis yeux que j'ai jamais vus. Si seulement tu pouvais parler !

C'était une petite fille fantasque et pleine d'imagination. Une de ses lubies consistait à faire comme si Émilie était une personne vivante

qui entendait et comprenait ce qu'on disait. Elle savait très bien que ce n'était pas vrai, mais c'était tout de même un grand réconfort pour elle. Quand Mariette eut fini de lui mettre une robe d'uniforme bleu marine et de nouer un ruban de la même couleur dans ses cheveux, Sara s'approcha d'Emilie qui était assise sur sa chaise personnelle et lui posa un livre sur les genoux.

– Tu n'auras qu'à lire pendant que je serai en bas, dit-elle.

Voyant que Mariette la regardait avec curiosité, elle expliqua gravement :

– Voyez-vous, Mariette, je crois que les poupées peuvent faire toutes sortes de choses. Seulement elles ne veulent pas que ça se sache. Émilie est sûrement capable de lire, de parler et de marcher. Mais ça doit rester un secret. Parce que si les gens l'apprenaient, ils les obligeraient à travailler. Alors elles ont dû se mettre d'accord pour garder le secret. Tant que vous serez là, Émilie ne bougera pas. Mais quand vous serez sortie, peut-être qu'elle se mettra à lire, ou ira à la fenêtre voir ce qu'il se passe dehors. Et dès qu'elle nous entendra arriver, elle ira se rasseoir à toute vitesse pour qu'on croie qu'elle n'a pas bougé.

« *Comme elle est drôle* » se dit Mariette. Et lorsque Sara fut descendue, elle s'empressa d'aller raconter l'histoire à la première femme de chambre. Mais elle aimait déjà cette drôle de petite fille à la frimousse intelligente et aux manières raffinées. Elle s'était occupée d'un certain nombre d'enfants dans sa vie, mais aucun ne s'était montré aussi poli avec elle. Sara était une petite personne très

La petite princesse

bien élevée et elle avait une façon charmante de dire : « S'il te plaît Mariette », « Merci Mariette ».

– Elle me parle comme à une dame, confia Mariette à la première femme de chambre. *Elle a l'air d'une princesse, cette petite.*

Il était clair que sa jeune patronne lui plaisait beaucoup et qu'elle était très satisfaite de son nouvel emploi.

Après que Sara fut restée assise quelques minutes pendant lesquelles les élèves la regardèrent avec curiosité, miss Minchin frappa sur son bureau et dit d'un ton très digne :

– Mesdemoiselles, je voudrais vous présenter une nouvelle camarade.

Tout le monde se leva et Sara fit de même.

– Je souhaite que vous vous montriez très aimable, avec miss Crewe. Elle a fait un grand voyage pour venir jusqu'ici – elle arrive des Indes. Vous pourrez toutes faire connaissance après le cours.

Histoires pour les filles

Les élèves s'inclinèrent cérémonieusement et Sara fit une petite révérence. Puis la classe se rassit et les échanges de regards recommencèrent.

– Sara, venez ici, dit miss Minchin d'un ton doctoral, tout en feuilletant un livre qu'elle avait pris sur son bureau.

Sara obéit.

– Puisque votre père vous a donné une femme de chambre française, j'en conclus qu'il tient particulièrement à ce que vous appreniez le français, commença-t-elle.

Sara se sentit un peu embarrassée.

– Je crois qu'il l'a engagée parce que… parce qu'il a pensé que cela me ferait plaisir.

– Je crains fort que vous ne soyez une de ces enfants gâtées qui s'imaginent que leur plaisir passe avant tout, dit miss Minchin avec un sourire acide. Mon impression à moi, c'est que votre père veut que vous appreniez le français.

Si elle avait été plus âgée et moins pointilleuse sur le chapitre de la politesse, Sara aurait pu s'expliquer en deux mots. Mais les choses étant ce qu'elles étaient, elle sentit le rouge lui monter aux joues. Miss Minchin était une personne imposante et sévère et elle paraissait tellement persuadée que Sara ne savait pas un mot de

La petite princesse

français que celle-ci aurait presque eu l'impression d'être grossière si elle lui avait dit le contraire. En fait, elle parlait le français depuis toujours et ne se souvenait même pas de l'avoir appris. Sa mère était française, et son père, qui adorait le français, le parlait avec elle depuis qu'elle était toute petite.

– Je… je ne l'ai jamais vraiment appris, mais… commença-t-elle timidement pour essayer de dissiper le malentendu.

Or un des grands sujets de contrariété de miss Minchin était de ne pas comprendre un traître mot de français. Elle ne voulait pas que cela se sache et n'avait pas l'intention de se lancer dans une conversation qui l'aurait exposée aux questions innocentes d'une nouvelle venue.

– Cela suffit, trancha-t-elle avec une aigreur polie. Puisque vous n'avez pas appris le français, vous allez commencer tout de suite. Le professeur, M. Dufarge, sera là dans quelques instants. En attendant, jetez un coup d'œil à ce livre.

Les joues en feu, Sara retourna à sa place. Elle ouvrit le volume et parcourut la première page sans sourciller : elle se rendait bien compte qu'il eût été grossier de sourire, et était bien décidée à rester polie. Elle n'en trouvait pas moins bizarre d'être censée apprendre que *father* se disait « père », et *mother* « mère ».

Histoires pour les filles

– Vous n'avez pas l'air contente, ma petite Sara, dit miss Minchin en lui lançant un regard scrutateur. Je suis désolée que vous n'ayez pas envie d'apprendre le français.

Sara fit une nouvelle tentative pour s'expliquer :

– J'aime beaucoup le français, commença-t-elle, mais…

– Il n'y a pas de mais, interrompit miss Minchin. Reprenez votre livre.

Sara obéit et lut sans sourire que *son* se disait « fils » et *brother* « frère ». « Attendons M. Dufarge, se dit-elle. Ce sera plus facile de s'expliquer avec lui. »

Il ne tarda pas à arriver. C'était un Français – un homme entre deux âges, à l'air intelligent et bon. Voyant Sara penchée sur un manuel élémentaire, il demanda avec intérêt :

– Est-ce là une nouvelle élève, mademoiselle ? Vous m'en voyez ravi.

– Son père, le capitaine Crewe, tient beaucoup à ce qu'elle commence le français. Moi j'ai peur qu'elle n'ait un préjugé contre votre langue, déclara miss Minchin. Elle n'a pas l'air d'avoir envie de l'apprendre.

– Vous m'en voyez désolé, mademoiselle, dit-il gentiment à Sara. Peut-être arriverai-je à vous en faire découvrir le charme si nous travaillons ensemble.

La petite princesse

Sara se leva, ne sachant plus quoi faire. Elle avait presque l'impression d'être en disgrâce. Elle se tourna vers M. Dufarge, un regard de supplication innocente dans ses grands yeux gris-vert. Sachant qu'elle n'avait qu'à lui parler pour mettre fin au quiproquo, elle entreprit tout simplement de lui expliquer dans un français clair et élégant qu'il y avait un malentendu : miss Minchin n'avait pas compris. Elle n'avait pas vraiment appris le français – en tout cas pas dans les livres. (…) Sa pauvre chère maman, qui était morte à sa naissance, était française. Elle serait très heureuse d'apprendre tout ce qu'il voudrait bien lui enseigner. Elle avait bien essayé de dire à miss Minchin qu'elle connaissait déjà les mots qui étaient dans ce livre, mais… Et, en guise de conclusion, elle lui tendit le petit manuel.

Lorsque Sara commença à parler, miss Minchin eut un haut-le-corps. L'air quasiment indignée, elle la toisa par-dessus ses lunettes jusqu'à ce qu'elle eût terminé. Quant à M. Dufarge, il souriait, visiblement aux anges. En entendant cette jolie voix enfantine parler sa langue avec tant de charme et de simplicité, il croyait retrouver son pays natal qui, les jours de brouillard, lui paraissait quelquefois à mille lieues de Londres. Quand elle s'arrêta, il lui prit le livre des mains et la regarda d'un air presque paternel. Pourtant ce fut à miss Minchin qu'il s'adressa :

Histoires pour les filles

– Ah! mademoiselle, je n'ai pas grand chose à apprendre à cette petite. Elle n'a pas étudié le français: elle est française. Son accent est tout à fait charmant.

– Vous auriez pu me le dire! s'écria miss Minchin en se retournant vers Sara, terriblement vexée.

– J'ai essayé, répondit Sara, mais je… je n'ai pas dû bien m'y prendre.

Miss Minchin savait pertinemment que si Sara n'était pas arrivée à s'expliquer ce n'était pas faute d'avoir essayé. Quand elle s'aperçut que toute la classe écoutait et que Lavinia et Jessie pouffaient derrière leur grammaire française, sa colère redoubla.

– Silence, mesdemoiselles! ordonna-t-elle d'un ton sévère en donnant un coup de règle sur son bureau. Taisez-vous immédiatement!

Elle en garda une dent contre son élève-vedette.

Le siège de la roulotte

Alice Massie

Introduction

Nous ne savons malheureusement que peu de choses sur Alice Massie, sinon qu'elle écrivait dans les années 1920 et que ses histoires ont surtout paru dans des recueils collectifs. À l'époque où elle a écrit Le siège de la roulotte, *il y avait souvent une forte connotation morale dans les livres destinés aux enfants. Dans cette histoire, le lecteur est invité à comprendre qu'il vaut mieux s'abstenir de juger les autres selon les apparences ou les commérages.*

Le siège de la roulotte

Les vertes collines aux reflets d'argent, par la porte ouverte de la petite école, ne se gênaient pas pour regarder les enfants venus des grosses fermes prospères des alentours – car c'était une riche vallée, et certains de ces écoliers étaient même envoyés dans des pensionnats, par la suite. L'usage voulait que la plupart des enfants des ouvriers agricoles fréquentent l'école de l'autre côté de la vallée, où la réputation de l'institutrice était loin d'être aussi bonne en matière d'enseignement. Or les deux écoles étaient gratuites. Personne n'aurait su dire pourquoi on répartissait ainsi les enfants et personne, peut-être, ne s'en rendait compte. Mais il n'en restait pas moins qu'au sud de la vallée, il n'y avait qu'un seul enfant mal habillé dans toute l'école et qu'il avait toujours l'air affamé. Il s'appelait Tom Darrington et il boitait, de sorte qu'on ne pouvait lui demander de grimper à pied jusqu'au nord de la vallée comme l'avaient fait ses frères et sœurs avant lui.

Tom était un peu le chouchou de son école, et les filles de la ferme des Croft partageaient chaque jour leur déjeuner avec lui.

Ces deux jumelles possédaient leurs propres poneys, qu'elles mettaient elles-mêmes à l'écurie derrière l'école, en arrivant le matin.

Miss Bolt, l'institutrice, regarda le beau panorama qui venait s'encadrer dans la porte de la classe et déclara : « À mon avis, une journée pareille doit vous inciter à chanter le refrain des fées en y mettant beaucoup d'expression. Bon, maintenant, les alti, faites bien attention à la deuxième fois où l'on reprend « trottinent ». Les soprani, regardez donc ces belles collines avant de commencer, puis regardez-moi et ne bougez plus. »

Les voix s'élevèrent dans un chant harmonieux :

Belles fées, belles fées, tout en bas des montagnes,
Trottinent et tintent vos petits pieds mignons.
Tintent et trottinent, comme l'eau dans la campagne.
Où allez-vous si pressées, en chantant votre chanson ?

– À toi, Ida.

Ida rougit, toussota, et commença maladroitement son solo, mais sa voix était puissante, riche et plutôt mélancolique :

Peuple de la terre, nous avons perdu notre fille si jolie
Dites, l'avez-vous vue – oh, dites, si vous pouvez…

Ida s'interrompit au beau milieu de son solo et dans un mouvement soudain, tous les regards se dirigèrent dans la même direction.

Le siège de la roulotte

Miss Bolt tourna elle aussi la tête vers la porte. Là, appuyée contre le chambranle, se tenait une petite fille mince et gracieuse. Elle portait des chaussures, mais pas de bas, et était vêtue d'une misérable robe en coton. Ses cheveux entouraient son visage comme une auréole et le soleil brillait à travers eux.

Sans même s'en rendre compte, Tommy Darrington dit à haute voix : « C'est la fille des fées ! »

Quelqu'un gloussa.

– Que veux-tu, petite ? demanda Miss Bolt.

La fillette entra dans la pièce et s'avança jusqu'au bureau de l'institutrice, tandis que toute la classe gardait les yeux rivés sur elle.

– Bonjour, Miss, dit la fillette, je voudrais aller à l'école. Nous

Histoires pour les filles

venons de nous installer dans la vallée, et papa a pensé qu'il fallait que je vienne.

Tous les élèves retinrent une exclamation étouffée. Personne n'était venu s'installer dans la vallée. Ces gens ne vivaient donc pas par ici? Ils n'étaient donc pas au courant? Et si Tommy avait raison… et si c'était une fée? Les filles de la ferme Croft pensaient que c'était possible, car elle était très jolie.

– Ida, déclara Miss Bolt, prends ma partition et fais répéter les paroles des autres strophes – vous ne les savez pas convenablement. Je vais te parler dehors, ajouta-t-elle en précédant la nouvelle venue.

Lorsque Miss Bolt revint, tous les regards étaient rivés sur elle.

– Demain, dit-elle en souriant, nous aurons une nouvelle élève. Elle s'appelle Olga Grey. Maintenant, nous allons reprendre la chanson.

Le lendemain matin, Olga Grey arriva à l'école de bonne heure. Elle était toujours aussi jolie, avait très envie de se faire des amies et répondait brillamment aux questions de la maîtresse. À l'heure du déjeuner, toutes les fillettes se rassemblèrent autour d'elle…

– Où habites-tu, Olga? demanda Ella Croft.

– En fait, j'habite à Londres, répondit Olga, mais nous séjournons ici tant que papa est malade.

Le siège de la roulotte

– Elle habite… commença Ida avant de s'interrompre.

– Alors, vous êtes en meublé ? demanda Ella.

Voilà qui expliquait tout, bien sûr. Ils logeaient chez un des fermiers de la vallée.

– On peut dire ça, dit Olga en souriant.

– On peut dire ça ? répéta Ida.

Avec sa jolie voix de soprano, Ida était officieusement l'assistante de l'institutrice ; elle vit tout de suite que cette nouvelle élève, qui ne parlait pas comme les gens d'ici et chantait presque aussi bien qu'elle, deviendrait la reine de la classe en moins de temps qu'il ne faut pour le dire. Supposons, oh supposons même qu'on lui donne le rôle principal dans l'opéra des fées !

– En vrai, elle n'habite nulle part, déclara Betty Croft. Elle vit avec les fées tout en bas des montagnes.

Ida fit une moue dédaigneuse mais garda le silence.

Une fois la classe terminée, les filles Croft voulurent emmener Olga sur leurs poneys pour la ramener en haut de la vallée, mais elle déclina leur offre. « Papa va venir me chercher, dit-elle, et il tient à éviter de rencontrer de nouvelles personnes – du moins tant qu'il n'a pas repris des forces. J'espère que ça ne vous ennuie pas. »

Les filles Croft la regardèrent donc remonter en courant le petit

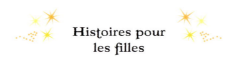
Histoires pour les filles

sentier entre les bouleaux argentés. Elle ressemblait vraiment à une fée, et lorsqu'elle eut disparu de leur vue, Ida Burman prit la parole.

– Je vais vous dire pourquoi cette fille ne veut pas que vous l'accompagniez : c'est une vulgaire bohémienne. Elle habite dans une roulotte !

Ella et Betty Croft échangèrent un regard et éclatèrent de rire.

– Une bohémienne ! répéta Betty.

– Avec des cheveux aussi blonds, et parlant comme elle parle ! En fait, tu es jalouse, Ida, parce qu'elle est plus jolie que toi.

– Si tu avais dit que c'était une fée, là… dit Ella.

– Je te signale, insista Ida, qu'ils sont arrivés par le petit chemin dans la colline, il y a deux jours. Mon oncle Tom n'a pas voulu les laisser s'installer sur sa propriété. Il dit qu'il ne voulait pas qu'on lui vole ses poules, ni ses affaires. C'est le vieux Mr Graham qui leur a permis de rester dans son petit bois.

Ella fit avancer son poney. « Ce ne sont sûrement pas des bohémiens », dit-elle.

– Si ! dit Ida. Olga ne va pas tarder à venir vendre des pinces à linge à ta porte, tu vas voir ! Une fille comme elle ne devrait pas avoir le droit de venir dans notre école.

– N'importe quoi ! dit Betty.

Mais tout de même, elle s'arrêta au beau milieu d'une partie de

Le siège de la roulotte

tennis, ce soir-là, pour regarder une colporteuse qui sortait de chez elle par la porte du jardin, un panier à la main. Et si c'était une parente d'Olga Grey ?

Il faut dire qu'à l'école, Olga n'avait pas raconté grand-chose sur elle. Sauf que sa mère était morte, qu'elle vivait avec son père et qu'« un employé » leur faisait la cuisine et s'occupait d'eux. Voilà qui fit sursauter toute la classe. Quelle sorte d'employé était-ce, pour vivre dans une roulotte ? Des rumeurs circulaient déjà au sujet d'un homme étrange, brun et voûté, qu'on avait vu dans le petit bois de Mr Graham, là où la roulotte était installée. Cette roulotte, on l'avait vue, ou on disait qu'on l'avait vue, mais personne ne croyait vraiment qu'elle existait parce que pour atteindre le petit bois de Mr Graham, il fallait pratiquement traverser sa pelouse, et Mr Graham ne plaisantait pas avec les gens qui s'introduisaient sans permission sur sa propriété, pas même des enfants.

Le 23 juin, veille de la Saint-Jean, les élèves étaient en train de lire un fragment du *Songe d'une nuit d'été*, de Shakespeare, lorsque Tommy Darrington leva la main.

– S'il vous plaît, maîtresse, dit-il. J'ai vu danser des fées.

– Vraiment, Tommy ? C'est très intéressant. Et où ça ?

– Derrière la maison de Mr Graham, Miss. Et il y avait de la belle musique de fée.

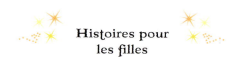

Histoires pour les filles

– Comme c'est charmant ! Eh bien, comme ça va être la première nuit d'été, ce soir, tu ferais bien d'y retourner au crépuscule.

Betty Croft observait Olga. Elle l'observait souvent, parce le profil d'Olga était très délicat. Elle vit Olga se tourner à demi vers Tommy, lui jeter un regard surpris tandis qu'une légère rougeur envahissait son visage.

Le siège de la roulotte

« Je suis sûre que c'est une fée. Oui, j'en suis tout à fait sûre », se dit Betty.

Après la classe, Ida Burman posa la main sur les rênes du poney de Betty pour la retenir un instant.

– Écoute, dit-elle, Doris, Hetty, Bill Smith et moi, et peut-être encore deux personnes de plus, on va aller jusqu'à la roulotte, ce soir, pour voir si c'est vrai. Le pré derrière la maison de Graham a été fauché et on pourra se faufiler entre les meules de foin sans être repérés. Tu veux venir ?

– Non… Oui… je ne sais pas, dit Betty.

– Si c'est des sorcières ou des bohémiens, on cassera les vitres de la roulotte. Ils n'ont pas le droit d'envoyer leurs enfants dans cette école, ça leur apprendra.

– Ella et moi, on viendra, dit Betty d'un air résolu.

Car elle ne laisserait personne casser les vitres d'Olga ! Son frère Jim, enseigne de vaisseau de deuxième classe, était en permission à la maison, et elle comptait bien lui demander de l'accompagner dans le petit bois de Graham. Casser les vitres, vraiment ! Qu'est-ce que ça pouvait bien faire, que les parents d'Olga vendent des pinces à linge ou pas ? Olga était adorable, de toute façon.

Histoires pour les filles

Le soir, là-haut, dans le pré, les conspirateurs arrivèrent par groupe de deux ou trois. Betty, Ella et Jim étaient ensemble.

Enfin, ils aperçurent la roulotte. Elle semblait irréelle dans la pénombre de la nuit d'été. Tommy Darrington était assis sur les marches. Derrière lui, installé sur un petit tabouret, l'homme brun et voûté jouait du violon. Puis une fée sortit, vêtue d'une robe flottante et scintillante. Le violon riait, sanglotait, et la fée dansait, dansait encore.

– C'est Olga. C'est bien une fée! dit Betty dans un souffle.

Puis la musique expira doucement. Le violoniste se leva. Son dos était tout déformé. Quelqu'un, dans le pré, cria: « Ce sont des sorcières. Regardez… il est bossu! » Soudain, quelqu'un lança une pierre. La danseuse hésita, puis courut se réfugier dans la roulotte.

Betty, Jim et Ella se levèrent d'un seul mouvement.

– Arrêtez! cria Jim, d'une voix qui aurait dû être une splendide voix de marin mais qui se brisa dans un couinement.

– Occupe-toi de tes affaires! cria celui qui avait lancé une pierre. Saleté de sorcières!

Pendant que Jim et le jeteur de pierre s'empoignaient, le petit Tommy Darrington se leva, remonta les marches, ferma la porte de la roulotte, puis se tint devant en agitant sa béquille.

Le siège de la roulotte

– Venez donc! cria-t-il. Venez, si vous l'osez!

Personne n'osa. Ils entendaient Jim et l'autre garçon se bagarrer en haletant, à coups de pieds et à coups de poings, et regardaient Tommy les provoquer avec sa béquille. Ils avaient entendu la musique mystérieuse et avaient vu danser une fée, alors ils avaient peur, et parce qu'ils avaient peur, ils étaient en colère.

Sous la haie, il y avait des pierres que les paysans avaient enlevées du champ à grand-peine; une poignée d'enfants les ramassèrent et les jetèrent sur la roulotte. Beaucoup manquaient leurs buts, mais les autres tombaient en pluie sur la roulotte.

Soudain, une lumière s'alluma dans la roulotte, une lumière brillante. La porte s'ouvrit et une femme apparut sur les marches. Les enfants laissèrent échapper un petit cri de surprise car cette femme, c'était Miss Bolt, leur institutrice.

Plus personne ne jetait de pierres, à présent. Jim Croft donna un dernier coup-de-poing sur le nez de son adversaire et le laissa filer. Miss Bolt ne bougeait pas, les yeux fixés sur eux. La plupart des enfants s'enfuirent. Betty et Ella voulaient aller trouver Miss Bolt pour lui dire qu'elles étaient venues dans le but de protéger la roulotte, et non pour l'attaquer, mais elles auraient eu l'air de se vanter, alors, à leur tour, elles tournèrent les talons et s'enfoncèrent dans la nuit.

Histoires pour les filles

À l'école, le lendemain matin, la plupart des enfants avaient des mines inquiètes. Olga Grey n'arrivait pas, Tommy Darrington non plus, et il leur semblait que Miss Bolt était en retard. Quand on a passé la soirée à jeter des pierres sur une roulotte où se trouve votre institutrice, qu'est-ce qui allait se passer, le lendemain matin ?

Miss Bolt arriva enfin et fit dire les prières.

– Les enfants, déclara-t-elle ensuite, notre spectacle, l'opéra des fées, est annulé. Jusqu'à hier soir, j'espérais avoir l'aide de Sir Gilbert Grey, un musicien célèbre dans le monde entier qui est aussi le père d'Olga. Mais vous avez rendu cela impossible.

Une exclamation étouffée monta de la classe. Ida Burman murmura : « Elle aurait dû nous le dire. »

– Je crois, reprit Miss Bolt, que Olga craignait d'avoir l'air supérieur. Elle voulait que vous soyez ses amies.

– Oh ! Miss Bolt ! Elle ne viendra plus ? demanda Betty Croft.

Miss Bolt secoua tristement la tête.

– Non, dit-elle, ils sont partis. La confiance, poursuivit-elle, c'est aussi croire aux fées et prendre les choses comme elles viennent. Notre leçon de chant nous manquera. Billy, ferme la porte. Je ne crois pas que nous ayons envie de regarder les collines, aujourd'hui.

De l'autre côté du miroir

Lewis Carroll

Introduction

De l'autre côté du miroir *est l'œuvre de l'écrivain Lewis Carroll, pseudonyme de Charles Lutwidge Dodgson (1832-1898).* C'est la suite d'Alice au pays des merveilles. Alice traverse le miroir posé sur la cheminée du salon et se retrouve dans un monde très étrange où tout est à l'envers. On retrouve de nouveau des personnages hauts en couleur : des fleurs qui parlent, Bonnet Blanc et Blanc Bonnet, le gros Coco…

De l'autre côté du miroir

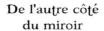

« Oh, beaucoup mieux ! » lança la Reine. Et sa voix monta en un cri perçant : « Beaucoup ! Beaucoup ! Beau… Beu… ! Beeh… ! » pour finir en un long bêlement comme celui d'un mouton, ce qui surprit beaucoup Alice.

Elle regarda la Reine qui semblait s'être brusquement enveloppée d'une toison. Alice se frotta les yeux et regarda encore. Elle ne pouvait pas comprendre ce qui s'était passé. Était-elle dans une boutique ? Et était-ce vraiment – vraiment – un mouton qui était assis de l'autre côté du comptoir ? Elle avait beau se frotter les yeux, elle n'y pouvait rien changer : elle était dans une sombre petite boutique, penchée sur le comptoir, et en face d'elle, une vieille brebis était assise dans un fauteuil, occupée à tricoter ; de temps en temps, elle levait les yeux de son travail pour la regarder à travers de grandes lunettes.

« Que désirez-vous acheter ? dit enfin la Brebis, délaissant un moment son tricot.

– Je ne sais pas encore très bien, dit Alice, très gentiment. J'aimerais d'abord jeter un coup d'œil à l'entour, si possible.

Histoires pour les filles

– Vous pouvez jeter un coup d'œil en face de vous, ou de chaque côté, si vous voulez, dit la Brebis, mais pas à l'entour, vous savez, à moins que vous n'ayez des yeux derrière la tête. »

Mais il se trouva qu'Alice n'en avait pas. Aussi se contenta-t-elle de faire le tour de la pièce en regardant les étagères.

La boutique semblait remplie de toutes sortes de choses curieuses, mais le plus bizarre de tout était que chaque fois qu'Alice regardait une étagère en particulier, celle-ci était complètement vide alors que toutes les autres restaient pleines à craquer.

« Comme les choses disparaissent ici ! » dit-elle finalement d'un ton plaintif, après avoir passé une minute environ à poursuivre vainement une grande chose brillante qui ressemblait tantôt à une poupée, tantôt à une boîte à ouvrage, et qui se trouvait toujours sur l'étagère au-dessus de celle qu'elle regardait. « Et c'est bien ce qu'il y a de plus exaspérant. Mais je vais vous dire ce qui... ajouta-t-elle, soudain frappée par une idée : je vais la suivre jusqu'à la plus haute étagère. Elle hésitera à traverser le plafond je suppose ! »

Même ce plan échoua : la « chose » passa à travers le plafond et très tranquillement, comme si elle en avait l'habitude.

« Êtes-vous une enfant ou un toton ? demanda la vieille Brebis en prenant une autre paire d'aiguilles. Je vais bientôt avoir le vertige

De l'autre côté du miroir

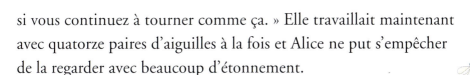

si vous continuez à tourner comme ça. » Elle travaillait maintenant avec quatorze paires d'aiguilles à la fois et Alice ne put s'empêcher de la regarder avec beaucoup d'étonnement.

« Comment peut-elle tricoter avec tant d'aiguilles ? pensa l'enfant stupéfaite. À chaque minute, elle ressemble un peu plus à un porc-épic ! »

« Savez-vous ramer ? » demanda la Brebis.

Et elle lui tendit tout en parlant une paire d'aiguilles à tricoter.

« Oui, un peu, mais pas à terre et pas avec des aiguilles à tricoter », commença Alice, quand, brusquement, les aiguilles, dans ses mains, se changèrent en rames. Et elle s'aperçut qu'elles appartenaient à un petit bateau glissant entre deux rives. En sorte qu'il ne lui restait plus qu'à faire de son mieux.

Histoires pour les filles

« Plume! » cria la Brebis, en prenant une autre paire d'aiguilles.

Cet appel ne semblait pas nécessiter de réponse. Aussi Alice continua-t-elle de ramer sans rien dire. L'eau avait quelque chose de très bizarre : les rames s'y enfonçaient vite mais en sortaient très difficilement.

« Plume! Plume! fit encore la Brebis, en prenant plus d'aiguilles. Vous allez attraper un crabe. »

« Un gentil petit crabe, pensa Alice, je voudrais bien. »

« M'avez-vous entendu dire « Plume » ? s'écria la Brebis avec colère et en prenant une véritable poignée d'aiguilles.

– Mais oui, dit Alice, vous l'avez dit assez souvent, et assez fort. S'il vous plaît, où sont les crabes ?

– Dans l'eau naturellement! dit la Brebis en se piquant des aiguilles dans les cheveux, car ses mains n'en pouvaient tenir davantage. – Plume, dis-je!

– Pourquoi dites-vous « Plume » si souvent? demanda enfin Alice, plutôt vexée. Je ne suis pas un oiseau!

– Si, dit la Brebis, vous êtes une petite oie. »

Alice fut un peu offensée et la conversation cessa pendant une ou deux minutes.

« Oh, s'il vous plaît! Il y a des joncs qui sentent délicieusement bon! s'écria Alice avec enthousiasme. Il y en a vraiment… et si beaux!

– Inutile de me dire « s'il vous plaît » pour ça, dit la Brebis sans lever les yeux de son tricot. Ce n'est pas moi qui les ai mis là et je ne vais pas les enlever.

– Non, mais je veux dire s'il vous plaît, pourrions-nous arrêter un peu le bateau et en cueillir quelques-uns? plaida Alice. Si cela ne vous fait rien, j'en ai pour une minute.

– Comment puis-je l'arrêter, moi? dit la Brebis. Vous n'avez qu'à cesser de ramer, il s'arrêtera de lui-même. »

La barque fut donc livrée aux fantaisies du courant jusqu'au moment où elle glissa parmi les joncs. Alors Alice remonta soigneusement ses manches, et ses petits bras, pour saisir la tige aussi bas que possible, plongèrent dans l'eau jusqu'au coude. Pendant un moment, Alice oublia complètement la Brebis et le tricot, penchée par-dessus bord et le bout de ses cheveux emmêlés trempant dans l'eau, tandis que, les yeux brillants, elle attrapait par poignées ses chers roseaux odorants.

« J'espère que le bateau ne va pas chavirer, se dit-elle. Oh! celui-là, comme il est joli! Mais si seulement je pouvais l'atteindre. » Et c'était vraiment un peu enrageant (« comme si c'était fait exprès » pensa-t-elle) : bien qu'elle s'arrangeât pour cueillir beaucoup de jolis joncs

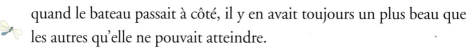

Histoires pour les filles

quand le bateau passait à côté, il y en avait toujours un plus beau que les autres qu'elle ne pouvait atteindre.

« Les plus jolis sont toujours plus loin ! » dit-elle enfin, avec un soupir, parce que les joncs s'obstinaient à pousser si loin. Les joues rouges, les cheveux et les mains mouillées, elle reprit sa place et se mit en devoir d'arranger ses nouveaux trésors.

Que lui importait alors que les joncs eussent commencé à se faner et à perdre leur parfum et leur beauté, dès l'instant où elle les avait cueillis ? Même de vrais joncs odorants, vous le savez, ne durent que peu de temps – et ceux-ci, étant des joncs de rêve, fondirent comme neige, étendus en tas à ses pieds – mais Alice s'en aperçut à peine ; tant de choses étranges appelaient ses pensées !

Elles ne s'étaient pas beaucoup éloignées quand l'une des rames entra brusquement dans l'eau et ne voulut pas en sortir (c'est ce qu'Alice expliqua par la suite) en sorte que son bout vint frapper Alice sur le menton. En dépit d'une série de petits « Oh ! oh ! oh ! » poussés par la pauvre Alice, elle fut arrachée de son siège et projetée sur le tas de joncs.

D'ailleurs, elle ne se fit aucun mal et elle fut bientôt debout. La Brebis continuait à tricoter comme si rien ne s'était passé. « C'est un joli crabe que vous avez attrapé ! remarqua-t-elle quand Alice,

De l'autre côté du miroir

bien contente de se trouver encore dans le bateau, eut repris sa place.

– Vraiment! Je ne l'ai pas vu, dit Alice en se penchant précautionneusement par-dessus bord pour fouiller l'eau du regard. J'aurais bien voulu ne pas le laisser partir… J'aimerais tant ramener un petit crabe à la maison. » Mais la vieille Brebis ne fit que rire avec mépris et continuer son tricot.

« Est-ce qu'il y a beaucoup de crabes ici? dit Alice.

– Des crabes et toutes sortes de choses, dit la Brebis, beaucoup de choix. Mais décidez-vous maintenant. Que voulez-vous acheter?

– Acheter? répéta Alice d'un ton moitié étonné, moitié effrayé, car les rames, et la barque, et la rivière, s'étaient évanouies en un moment, et elle était à nouveau dans l'obscure petite boutique.

– Je voudrais bien acheter un œuf, s'il vous plaît, dit-elle timidement. Combien les vendez-vous?

– Cinq sous pièce… deux sous les deux, répondit la Brebis.

– Alors, deux œufs coûtent moins cher qu'un? dit Alice d'un air surpris en ouvrant son porte-monnaie.

– Mais il faut manger les deux si vous en achetez deux, dit la Brebis.

– Alors, j'en prendrai un, s'il vous plaît », dit Alice en posant son argent sur le comptoir.

Histoires pour les filles

Car elle pensait : « Ils pourraient bien ne pas être bons… »

La Brebis prit l'argent et le mit dans une boîte. Puis elle dit :

« Je ne mets jamais les choses dans les mains des gens, cela ne se fait pas, vous devez vous servir vous-même. » Et ce disant, elle alla au fond de la boutique et posa l'œuf sur une étagère.

« Je me demande pourquoi cela ne se fait pas », pensa Alice en se frayant un passage parmi les tables et les chaises, car le fond de la boutique était très sombre. « L'œuf semble s'éloigner à mesure que je m'avance vers lui. Voyons, est-ce là une chaise ? Mais, ma parole, elle a des branches ! Comme c'est bizarre de trouver des arbres qui poussent ici et voici un petit ruisseau ! Vrai, c'est bien la plus étrange boutique que j'aie jamais vue. »

Elle continua ainsi, s'étonnant de plus en plus à chaque pas, car chaque chose se changeait en arbre au moment où elle s'en approchait et elle s'attendait à ce que l'œuf fît de même.

Black Beauty

Anna Sewell

Traduction de Dominique Boutel

© Éditions Gallimard

Introduction

Black Beauty *est le seul ouvrage écrit par Anna Sewell (1820-1878). Anna Sewell était atteinte d'un mal permanent qui l'empêcha toute sa vie de marcher seule, même sur de courtes distances. Son livre,* Black Beauty, *est écrit sous la forme de l'autobiographie d'un jeune cheval. Au début de cet extrait, Black Beauty vient de rencontrer Ginger, une pouliche marron, qui lui raconte les souffrances qu'elle a endurées avec ses maîtres. Ginger deviendra un fidèle compagnon.*

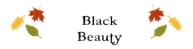

Black Beauty

Ginger

Un jour que nous nous tenions tous deux à l'ombre d'un arbre, nous eûmes, Ginger et moi, une longue conversation ; elle voulait tout connaître de mon éducation et de mon dressage et je lui en fis le récit.

« Eh bien, dit-elle, si j'avais été élevée comme vous, mon caractère aurait peut-être été aussi bon que le vôtre, mais maintenant, je crois qu'il est trop tard ! »

« Pourquoi ? » lui demandai-je.

« Parce que tout s'est passé d'une manière tellement différente pour moi, répondit-elle. Je n'ai jamais rencontré qui que ce soit qui ait fait preuve de bonté à mon égard et à qui, en retour, j'aie souhaité faire plaisir. Pour commencer, je fus séparée de ma mère dès mon sevrage pour être mise avec d'autres poulains ; aucun de nous ne faisait vraiment attention aux autres. Je n'ai pas connu comme vous de maître affectueux qui prenne soin de moi, me parle et m'apporte de bonnes choses à manger. L'homme

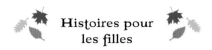

Histoires pour les filles

qui s'occupait de nous ne m'a jamais adressé une parole aimable. Je ne dis pas qu'il nous maltraitait, mais du moment que nous avions de la nourriture en quantité suffisante et un abri pour l'hiver, il ne se préoccupait pas du reste. Un sentier traversait notre prairie et, souvent, les garçons qui passaient nous jetaient des pierres pour nous voir galoper. Je ne fus jamais touchée, mais l'un des poulains, un bel animal, eut la tête entaillée et, d'après moi, il en conservera une cicatrice toute sa vie. Nous ne nous intéressions pas à ces enfants mais il va sans dire qu'ils nous rendirent encore plus sauvages, et l'idée qu'ils pussent être nos ennemis s'ancra alors dans nos esprits.

Nous nous amusions dans cette prairie à galoper sans contrainte, à nous pourchasser pour nous tenir ensuite à l'ombre des arbres. Mais vint le temps du dressage et ce fut pour moi une épreuve. Des hommes se mirent à plusieurs pour m'attraper. Lorsqu'enfin ils réussirent à m'acculer dans un coin du champ, l'un d'entre eux m'empoigna par le toupet, un autre me saisit par le nez et se mit à serrer si fort que je pouvais à peine respirer ; ensuite, un troisième emprisonna ma mâchoire dans sa main calleuse et me força à ouvrir la bouche. Ils parvinrent à me mettre un mors et un licou et, tandis que l'un me tirait par la bride, un autre me fouettait par-derrière pour me faire avancer. C'est ainsi que ma première vraie rencontre

avec les hommes fut marquée de violence ; ils ne me donnèrent pas même une chance de comprendre ce qu'ils voulaient. Mais j'avais le tempérament d'un cheval de race et j'étais certainement très sauvage, aussi leur donnai-je, je l'avoue, bien du fil à retordre. Il faut comprendre combien c'était affreux pour moi d'être enfermée, jour après jour, alors que j'avais vécu si libre jusque-là. Je rongeais mon mors, je me sentais emprisonnée et ne songeais qu'à me libérer. Comme vous le savez, c'est déjà assez difficile quand on a affaire à un bon maître et qu'on vous cajole, mais moi, je n'avais même pas cela.

Il y avait pourtant un homme – le vieux maître, monsieur Ryder – qui m'aurait rapidement mise au pas et aurait pu faire de moi ce qu'il voulait. Malheureusement, il avait confié la partie délicate de son entreprise à son fils et à un autre homme qualifié et ne venait lui-même que de temps en temps superviser le travail. Son fils était un homme fort, grand et vigoureux, surnommé Samson ; il se vantait de n'avoir jamais été désarçonné par un cheval. Il n'y avait rien en lui de

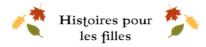

Histoires pour les filles

la douceur de son père. Au contraire, il n'était que dureté : sa voix, son regard, sa main. Je sentis immédiatement que son seul désir était de briser ma fougue pour me rendre calme, humble et obéissante. Oui, il ne pensait qu'à cela ! »

Ginger frappa le sol de son sabot comme si le souvenir de cet homme la mettait en colère.

« Si je ne faisais pas exactement ce qu'il voulait, continua-t-elle, cela le mettait hors de lui. Il me faisait alors courir à la longe tout autour du terrain d'entraînement jusqu'à épuisement. D'après moi, il buvait beaucoup et je suis certaine que plus il buvait, plus il s'acharnait sur moi. Un jour, il m'éreinta au travail de toutes les façons possibles. Lorsqu'enfin je pus m'étendre pour me reposer, je me sentis épuisée, misérable et très agressive. Le matin suivant, il vint me chercher de bonne heure et me fit courir pendant un bon moment. Après m'avoir accordé un repos d'une heure seulement, il revint avec une selle, une bride et un mors d'un nouveau modèle. Je ne me souviens plus très bien comment cela arriva, mais à peine venait-il de m'enfourcher que je dus faire quelque chose qui le mit hors de lui, et il donna une secousse brutale sur mes rênes. Le nouveau mors me fit si mal que je me cabrai soudain, ce qui l'énerva davantage encore. Il commença à me cravacher. Je sentis alors toute ma rancœur se retourner contre lui : je me mis à ruer, à piquer du nez et à me cabrer comme jamais auparavant. Ce fut un véritable corps à corps ; pendant un bon moment, il réussit à rester en selle et me punit cruellement avec sa cravache et ses éperons. Mais mon sang bouillonnait dans mes veines et peu importait ce qu'il pouvait faire du moment que j'arrivais à l'éjecter des étriers. Finalement, après une lutte sans merci, je le désarçonnai par l'arrière. Je l'entendis tomber lourdement sur l'herbe et, sans jeter un regard derrière moi, je partis au galop jusqu'à l'autre bout du champ ; là, je me retournai et vis mon persécuteur se relever péniblement puis se diriger vers les écuries. Je me mis sous un chêne et attendis, mais personne ne vint me chercher. Le temps passa, le soleil était très chaud, les mouches bourdonnaient autour de moi et se posaient sur mes flancs ensanglantés par les coups d'éperons. J'avais faim, car je n'avais pas mangé depuis le petit matin, mais il n'y avait même pas assez d'herbe dans le champ pour nourrir une oie.

Histoires pour les filles

(…) Enfin, au moment où le soleil se couchait, je vis le vieux maître sortir, un tamis à la main. C'était un beau vieillard aux cheveux déjà presque blancs. J'aurais reconnu entre mille sa voix ferme, ni aiguë ni vraiment basse mais pleine, claire et amicale ; lorsqu'il donnait des ordres, c'était d'un ton tellement posé mais décidé que tous, hommes ou chevaux, savaient qu'il s'attendait à être obéi. Il s'approcha tranquillement, tout en agitant de temps en temps l'avoine dans le tamis et en parlant d'une voix enjouée et douce : « Viens, la fille, viens ; approche-toi, approche. » Je demeurai immobile et le laissai venir. Il me tendit l'avoine que je commençai à manger sans crainte. Sa voix m'enlevait toute peur. Il resta à côté de moi tout le temps que je mangeai puis, apercevant les blessures sur mes flancs, il laissa échapper des signes de colère : « Ma pauvre fille ! Voilà un sale travail ! un bien sale travail ! » Il prit ensuite doucement les rênes et me conduisit à l'écurie. Samson se tenait derrière la porte. À sa vue, je rabattis les oreilles et fis mine de le mordre. « Recule, lui ordonna son père, ôte-toi de son chemin. Ce que tu as fait avec cette pouliche aujourd'hui est un bien mauvais travail. » Le fils grommela quelques mots à propos d'un animal vicieux. « Écoute-moi bien, dit son père, un homme dont la nature est mauvaise n'obtiendra jamais de son cheval qu'il soit docile. Tu ne connais encore rien au métier, Samson. » Puis il me conduisit à mon box, m'enleva lui-même la selle et la bride et m'attacha ; il demanda ensuite un seau d'eau tiède et une éponge, ôta son manteau et, tandis que le palefrenier lui tenait le seau, il passa l'éponge sur mes flancs meurtris avec tant de délicatesse que je suis sûre qu'il devinait combien ils étaient contusionnés et endoloris. « Tout doux, ma belle, ne bouge pas, ne bouge pas. » Sa voix me faisait du bien et ses soins me soulageaient beaucoup. La chair était tellement abîmée aux coins de ma bouche que je ne parvins pas à manger le foin, dont les brins me blessaient. Il l'examina attentivement, secoua la tête, et demanda à l'homme de me préparer du son mouillé et d'y mélanger de la farine d'avoine. Comme cette pâtée me parut excellente, tendre et réconfortante pour ma pauvre bouche !

Le vieux maître resta près de moi pendant que je mangeais, me caressant et parlant à l'homme qui l'aidait : « Si on ne dresse pas une jument de cette nature par la douceur, elle ne sera jamais bonne à rien. » Après cet incident, il revint souvent me voir et, lorsque ma bouche fut cicatrisée, l'autre dresseur, Job, se chargea de poursuivre mon éducation. Il était calme et sérieux, et j'eus tôt fait d'apprendre ce qu'il voulait de moi.

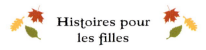

Histoires pour les filles

Un jour d'orage

Un jour, à la fin du mois de décembre, mon maître eut à partir pour un voyage d'affaires. John l'accompagna. Je fus attelé au dog-cart. J'ai toujours aimé conduire le dog-cart car il est léger et ses grandes roues tournent facilement. Il avait beaucoup plu et le vent se mit à souffler très fort, balayant des volées de feuilles mortes en travers de la route. Nous avançâmes néanmoins gaiement jusqu'à la barrière du péage. (…) L'homme du péage nous annonça que l'eau montait vite et qu'il craignait que la nuit fût mauvaise. Beaucoup de champs étaient en effet inondés et, dans les parties basses, j'avais presque de l'eau jusqu'aux genoux. (…) Lorsque nous arrivâmes en ville, j'eus le temps de me reposer et, mon maître étant retenu longtemps par ses affaires, nous ne nous mîmes en route que tard dans l'après-midi. Le vent soufflait alors beaucoup plus fort et j'entendis

mon maître dire à John qu'il n'était jamais sorti par une pareille tempête. Moi non plus, d'ailleurs. Nous longeâmes la bordure d'un bois. Les plus grosses branches des arbres étaient secouées comme des brindilles et le vacarme en était assourdissant.

– J'ai hâte que nous soyons sortis de ces bois, dit mon maître.

– En effet, monsieur, dit John, ce serait ennuyeux si l'une de ces branches nous tombait dessus!

Il n'avait pas fini sa phrase qu'il y eut un grondement, suivi d'un craquement déchirant: accrochant les autres arbres sur son passage, un chêne, arraché par les racines, tomba en plein milieu de la route, juste devant nous. Ce serait mentir que de vous dire que je n'eus pas peur. Je m'arrêtai net et je me mis à trembler de tous mes membres, mais sans faire demi-tour pour m'enfuir; je n'avais pas été élevé de cette façon. John sauta à terre et fut auprès de moi en un instant.

– Le coup n'est pas tombé loin, dit mon maître. Qu'allons-nous faire à présent?

– Eh bien! nous ne pouvons pas passer par-dessus cet arbre, monsieur, ni le contourner. Il ne reste donc qu'une solution: c'est de retourner sur nos pas jusqu'à l'embranchement des deux routes. Cela nous fera six bons miles de plus et nous retardera beaucoup, mais le cheval est encore frais.

Nous rebroussâmes donc chemin et fîmes le détour par les routes secondaires. Mais lorsque nous arrivâmes enfin au pont, il faisait presque nuit. (…) Au moment où mes sabots touchèrent les premières planches, j'eus soudain le pressentiment que quelque chose n'allait pas. Je m'arrêtai pile, ne voulant pas me risquer plus avant.

– Allez, Beauty, dit mon maître et il m'effleura de son fouet.

Comme je ne bougeai pas, il m'en donna un coup cinglant qui me fit sursauter, mais je refusai toujours d'avancer.

– Ce n'est pas normal, monsieur, dit John en sautant à bas du dog-cart.

Il s'approcha de moi et me regarda attentivement. Ne voyant rien, il essaya de me tirer en avant.

– Allez, Beauty ! Que t'arrive-t-il donc ?

Je ne pouvais évidemment pas lui répondre que je sentais parfaitement que le pont n'était pas solide.

Juste à ce moment, sur l'autre rive, le gardien du péage sortit de sa maison en courant et en agitant sa lanterne dans tous les sens, comme un fou.

– Ohé ! ohé ! arrêtez-vous ! cria-t-il.

– Que se passe-t-il ? hurla mon maître.

– Le pont s'est cassé au milieu et une partie s'en est détachée ! Si vous y mettez un pied, vous vous retrouverez dans la rivière !

– Mon Dieu ! s'écria mon maître.

– Sacré Beauty ! dit John.

Il me prit par la bride et me fit faire doucement demi-tour vers la route qui longeait la rivière sur la droite. Le soleil était couché, le vent semblait s'être apaisé après la violente bourrasque qui avait déraciné l'arbre. (…) Pendant un long moment, ni mon maître ni John ne prononcèrent une parole, puis la voix sérieuse de monsieur Gordon s'éleva enfin. Je n'arrivais pas à comprendre ce qu'ils disaient. Je finis pourtant par comprendre qu'ils se rendaient compte que, si

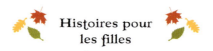
Histoires pour les filles

j'avais avancé, ainsi que mon maître me l'avait ordonné, le pont se serait probablement écroulé sous notre poids. Cheval, voiture, hommes seraient tombés à l'eau. Comme le courant était très fort, et comme il n'y avait aucune lumière et aucun secours à proximité, nous serions sûrement noyés à l'heure qu'il est. Mon maître ajouta :

– Dieu a donné à l'homme la raison qui lui permet de découvrir par lui-même le pourquoi des choses, mais il a donné aux animaux un savoir qui ne dépend pas de la raison et qui est plus intuitif et souvent plus affiné, un savoir auquel les hommes doivent souvent leur vie.

La sorcière dans la barque de pierre

Adaptation de Fiona Waters

Introduction

Cette histoire qui nous vient d'Irlande a été recueillie par Andrew Lang (1844-1912) dans son Yellow Fairy Book *(Le livre jaune des fées), quatrième volume de sa série des* Colour Fairy Books *(Les livres aux couleurs des fées). C'est en étudiant les mythes et légendes de ce pays qu'il en est venu à rapporter ces récits. Selon lui, « personne ne peut inventer un nouveau conte de fées ; on ne peut que mélanger les vieilles histoires, en changer les noms et habiller les personnages de neuf ».*

La sorcière dans la barque de pierre

Il y a très longtemps, lorsque les vents du Nord soufflaient un froid glacé durant tout l'hiver, vivaient un roi et une reine qui avaient un fils appelé Sigurd. C'était un puissant guerrier mais son cœur était bon. Le roi devenait vieux et faible, et son plus grand désir était que Sigurd ait une épouse à ses côtés lorsqu'il régnerait à son tour. Le roi songeait à une belle jeune fille en particulier, la princesse Gullveig, mais elle vivait dans un autre royaume, loin au-delà des mers. Sigurd fut heureux de s'embarquer pour aller chercher femme. Il lui fallut plusieurs semaines pour atteindre le rivage du pays de Gullveig. Le père de Sigurd avait très bien choisi la fiancée de son fils. Non seulement elle était belle, mais elle était aussi courtoise et douce, et possédait un esprit résolu et calme qui, vous le verrez, allait lui être fort utile.

Sigurd et Gullveig se marièrent et quelque temps plus tard, eurent un enfant – un fils, qu'ils appelèrent Agnar. C'était un beau bébé, très gentil, qui ne pleurait ni ne geignait jamais.

Un jour, Sigurd et Gullveig apprirent que le père de Sigurd allait mourir, et ils embarquèrent en toute hâte sur le navire du jeune prince. Sigurd fit déployer les voiles pour aller plus vite et ne prit aucun repos, restant sur le pont pour encourager les marins. Mais vint le moment où il ne put rester éveillé une seconde de plus. Alors il alla en bas et s'allongea, laissant Gullveig et Agnar sur le pont avant. Il venait de descendre lorsque Gullveig vit un bateau noir apparaître à l'horizon. Il s'approchait rapidement. C'était une barque en pierre, et il n'y avait qu'une seule personne à son bord. Avant que la princesse ait eu le temps de réfléchir, une sorcière hideuse sauta de la barque et se retrouva sur le pont. Pétrifiée de terreur, Gullveig était tout à fait incapable de bouger ou de crier. Alors la sorcière s'empara d'elle et lui ôta ses beaux habits, qu'elle revêtit aussitôt. Puis, couvrant Gullveig d'un vieux manteau sale, elle la jeta dans la barque de pierre et repoussa l'embarcation vers le large. Peu après, la barque avait disparu à l'horizon.

Dès l'instant où sa mère s'éloigna, Agnar se mit à pleurer. La sorcière tenta de calmer le bébé, mais il continuait à gémir, si bien que Sigurd se réveilla et monta sur le pont pour voir ce qui se passait. Comme la sorcière avait pris forme humaine, sous les traits de Gullveig, il ne remarqua rien d'anormal, même s'il était étonné du ton furieux avec lequel la princesse lui reprochait de l'avoir laissée seule, car elle n'avait jamais élevé la voix auparavant… Mais il était tellement occupé à tenter de calmer Agnar qu'il ne prit pas le temps de réfléchir à la question.

Lorsqu'ils arrivèrent enfin au port, le vieux roi venait d'expirer. Sigurd fut couronné et se mit à l'œuvre pour que le royaume reste prospère. Tout allait bien, sauf que Agnar n'arrêtait pratiquement pas de pleurer du matin au soir, alors qu'il avait été tellement mignon jusque-là. Sigurd décida que l'enfant avait besoin d'une nourrice. Et en effet, dès qu'il fut dans les bras de sa nounou, Agnar se calma.

Au bout d'un certain temps, Sigurd eut l'impression que sa princesse, maintenant qu'elle était reine, avait changé d'attitude envers lui. Il commençait même à se dire qu'il n'avait peut-être pas fait un si bon choix en l'épousant. Elle était toujours grognon, voire hargneuse, et passait la plus grande partie de son temps enfermée dans sa chambre.

La nourrice, qui s'occupait d'Agnar comme si c'était son propre enfant, remarqua avec surprise que le bébé pleurait chaque fois qu'il

Histoires pour les filles

était près de la reine. Mais elle n'en souffla mot à personne. Puis, un soir, alors qu'elle mettait Agnar au lit, il y eut un éclair de lumière blanche et le sol s'ouvrit, faisant apparaître un grand trou d'où émergea une belle jeune femme toute vêtue de blanc, la taille emprisonnée par une grosse chaîne de fer. Elle prit Agnar dans ses bras et le couvrit de baisers, laissant les larmes ruisseler sur ses joues. Ensuite elle disparut de nouveau dans le trou, qui se referma derrière elle. La nourrice n'en menait pas large, mais elle n'osa pas raconter une chose aussi étrange, de peur qu'on l'accuse de ne pas être capable de s'occuper d'Agnar.

Le lendemain soir, le même événement se produisit. Mais cette fois, la belle jeune femme parla entre deux sanglots. « Deux déjà

La sorcière dans la barque de pierre

sont écoulées… Nous n'en avons plus qu'une », soupira-t-elle tristement avant que le sol ne se referme sur elle encore une fois. La nourrice se dit alors qu'elle ne pouvait plus garder pareil secret. Elle alla trouver le roi et lui raconta ce qui s'était passé. Il avait grande confiance en elle et crut à son étonnant récit. Le lendemain soir, il la rejoignit dans la chambre d'Agnar, dégaina son épée, et attendit. Bientôt, la lumière blanche illumina de nouveau la pièce et lorsque la belle jeune femme s'éleva du sol, Sigurd reconnut sa princesse bien-aimée. Il bondit à son côté, trancha la chaîne de fer qui la retenait par la taille et prit la jeune femme dans ses bras. Dans un grand bruit de ferraille, la chaîne rampa sur le plancher en se tordant dans tous les sens avant de tomber dans le trou obscur. Agnar riait de joie en agitant ses petits pieds mignons.

Gullveig raconta aussitôt à Sigurd tout ce qu'elle avait vécu depuis que la sorcière, dans sa barque de pierre, avait abordé leur navire pour prendre sa place. La barque avait ensuite erré dans les ténèbres avant de s'arrêter devant la porte d'un immense château de pierre où un géant à trois têtes l'avait retenue prisonnière, et avait exigé qu'elle l'épouse sur-le-champ. Elle avait refusé avec obstination, cherchant en vain un moyen de s'évader. Finalement,

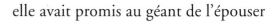

Histoires pour les filles

elle avait promis au géant de l'épouser si, auparavant, il la laissait trois nuits de suite retourner voir son fils. Le monstre à trois têtes avait accepté mais l'avait attachée avec la grosse chaîne de fer pour qu'elle ne s'enfuît pas.

Le roi comprenait maintenant pourquoi la reine s'était montrée de si méchante humeur. Il ordonna sans attendre qu'on l'amène dans la chambre de son fils. La sorcière, ne pouvant plus longtemps prendre l'apparence de sa belle épouse, se mit à cracher de rage en tordant ses mains crochues et griffues. Puis soudain, elle poussa un grand cri et se jeta sur le sol pour attraper la chaîne de fer. On ne la revit plus jamais. Le roi et la reine régnèrent de nombreuses années sur leur royaume et vécurent très heureux. Quant à Agnar, il grandit et devint un beau jeune homme, qui veillait avec attention sur sa mère depuis leur étrange aventure…

Lorna Doone

R. D. Blackmore

Introduction

Richard Doddridge Blackmore (1825-1900) est l'auteur de quatorze romans mais c'est à Lorna Doone *qu'il doit sa célébrité. L'histoire se déroule à Exmoor et raconte la vie d'une famille de hors-la-loi, les Doone. Ces derniers ont assassiné le père de John Ridd, qui a douze ans à l'époque où se déroule cet extrait. Ici, John et Lorna se rencontrent pour la première fois. John la prend pour une fille Doone, ignorant qu'elle a été kidnappée toute petite, et qu'en réalité elle est issue d'une riche famille. Les deux jeunes gens finiront par tomber amoureux l'un de l'autre.*

Lorna Doone

Lorsque je revins à moi, j'avais les mains pleines d'herbes tendres et d'humus, et une petite fille, agenouillée près de moi, me frottait tendrement le front avec une feuille de patience sauvage et un mouchoir.

– Oh! Comme je suis contente! murmura-t-elle d'une voix douce lorsque j'ouvris les yeux et la regardai. Maintenant, vous allez faire un effort pour aller mieux, n'est-ce pas?

Jamais je n'avais entendu un son aussi doux que celui qui s'échappait de ces lèvres d'un rouge ardent, pendant qu'elle me regardait ainsi, à genoux devant moi. Jamais non plus je n'avais vu quelque chose d'aussi beau que les grands yeux sombres fixés intensément sur moi, remplis de pitié et d'étonnement. Puis, étant lent de nature, et peut-être aussi un peu lourdaud, je laissai glisser mon regard embrumé sur ses longs cheveux noirs qui, sous mes yeux las, semblaient tomber en cascade jusqu'au

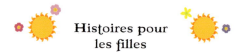
Histoires pour les filles

gazon ; et là, dans leur masse ténébreuse, je vis, pareil à une étoile du matin, le premier bouton-d'or de la saison. Depuis ce jour, lorsque je vois un bouton-d'or au tout début du printemps, je pense à elle, quelles que soient les tempêtes que la vie me fait traverser. Elle aima peut-être mon expression – et en vérité, je sais qu'elle lui plut parce qu'elle me l'a dit par la suite – mais elle était trop jeune alors pour comprendre ce qui l'attirait en moi. Non que je sois doté de la moindre beauté, ou que j'aie jamais prétendu en avoir, car je n'ai qu'un visage plein de santé, dont beaucoup de filles se sont moquées.

Sur ce, je me redressai pour m'asseoir, tenant encore à la main mon petit trident, mais soudain conscient de mon accent de paysan, je n'osai rien dire de crainte de cesser de lui plaire. Elle m'applaudit néanmoins, et esquissa des pas de danse en tournant autour de moi comme si j'étais une sorte de grand jouet.

– Comment t'appelles-tu ? dit-elle comme

Lorna Doone

si elle avait tous les droits de me le demander. Et comment es-tu arrivé ici, et qu'est-ce que c'est, ces choses mouillées dans ton grand sac ?

– Tu ferais mieux de ne pas y toucher, dis-je. Ce sont des loches pour ma mère. Mais je t'en donnerai, si tu aimes ça.

– Mon Dieu, comme tu en fais cas ! Après tout, ce ne sont que des poissons ! Mais comme tes pieds saignent ! Il faut les bander… je m'en charge. Et tu n'as ni souliers ni chaussettes ! Ta mère est-elle indigente, mon pauvre garçon ?

– Non, dis-je, vexé. Nous sommes assez riches pour acheter toute cette grande prairie si nous le voulions. Mes chaussures et mes chaussettes, les voilà.

– Eh bien, elles sont tout aussi mouillées que tes pieds et je ne peux pas supporter de les voir en si mauvais état. S'il te plaît, laisse-moi m'en occuper, je ferai tout doucement.

– Oh, ce n'est pas grave, répliquai-je. J'y passerai de la graisse d'oie. Mais pourquoi tu me regardes ainsi ? Remarque, moi, je n'ai jamais vu quelqu'un comme toi de toute ma vie. Je m'appelle John Ridd. Et toi ?

– Lorna Doone, répondit-elle à voix basse, comme si elle avait peur de prononcer son nom, et baissant tellement la tête que je ne

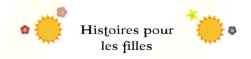

Histoires pour les filles

voyais plus que son front et ses cils. Oui, mon nom est Lorna Doone et je croyais que tu le savais.

Je me levai, lui touchai la main, et tentai de l'obliger à me regarder, mais elle ne fit que se détourner davantage. Jeune et inoffensive comme elle l'était, elle portait pourtant son nom comme une faute… Je ne pouvais m'empêcher de la regarder tendrement, et plus tendrement encore lorsque des larmes coulèrent sur ses joues déjà rougies et qu'elle se mit à sangloter tout bas, longuement.

– Ne pleure pas, dis-je, ce n'est pas la peine. Je suis sûr que tu n'as jamais fait de mal à personne. Je te donnerai tout mon poisson, Lorna, et j'en prendrai d'autre pour ma mère – si tu cesses d'être en colère contre moi.

Dans l'élan passionné de ses larmes, elle leva ses doux petits bras et me regarda d'un air si pitoyable que je ne trouvai rien de mieux à faire que de l'embrasser. Cela me sembla très étrange, lorsque j'y réfléchis, parce que je détestais les baisers, comme tout garçon qui se respecte. Mais elle avait empli mon cœur d'une joie soudaine, comme si j'avais découvert une primevère (même si aucune n'était encore sortie de terre), ou la plus charmante fleur du printemps. Elle ne m'encouragea d'aucune façon à continuer, comme ma mère l'aurait fait à sa place ; au contraire, elle alla

Lorna Doone

même jusqu'à s'essuyer les lèvres (ce que je trouvais plutôt grossier de sa part) et s'éloigna en lissant sa robe comme si je m'étais permis des privautés. Je me sentis alors devenir cramoisi, et, plein de regrets, je regardai mes pieds. Car même si ce n'était pas du tout une enfant orgueilleuse (en tout cas, son attitude ne l'était pas le moins du monde), je savais que par sa naissance, elle était à mille lieux au-dessus de moi. On aurait pu nous faire prendre des leçons, à moi ou à mes sœurs (ce qui aurait été plus à propos), jusqu'à ce que sonne l'heure de notre mort, ainsi qu'à nos enfants et petits-enfants pendant plusieurs générations sans que jamais aucun de nous ne parvienne à avoir l'expression que Lorna Doone prenait tout naturellement, comme si elle était née pour ça.

Je n'étais qu'un fils de fermier, impossible de s'y méprendre, alors qu'elle, c'était une demoiselle, très consciente de l'être et vêtue avec goût comme les gens de qualité ; une demoiselle fière de sa beauté et qui savait se mettre en valeur. Car bien que ses cheveux se soient défaits parce qu'elle s'était comportée en sauvageonne, et que sa robe se soit mouillée parce qu'elle s'était si bien occupée de moi, on voyait bien qu'elle était vêtue d'une étoffe digne d'une madone, d'une couleur vive et dense, d'une matière vraiment somptueuse tout en paraissant très simple. Rien ne venait déranger cet assortiment

Histoires pour les filles

harmonieux. De son cou jusqu'à sa taille, ce n'était qu'un seul tissu blanc, plissé, tout serré comme un rideau ; les mèches douces et lisses de ses cheveux, et la lumière sombre de ses yeux (comme une forêt profonde éclairée par un rayon de soleil), rendait ce corsage plus blanc encore, comme si c'était fait exprès. Quant au reste, je ne saurais le décrire car je ne pouvais jamais détourner les yeux bien longtemps lorsque les siens étaient fixés sur moi.

À présent, voyant l'attention que je lui prêtais, et puisque je l'avais embrassée, cette toute petite fille, à qui je ne donnais guère plus de huit ans, se tourna vers le ruisseau d'un air timide, et se perdit dans la contemplation de l'eau en se frottant une jambe contre l'autre.

Quant à moi, vexé de l'attitude qu'elle me réservait, je ramassai toutes mes affaires en faisant plein de bruit, à dessein, pour qu'elle sache que je m'en allais. Mais malgré tous mes efforts, elle ne me rappela point. Or je savais que si j'essayais de descendre par là, c'était la mort assurée, et puis, il y faisait aussi noir que dans un four. Alors, arrivé à l'entrée du passage, je fis demi-tour et revins jusqu'à elle.

– Lorna, dis-je.

– Tiens ! Je te croyais parti, répondit-elle. Pourquoi es-tu venu ici, d'abord ? Sais-tu ce qu'ils nous feraient, s'ils te trouvaient ici avec moi ?

Lorna Doone

— Ils nous battraient, je crois bien, et fort encore – enfin, moi du moins. Jamais ils ne te frapperaient, toi.

— Ils nous tueraient sur-le-champ, tous les deux, et nous enterreraient ici près du ruisseau ! C'est l'eau qui me l'a dit…

— Mais pourquoi me tueraient-ils, moi ?

— Parce que tu as trouvé comment arriver jusqu'ici, et ils ne pensaient pas que c'était possible. Maintenant, va-t-en, s'il te plaît, oui, va-t-en ! Ils vont nous tuer tous les deux, d'un instant à l'autre. Écoute, je t'aime beaucoup, dit-elle, parce que je la taquinais pour qu'elle me l'avoue, beaucoup, vraiment, et je t'appellerai John Ridd, si tu veux. Mais il faut que tu partes, John. Et quand tes pieds iront mieux, tu sais, tu peux venir et me dire comment ça va.

— Oh ! Lorna ! Je t'aime beaucoup, moi aussi – presque autant qu'Annie et beaucoup plus que Lizzie. Je n'ai jamais rencontré personne comme toi… Il faut que je revienne demain, et toi aussi,

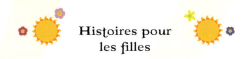
Histoires pour les filles

tu viendras, et je t'apporterai plein de choses – des pommes qu'on garde dans le cellier, et puis la grive que j'ai attrapée, et puis notre chienne vient d'avoir des petits chiots…

– Oh, mon Dieu, ils ne me permettront pas d'avoir un chien ! Il n'y en a pas dans la vallée. Ils disent qu'ils sont très bruyants…

– Alors mets ta main dans la mienne… Comme tu as de petites mains, Lorna ! Je t'apporterai le plus joli des chiots, tu verras comme il est petit.

– Chut !

Un cri résonna dans la vallée et mon cœur se mit à trembler, comme l'eau de l'étang après le coucher du soleil. Le visage de Lorna s'était transformé, et son expression plaisante avait laissé place un masque terrifié. Elle recula et il y avait tant de détresse dans les yeux qu'elle leva vers moi que je résolus sur-le-champ de la sauver ou de mourir avec elle. Un frisson me parcourut jusqu'à la moelle des os et je pestai de ne pas avoir ma carabine. La fillette prit courage en voyant ma détermination et posa sa joue tout près de la mienne.

– Descends avec moi le long de la cascade, dis-je. Je peux te porter sans problème et mère prendra soin de toi.

– Non, non ! s'écria-t-elle alors que j'allais joindre le geste à la

parole. Je vais te dire ce qu'il faut faire. C'est moi seule qu'ils recherchent. Tu vois ce trou, là-bas ?

Elle désigna du doigt une petite niche dans la falaise bordant la prairie, à environ cinquante mètres de distance. Dans la faible lumière du crépuscule, je parvenais tout juste à distinguer ce qu'elle me montrait.

– Oui, je le vois. Mais ils me verront si je traverse le pré pour arriver jusque là-bas.

– Regarde ! Regarde ! dit-elle, arrivant à peine à parler dans sa frayeur. On peut sortir tout en haut du trou – ils me tueraient s'ils apprenaient que je l'ai dit. Oh, les voici, je les vois !

La petite jeune fille devint aussi pâle que la neige qui s'accrochait aux rochers au-dessus d'elle ; elle regarda la rivière, puis leva les yeux vers moi et s'écria : « Oh, mon Dieu ! Oh, mon Dieu ! » avant d'éclater en sanglots, innocente et désemparée. Je l'attirai derrière les buissons d'osier et l'entraînai tout près de la rivière ; là, on était à l'abri, car la terre descendait en pente douce pour rejoindre le bord de l'abîme. De l'endroit où ils se trouvaient, plus haut dans la vallée, ils ne pouvaient pas nous voir ni l'un ni l'autre.

Accroupis dans le creux de ce nid, comme le font les enfants quand ils sont dans un lieu de si petite envergure, je vis descendre

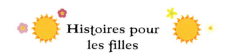

Histoires pour les filles

de l'autre côté de la rivière une douzaine d'hommes à l'aspect féroce ; ils n'avaient pas de fusil et paraissaient détendus, comme s'ils venaient de faire une promenade à cheval après avoir englouti leur dîner.

– Reine, Reine ! criaient-ils de temps en temps. Où diable notre petite reine est-elle allée ?

– Ils m'appellent toujours « reine », car je dois le devenir bientôt, chuchota Lorna, sa douce joue contre ma joue rugueuse, et son petit cœur battant contre le mien. Oh ! Ils traversent sur l'arbre tombé en travers du ruisseau. Ils vont sûrement nous voir.

– C'est bon, dis-je. Maintenant, je sais ce qu'il faut faire. Je vais entrer dans la rivière, et toi tu feras mine de dormir.

– Bien sûr ! Oui, quelque part dans le pré… Mais comme tu vas avoir froid dans l'eau glacée !

Elle comprit tout de suite comment sortir de là, je n'eus pas à le lui expliquer. D'ailleurs, il n'y avait pas de temps à perdre.

– Surtout, ne reviens plus par ici, murmura-t-elle par-dessus son épaule, avec un mouvement enfantin qui me cachait son front blanc. C'est moi qui viendrai, tantôt – oh, les voilà, Sainte Vierge !

Elle s'éloigna en rampant. Osant à peine regarder par l'interstice des buissons, je me glissai dans l'eau et m'y couchai tout entier, la

Lorna Doone

tête entre deux grosses pierres. Ainsi étendu, je laissai le courant de la marée passer au-dessus de moi. Je voyais aussi nettement que dans un dessin toutes les ondulations de sa surface, toutes les brindilles emportées par le courant, et même l'éclat du couchant qui s'y reflétait ; si bien que dans mon ignorance, il me semblait absolument impossible que les hommes ne me voient pas sous l'eau transparente. Or pendant tout ce temps ils criaient, juraient, et faisaient un tel raffut que leurs voix résonnaient contre les rochers dans toute la vallée. Mon cœur tremblait si fort (autant de froid que de peur) que l'eau commençait à gargouiller autour de moi et à clapoter sur les galets. Soudain, j'aperçus la petite jeune fille dont la beauté et la bonté m'avaient tant attiré. Alors je compris que si je voulais la sauver, je devais me montrer courageux et me cacher. Elle était allongée sous un rocher, à trente ou quarante mètres de là, feignant d'être profondément endormie après avoir déployé sa robe de belle façon et répandu sur elle ses lourds cheveux.

Justement, à cet instant, l'une des grandes brutes tourna l'angle de la falaise et la vit. Il se figea, contempla sa beauté et son innocence, puis la souleva dans ses bras et l'embrassa si fort que je l'entendis – oh, si j'avais eu mon fusil, alors, j'aurais sûrement essayé de l'abattre !

– Notre reine est ici ! cria-t-il à ses camarades. La voilà, la fille du

capitaine! Elle est profondément endormie, par Dieu! Quel sommeil de plomb! Alors écoutez, c'est moi qui l'ai trouvée le premier, et personne d'autre ne touchera cette enfant. Retournez à vos bouteilles, tous autant que vous êtes!

Il posa le petit corps délicat sur sa large et solide épaule, et prit les petits pieds fins dans l'une de ses grandes mains avant de s'éloigner à grands pas; le velours pourpre de la robe de Lorna ondulait contre sa longue barbe noire, et les longs cheveux de soie de l'enfant flottaient derrière elle comme un nuage soulevé par le vent. Cette façon de l'emmener me vexa tellement que je bondis hors de l'eau, et ils auraient pu m'apercevoir s'ils n'avaient été si pressés de retrouver leurs bouteilles de vin. Dans leur hâte, ils ne se préoccupaient guère de leur petite reine, même s'ils avaient eu peur de la trouver noyée. Ils s'éloignèrent l'un derrière l'autre.

Lorna Doone

Toujours flanquée sur l'épaule du plus grand et du plus féroce d'entre eux, la petite Lorna se tourna doucement et me fit un signe de la main tandis qu'ils remontaient la pente plongée dans l'obscurité ; et moi aussi, je lui fis un signe, dans l'épaisseur de la brume qui se répandait entre les saules.

Elle était partie, ma petite chérie, et lorsque je fus remis de ma terrible frayeur, je fus pris du désir ardent de lui parler encore. Sa voix me semblait tellement différente de celles que j'avais entendues auparavant… On aurait dit une douce clochette d'argent tintant dans les fines cordes d'une harpe. Mais je n'avais guère le temps d'y penser si je voulais arriver à temps pour le dîner.

Je me glissai dans un buisson pour me réchauffer et frottai mes jambes frissonnantes sur l'écorce des arbustes, car j'étais absolument glacé. Puis, lorsque le jour sombra sous la pluie de myosotis des étoiles, je sus, le cœur lourd de solitude, que le moment était venu de m'enfuir, quelle que soit l'issue de ma fuite.

J'essorai ma culotte trempée et parvins à ramper loin de la rive, jusqu'à la niche dans la falaise que Lorna m'avait indiquée. Dans le crépuscule, j'eus du mal à en trouver l'entrée, même à cinq mètres de distance. Mais j'y pénétrai enfin et m'agrippai à des

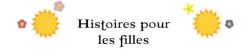

Histoires pour les filles

tiges de fougères mortes, espérant de toutes mes forces que personne ne me tirerait dessus.

Frissonnant, épouvanté, entouré de rochers nus sous la faible lumière qui ondulait comme pour mieux dilater le silence de ce gouffre, j'ai bien failli perdre la tête et tomber jusqu'au fond de l'abîme, si tant est qu'il y ait eu un fond.

Mais soudain un rouge-gorge chanta dans la masse brune de fougères et de lierre, derrière moi. Je crus que c'était la voix de notre petite Annie (car elle savait appeler les rouges-gorges), et ragaillardi, réchauffé, je m'élançai dans l'étroit boyau, remontant vers la lumière des étoiles. Et pendant que je grimpais parmi les pierres qui roulaient sous mon passage, j'entendis la vague froide et avide japper au loin, comme un chien noir et aveugle, tapi au milieu des arches et des profondeurs évidées des ténèbres.

Les héros du rail

Edith Nesbit

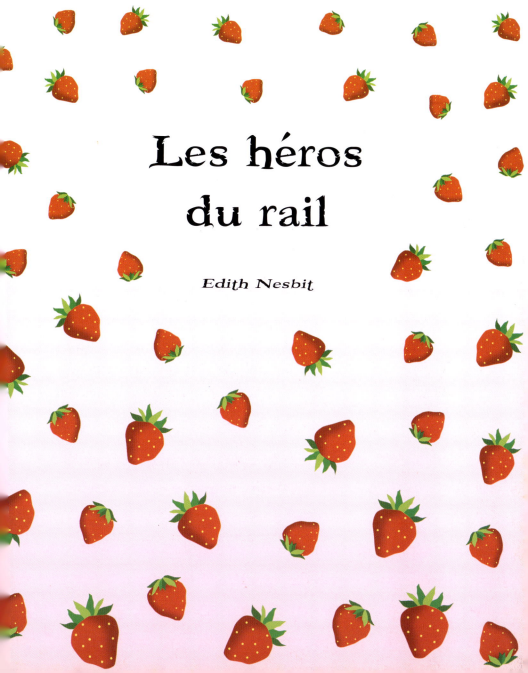

Introduction

Edith Nesbit (1858-1924) a beaucoup écrit pour les enfants, surtout après son quarantième anniversaire. Afin de dissimuler qu'elle était une femme, elle signait E. Nesbit, n'utilisant que l'initiale de son prénom. Dans cet extrait, Roberta, Peter et Phyllis voient leur vie complètement bouleversée par le départ de leur père, emmené un soir loin de chez eux. Les enfants et leur mère doivent ensuite déménager à la campagne. Là, les trois enfants passent le plus clair de leur temps à observer les trains qui passent près de leur maisonnette.

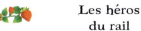

Les héros du rail

Leur mère avait été tellement contente des cerises qu'ils avaient cueillies que les trois enfants se creusaient la tête pour lui faire une autre surprise. Mais ils eurent beau chercher, ils ne trouvèrent rien de plus original que d'aller chercher des fraises sauvages. Cette idée leur vint le lendemain matin. Ils avaient remarqué, au printemps, que les fraisiers étaient en fleurs sur les flancs rocheux de la falaise où se trouvait l'entrée du tunnel. Il y avait là toutes sortes d'arbres : des bouleaux, des hêtres, des jeunes chênes et des noisetiers. Maintenant, blotties parmi eux au ras du sol, les fraises rouges luisaient au soleil comme des rubis. Comme l'entrée du tunnel était assez loin des Three Chimneys, leur mère leur avait permis d'emporter leur déjeuner dans un panier, qui leur serait utile une fois vide pour rapporter les fraises – s'ils en trouvaient. Leur mère leur prêta aussi sa montre en argent pour qu'ils ne soient pas en retard pour le thé : la montre waterproof de Peter refusait de marcher depuis le jour où il l'avait laissée tomber

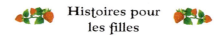

Histoires pour les filles

dans la citerne d'eau de pluie… Ils se mirent en route. Lorsqu'ils arrivèrent au sommet de la tranchée creusée pour le chemin de fer, ils se penchèrent par-dessus la clôture et regardèrent tout en bas. La voie ferrée passait au fond, et Phyllis trouvait que c'était exactement comme une gorge entre deux montagnes.

– S'il n'y avait pas les rails, on pourrait croire que jamais l'homme n'a foulé cette terre, remarqua-t-elle.

Près du tunnel, il y avait une envolée de marches conduisant à la voie – de simples planches de bois grossièrement enfoncées dans la terre – et ce passage abrupt et étroit tenait plus d'une échelle que d'un escalier.

– C'est mieux si on descend, dit Peter. Je suis sûr que ce sera bien plus facile d'attraper les fraises si on se tient sur le bord des marches. Vous vous rappelez? C'est là que nous avons ramassé les branches de cerisiers en fleurs, pour mettre sur la tombe du lapin, à son enterrement.

Ensemble, ils longèrent la clôture pour atteindre le petit portillon à battant au sommet de l'escalier. Ils y arrivaient presque lorsque Bobbie dit soudain : « Chut ! Arrêtez-vous ! Qu'est-ce que c'est, ce truc ? »

« Ce truc » était un bruit très étrange, doux et bas, mais qu'on entendait très clairement malgré le vent qui agitait les branches des

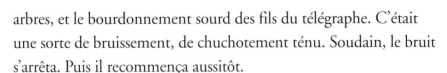

arbres, et le bourdonnement sourd des fils du télégraphe. C'était une sorte de bruissement, de chuchotement ténu. Soudain, le bruit s'arrêta. Puis il recommença aussitôt.

Mais cette fois, il ne s'arrêta pas. Au contraire, il enflait de plus en plus et se transformait en un véritable grondement.

– Regardez! s'écria soudain Peter. L'arbre, là-bas!

L'arbre bougeait – non pas comme lorsque le vent souffle dans les branches, non. Il bougeait d'un seul tenant, comme s'il s'était transformé en créature vivante et qu'il descendait le flanc de la tranchée.

– Il avance! s'écria Bobbie. Oh, regardez! Et les autres aussi… C'est comme dans Macbeth, lorsque les arbres sont des sorcières!

– C'est de la magie, dit Phyllis en retenant son souffle. J'ai toujours su que cette voie de chemin de fer était ensorcelée.

C'était surnaturel, en effet. Tous les arbres, sur environ vingt mètres de l'autre côté de la voie, semblaient se diriger lentement vers les rails, l'arbre aux feuilles grises fermant l'arrière banc comme un vieux berger faisant avancer son troupeau de moutons verts.

– Qu'est-ce que c'est? Mais qu'est-ce que c'est? murmura Phyllis. Il y a trop de magie là-dedans. Je n'aime pas ça. Rentrons à la maison!

Mais Bobby et Peter restaient solidement accrochés à la rampe, les yeux rivés sur le spectacle. Alors Phyllis ne bougea pas non

plus, peu pressée de rentrer seule à la maison.

Les arbres continuaient à avancer, au milieu des pierres et des mottes de terre qui dégringolaient jusqu'en bas et résonnaient sur les rails métalliques. « Tout va tomber », voulut dire Peter.

Mais seul un murmure sortit de sa gorge. Et en fait, à l'instant même où il parla, le grand rocher au sommet duquel se trouvaient les arbres en marche bascula lentement en avant. Les arbres s'immo-

Les héros du rail

bilisèrent. Ils n'avançaient plus, mais frissonnaient, penchés à l'oblique de leur rocher. Ils semblèrent hésiter une seconde, puis soudain le rocher, les arbres, l'herbe et les buissons glissèrent tout droit le long de la tranchée avec un bruit précipité. Ils tombèrent sur la voie avec un fracas tellement énorme qu'on dût l'entendre à cinq cent mètres à la ronde. Un nuage de poussière s'éleva devant les enfants médusés.

– Oh ! dit Peter, très impressionné, on dirait tout à fait comme quand on rentre le charbon, vous ne trouvez pas ? Comme si la cave n'avait pas de toit et qu'on puisse voir à l'intérieur par en haut.

– Regarde un peu le gros tas que ça fait ! dit Bobbie.

– Oui, en plein sur la voie, dit Phyllis.

– Va falloir qu'ils balayent, dit Bobbie.

– Oui, dit lentement Peter, toujours penché sur la clôture. Oui, répéta-t-il, encore plus lentement. Puis il se redressa. Le 11 h 29 n'est pas encore passé. Il faut qu'on leur dise, à la gare, sinon, il y aura un accident épouvantable !

– Courons ! dit Bobbie en s'élançant.

Mais Peter s'écria : « Reviens ! » et regarda la montre de leur mère. Il paraissait fort préoccupé, et son visage était d'une pâleur que personne ne lui connaissait.

Histoires pour
les filles

– Pas le temps, marmonna-t-il. C'est à cinq kilomètres et il est onze heures passées.

– Est-ce qu'on ne pourrait pas… suggéra Phyllis en retenant son souffle, est-ce qu'on ne pourrait pas grimper sur un poteau télégraphique et faire un truc avec les fils ?

– On ne sait pas faire, dit Peter.

– Ils le font bien, à la guerre, dit Phyllis. J'en ai entendu parler.

– Ils ne font que couper les fils, idiote ! dit Peter. Et ça ne sert à rien. De toute façon, on ne pourrait pas les couper, même si on arrivait à grimper tout en haut. Non, il nous faudrait quelque chose de rouge, comme ça, on pourrait descendre sur la voie et faire signe au train.

– Mais le train ne nous verrait pas avant de sortir du tunnel, à cause du tournant, dit Phyllis. Et puis, même, ils verraient le tas d'arbres en même temps. Ils le verraient mieux, d'ailleurs, parce qu'il est bien plus grand que nous.

– Il nous faudrait quelque chose de rouge ! répéta Peter. Comme ça, on pourrait aller au coin, juste avant le tournant, et faire signe au train de s'arrêter.

– On peut toujours lui faire signe sans rien.

– Ils croiraient seulement qu'on leur dit bonjour, comme

Les héros du rail

d'habitude. On leur a fait signe tellement souvent! Bon, descendons, on verra bien!

Ils s'engagèrent sur les marches abruptes. Bobbie était pâle et frissonnait. Le visage de Peter semblait plus maigre que d'habitude. Quant à Phyllis, elle était toute rouge et transpirait d'angoisse.

– Oh, ce que j'ai chaud! dit-elle. Moi qui pensais avoir froid, ce matin… Si seulement nous n'avions pas mis nos…

Elle s'interrompit, puis reprit d'un ton tout à fait différent: « si seulement nous n'avions pas mis nos jupons de flanelle! »

Bobbie pivota au bas des marches.

– Oh, c'est vrai, s'écria-t-elle. Nous avons mis nos jupons rouges! Enlevons-les!

En un clin d'œil, les jupons furent enlevés et roulés sous les bras des fillettes, qui s'élancèrent avec leur frère le long de la voie, contournant le monticule formé par le pan de rocher, la terre et les arbres tordus et écrasés. Elles couraient aussi vite qu'elles le pouvaient. Ils atteignirent bientôt le tournant, d'où l'on ne pouvait voir l'obstacle écroulé sur la voie, qui s'étendait en ligne droite sur un demi-kilomètre sans la moindre courbe.

– C'est le moment, dit Peter, en s'emparant du plus grand des jupons de flanelle.

— Tu ne vas pas… bredouilla Phyllis, tu ne vas pas le déchirer ?
— Tais toi ! dit Peter d'un ton sévère.
— Vas-y ! s'écria Bobbie. Déchire-le en petits bouts, si tu veux. Tu ne vois donc pas, Phil, que si nous n'arrivons pas à arrêter le train, il y aura un vrai accident, et que des gens mourront ? Oh, c'est horrible !

Peter partagea chaque jupon en trois morceaux. « Maintenant, nous avons six drapeaux », dit-il avant de regarder de nouveau sa montre. « Et il nous reste sept minutes. Il nous faut des bâtons pour tenir les drapeaux. »

Les couteaux qu'on donne aux garçons ont généralement, pour une raison étrange, des lames qui s'émoussent tout de suite. Il fallut donc briser de jeunes arbres à la main, et deux d'entre eux eurent les racines arrachées. On les dépouilla de leurs feuilles.

— Il faut faire des trous dans les drapeaux pour y passer les bâtons, expliqua Peter.

On fit donc des trous. Heureusement, le couteau était assez aiguisé pour couper la flanelle. Puis ils coincèrent deux des drapeaux entre les traverses de la voie, à l'aide de petits tas de cailloux. Ensuite, Phyllis et Roberta prirent chacune un drapeau et se tinrent prêtes à l'agiter dès qu'elles apercevraient le train.

 **Les héros du rail**

Peut-être Peter avait-il mal calculé le nombre de minutes qu'il faudrait au 11 h 29 pour parcourir la distance les séparant de la gare, ou peut-être le train était-il en retard. En tout cas, il leur sembla qu'ils attendaient depuis très longtemps. Phyllis commençait même à s'impatienter.

– Je pense que la montre ne marche pas et que le train est déjà passé, dit-elle.

Peter abandonna sa pose héroïque, et Bobbie avait mal au cœur tant ce suspens était pénible. Il lui semblait qu'ils étaient là depuis des heures et des heures, à brandir bêtement ces petits drapeaux de flanelle rouge que personne ne remarquerait jamais. Le train ne s'embarrasserait pas de ce genre de signaux. Il foncerait sans les voir, s'élancerait dans le tournant et irait s'écraser dans les arbres pleins

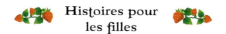
Histoires pour les filles

de terre et de pierre. Soudain, l'air s'emplit du grondement des roues vibrant sur les rails, et un nuage de vapeur blanche apparut tout au bout de la ligne droite.

— Restez où vous êtes, ordonna Peter, et agitez les drapeaux de toutes vos forces ! Lorsque le train arrivera à hauteur de ce gros buisson, reculez, mais continuez à agiter les drapeaux !

Le train avançait à une allure folle.

Les héros du rail

– Ils ne nous voient pas ! Ils ne nous verront pas ! Tout ça ne sert à rien ! s'écria Bobbie.

Sur les rails, les deux petits drapeaux vacillèrent tandis que le train approchait en secouant et en écartant les petits tas de pierres qui les retenaient. L'un des drapeaux pencha lentement de côté et tomba sur la traverse. Bobbie bondit et le ramassa avant de l'agiter bien haut.

– Ne reste pas sur la voie, espèce de folle ! cria Peter d'un ton féroce.

On aurait dit que le train prenait de la vitesse. Il était tout près, à présent.

– Ça ne sert à rien ! répéta Bobbie.

– Reculez ! cria Peter en saisissant Phyllis par le bras pour l'écarter.

Mais Bobbie s'écria : « Pas encore, pas encore ! » en agitant ses deux drapeaux au beau milieu de la voie.

L'avant de la locomotive semblait un énorme bloc noir hurlant à tue-tête.

– Oh, arrête-toi, je t'en prie, arrête-toi ! cria Bobbie.

Personne ne l'entendit. Enfin, ni Peter ni Phyllis ne le pouvaient, car le fracas du train couvrait le son de la voix de leur sœur, mais par la suite, elle se demanda souvent si la locomotive ne l'avait pas entendue. On aurait pu le croire, en effet, car l'engin ralentit sur-le-champ et s'arrêta bientôt à moins de vingt mètres de l'endroit

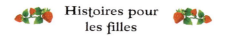
Histoires pour les filles

où, sur la voie, les deux drapeaux de Bobbie donnaient l'alerte. La fillette vit la grosse locomotive noire s'arrêter net, mais bizarrement, elle n'arrivait pas à cesser d'agiter les drapeaux. Et lorsque le conducteur et le mécanicien furent descendus à terre, et que Peter et Phyllis, courant à leur rencontre, leur eurent raconté à toute allure l'incroyable histoire du monticule tombé juste après le tournant, Bobbie continua à agiter les drapeaux, mais de plus en plus faiblement, en tressaillant comme une marionnette.

Lorsque les autres se tournèrent enfin vers elle, elle était étendue en travers de la voie, les bras tendus et les mains toujours serrées autour des bâtons retenant les petits drapeaux de flanelle rouge.

Le conducteur de la locomotive la souleva dans ses bras, la porta jusqu'au train et l'allongea sur les coussins d'un wagon de première classe.

– Elle a perdu connaissance! dit-il. Pauvre petit bout de femme. Il y a de quoi! Je m'en vais aller jeter un

Les héros du rail

œil à ce tas dont vous me parlez, et puis nous retournerons à la gare pour que le docteur examine la petite.

C'était horrible de voir Bobbie si pâle et si silencieuse, les lèvres entrouvertes et bleues, inerte.

– Je crois qu'on est comme ça quand on est mort, chuchota Phyllis.
– Tais-toi! dit Peter d'un ton coupant.

Ils s'assirent près de Bobbie sur les coussins bleus, et le train repartit en arrière. Peu avant d'arriver à la gare, Bobbie soupira et ouvrit les yeux. Aussitôt, elle roula sur le ventre et se mit à pleurer, ce qui remplit les autres d'une gaieté émerveillée. Ils l'avaient déjà vue pleurer, mais jamais encore ils ne l'avaient vue s'évanouir, ni elle ni personne, d'ailleurs. Ils n'avaient pas su quoi faire lorsqu'elle était inconsciente, mais maintenant qu'elle ne faisait que pleurer, ils pouvaient lui tapoter le dos et lui dire de sécher ses larmes. Et puis, lorsqu'elle se calma enfin, ils purent se moquer d'elle. Quelle mauviette c'était, en fin de compte, pour tomber ainsi dans les pommes!

Lorsqu'ils arrivèrent à la gare, une foule animée les attendait sur le quai et les trois enfants furent traités en héros.

Les louanges qu'ils reçurent pour leur « prompte réaction », leur « bon sens », leur « ingéniosité » auraient fait tourner la tête à n'importe qui. Phyllis était aux anges. C'était la première fois

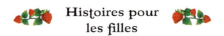

Histoires pour les filles

qu'elle était une vraie héroïne. Quelle impression délicieuse! Peter avait les oreilles écarlates, mais son embarras ne l'empêchait pas d'être absolument ravi. Seule Bobbie ne partageait pas leur enthousiasme et insistait pour retourner à la maison.

– À mon avis, vous allez avoir des nouvelles de la Compagnie, dit le chef de gare.

Bobbie fit le vœu de ne plus jamais entendre parler de la compagnie de chemin de fer et tira Peter par la veste.

– Partons, je t'en prie! supplia-t-elle. Je veux rentrer.

Ils sortirent donc, mais sous les applaudissements du chef de gare, du porteur, des gardes, du conducteur, du mécanicien et des passagers.

– Vous entendez? s'écria Phyllis. C'est pour nous!

Bobbie se taisait, songeant à l'horrible monticule de terre et de branches, et au train qui fonçait droit dedans.

– Tu te rends compte? dit Peter. C'est nous qui les avons sauvés.

– Quelle horreur s'ils s'étaient tués! dit Phyllis d'un ton enjoué. N'est-ce pas, Bobbie?

– On n'a même pas de fraises pour maman maintenant! grommela Bobbie.

Peter et Phyllis lui jetèrent un regard vexé. Qu'importaient les fraises, quand on était devenu des héros?

Les héros du rail

Le terrible secret

Lorsqu'ils étaient venus vivre aux Three Chimneys, les enfants parlaient souvent de leur père et posaient des tas de questions : Que faisait-il ? Où était-il ? Et quand reviendrait-il à la maison ? Leur mère répondait toujours de son mieux. Mais au fur et à mesure que le temps passait, ils en parlaient beaucoup moins. Depuis le début, Bobbie sentait que pour une raison qu'elle ne comprenait pas, ces questions tourmentaient sa mère et la rendaient triste. Et peu à peu, les autres en vinrent à sentir la même chose, même s'ils étaient incapables de l'exprimer par des mots.

Un jour que leur mère travaillait si dur qu'elle ne pouvait même pas s'arrêter dix minutes, Bobbie lui apporta son thé dans la grande pièce nue qu'ils appelaient l'atelier et qui n'avait presque pas de meubles : rien qu'une table, une chaise et un tapis. Mais il y avait toujours des grands vases de fleurs fraîches sur les rebords des fenêtres et sur le manteau de la cheminée.

– Voici ton thé, maman chérie, dit Bobbie. Bois-le tant qu'il est chaud.

La mère posa sa plume au milieu des pages éparpillées sur la table, couvertes de son écriture aussi nette que si elle était imprimée, mais

Histoires pour les filles

beaucoup plus jolie. Elle se passa la main dans les cheveux comme si elle allait se les arracher par poignées.

– Ta pauvre tête, dit Bobbie. Elle te fait mal ?

– Non, oui… pas beaucoup, répliqua maman. Dis-moi, Bobbie, est-ce que tu crois que Peter et Phil sont en train *d'oublier* papa ?

– Oh ! Non ! répondit Bobbie, indignée. Pourquoi cette question ?

– Vous ne parlez plus jamais de lui.

– Si, nous en parlons souvent entre nous, dit Bobbie en passant d'une jambe sur l'autre.

– Mais pas avec moi, dit sa mère. Comment cela se fait ?

Bobbie ne trouvait pas facile de répondre à cette question.

– Je… tu… dit-elle avant de se taire et d'aller regarder par la fenêtre.

– Bobbie, viens ici, dit sa maman.

Bobbie obéit et elle l'enlaça, puis posa sa tête ébouriffée sur l'épaule de la fillette.

– Essaye de me répondre, ma chérie.

Bobbie se mit à gigoter.

– Dis-le à maman…

– Eh bien, dit Bobbie, j'ai pensé que tu étais malheureuse que papa ne soit pas là, et que ça te rendait encore plus malheureuse quand je parlais de lui. Alors j'ai arrêté.

**Les héros
du rail**

— Et les autres ?

— Je ne sais pas pour les autres, dit Bobbie. Je ne leur ai jamais rien dit sur *ça*. Mais j'imagine qu'ils ressentent la même chose que moi.

— Bobbie chérie, dit sa mère sans bouger la tête, je vais t'expliquer. Avant que papa ne s'en aille, lui et moi avons eu un grave problème, bien pire que tout ce que tu peux imaginer. Alors au début, cela me faisait souffrir que vous parliez de lui comme si rien n'avait changé. Mais ce serait bien plus terrible si vous l'oubliez. Cela serait pire que tout !

— Mais maman… commença Bobbie d'une toute petite voix. J'ai promis de ne jamais te poser de questions, et j'ai tenu parole, n'est-ce pas ? Mais… ce problème, il ne va pas durer toujours, dis ?

— Non, dit sa mère. Le pire sera passé lorsque papa reviendra à la maison.

— J'aimerais pouvoir te consoler, dit Bobbie.

— Oh, ma chérie, comme si tu ne le pouvais pas ! Crois-tu que je n'ai pas remarqué comme tu as été sage, comme tu as cessé de te quereller pour un rien ? Et toutes ces petites choses que tu fais pour moi – les fleurs que tu cueilles, mes souliers que tu nettoies, mon lit que tu fais avant que j'aie le temps de le faire moi-même…

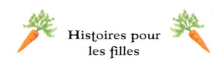

Histoires pour les filles

Bobbie s'était demandé, en effet, si maman avait ou non remarqué ces choses-là.

– Ce n'est rien, dit-elle, par rapport à…

– Maintenant, il faut absolument que je continue à travailler, l'interrompit sa mère. Ne dis rien aux autres.

Ce soir-là, au lieu de leur lire des histoires avant d'aller au lit, elle leur raconta ce qu'elle et papa faisaient quand ils étaient petits et qu'ils habitaient le même village. Elle leur raconta aussi les aventures de papa avec les frères de maman, lorsqu'ils étaient tous des petits garçons. Des histoires très drôles, vraiment, et les enfants riaient en écoutant avidement.

– Oncle Edward est mort avant de pouvoir devenir grand, n'est-ce pas? dit Phyllis lorsque maman alluma les bougies dans les chambres.

– Oui, ma chérie, dit maman. Vous l'auriez aimé, tu sais. C'était un garçon très courageux, qui ne reculait devant aucune aventure. Toujours en train de faire des siennes, et pourtant il n'avait que des amis… Et il y a aussi l'histoire de votre oncle Reggie à Ceylan, et celle de papa quand il était allé le rejoindre… Je crois qu'ils seraient tous très contents de savoir que nous avons parlé d'eux. Qu'en pensez-vous?

– Pas oncle Edward, dit Phyllis d'un ton choqué, puisqu'il est au paradis.

Les héros du rail

— Tu n'imagines tout de même pas qu'il nous a oubliés parce que Dieu l'a emmené près de lui ? Je ne l'ai pas oublié, moi, et je suis sûre qu'il pense à nous. Il n'est parti que pour un petit moment. Nous le reverrons un jour.

— Et oncle Reggie ? Et papa, aussi ? dit Peter.

— Oui, dit maman. Oncle Reggie et aussi papa. Bonne nuit, mes chéris.

— Bonne nuit, répondit tout le monde.

Bobbie serra sa maman plus fort que d'habitude, ce soir-là, et lui chuchota à l'oreille : « Je t'aime tellement, maman. Tellement… »

Le lendemain, en repensant à tout cela, Bobbie tenta de ne pas se demander quel était ce grave problème dont sa mère avait parlé. Mais elle n'y arrivait pas toujours. Papa n'était pas mort, comme le pauvre oncle Edward, c'est maman qui l'avait dit. Et il n'était pas malade non plus, sinon maman aurait été près de lui. Cela venait-il de ce qu'ils étaient pauvres ? Non. Bobbie était sûr que c'était un problème qui concernait directement le cœur, et que l'argent n'avait rien à voir. « Je ne dois pas essayer de comprendre, se dit-elle. Non, il ne faut pas. Je suis bien contente que maman ait remarqué que nous nous disputions moins. Tâchons de continuer ! »

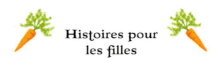

Histoires pour les filles

Mais hélas, l'après-midi même, elle eut avec Peter ce que Peter appelait une bagarre de première classe. Et voici pourquoi…

Une semaine à peine après leur arrivée aux Three Chimneys, les enfants avaient demandé à leur mère d'avoir chacun un bout de jardin pour leur propre usage. Elle y avait consenti et le fond du jardin, au sud, sous les pêchers, avait été divisé en trois parties où ils avaient le droit de planter tout ce qu'ils voulaient.

Dans son jardin, Phyllis avait planté du réséda, des capucines et des giroflées.

– Je ne peux pas enlever les mauvaises herbes de peur d'arracher les bonnes, disait-elle d'un ton satisfait. Ça évite bien du travail, vous savez…

Dans sa partie, Peter planta des graines de légumes – des carottes,

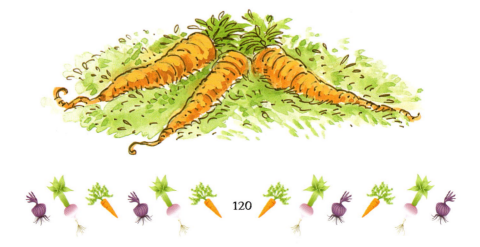

Les héros du rail

des oignons et des navets. Il les tenait du fermier qui habitait dans la jolie maison noire et blanche, en bois et en torchis, de l'autre côté du pont. Il élevait des dindes et des pintades, et c'était un très gentil monsieur. Mais les légumes de Peter n'avaient aucune chance de pousser, car il aimait surtout creuser des canaux, et construire des forts ou des travaux en terre pour ses soldats de plomb. Or les graines des légumes arrivent rarement à germer dans un sol constamment perturbé par des installations d'irrigation et l'érection de bâtiments de guerre.

Dans sa parcelle, Bobbie planta des rosiers, mais toutes les petites feuilles nouvelles se flétrirent et se fanèrent très vite, peut-être parce qu'elle les emporta dans l'autre partie du jardin en mai, ce qui n'est pas du tout la bonne période pour déplacer les rosiers. Mais elle refusait de reconnaître qu'ils étaient morts, jusqu'au jour où Perks vint voir le jardin et lui dit sans ambages que tous ses rosiers étaient aussi morts que des cailloux.

– Y sont bons à mettre au feu, Miss, dit-il. Faut que vous les arrachiez de là et que vous les brûliez, et je vous donnerai de bonnes racines de mon jardin : des pensées, des giroflées, des œillets du poète

Histoires pour les filles

et des myosotis. Je les apporterai demain si vous préparez la terre.

Le lendemain, donc, elle se mit au travail. Or c'était justement le jour où sa mère l'avait complimentée sur le fait que son frère et elles ne se disputaient pas. Elle déplaça les rosiers et les porta à l'autre bout du jardin, où le tas de détritus était composé de ce qu'ils avaient l'intention de brûler le 5 novembre, lorsqu'on ferait un feu de joie, la nuit où l'on célébrait l'exécution de Guy Fawkes.

Pendant ce temps, Peter avait décidé d'aplanir ses forts et ses ouvrages de terre, en vue de faire une maquette de tunnel de chemin de fer, avec tranchée, remblai, canal, aqueduc et ponts.

Aussi, lorsque Bobbie revint de son dernier voyage, piquée par les épines de ses rosiers morts, il avait pris le râteau et était très occupé à ratisser.

— C'est moi qui me servais du râteau, dit Bobbie.

— Eh bien, maintenant, c'est moi, dit Peter.

— Mais je l'avais en premier, dit Bobbie.

— Alors c'est mon tour, maintenant, dit Peter.

Et ce fut ainsi que leur dispute commença. « Tu fais toujours des histoires pour rien », déclara Peter après une vive altercation.

— C'est moi qui avais le râteau en premier, répliqua Bobbie, en s'accrochant au manche.

Les héros
du rail

– Je te répète que j'ai dit ce matin que j'avais l'intention de m'en servir. N'est-ce pas, Phil?

Cette dernière déclara avec hauteur qu'elle ne voulait pas être mêlée à leurs histoires. Mais c'était impossible, bien sûr.

– Si tu t'en souviens, tu devrais le dire, insista Peter.

– Elle ne s'en souvient pas, puisque tu ne l'as pas dit – mais dans ce cas, elle devrait le dire, renchérit Bobbie.

– Si seulement j'avais un frère au lieu de deux petites sœurs pleurnichardes! s'exclama Peter, ce qui était toujours signe que sa rage avait atteint sa cote d'alerte.

Bobbie répliqua ce qu'elle répondait toujours dans ces cas-là :

– Je ne vois vraiment pas pourquoi on a inventé les petits garçons.

– Et au moment où elle venait de le dire, elle leva les yeux, et vit les trois hautes fenêtres de l'atelier de maman refléter la lumière rouge des rayons du crépuscule.

Elle se rappela aussitôt les compliments de leur mère : « Vous ne vous disputez pas comme avant… »

– Oh! s'écria Bobbie, comme si on venait de la frapper, ou comme si elle s'était coincée un doigt dans une porte, ou comme si elle avait senti les premiers élancements douloureux d'une rage de dents.

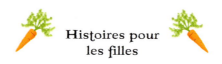

Histoires pour les filles

– Qu'est-ce qui se passe ? demanda Phyllis.

Bobbie voulait dire : « Ne nous disputons pas. Maman a horreur de ça », mais elle n'y arrivait pas. Peter était trop désagréable, et insultant avec ça.

– Tiens-le, ton râteau à la noix ! fut ce qu'elle put trouver de mieux, en lâchant brusquement le manche.

Peter s'y était accroché avec trop de vigueur et maintenant qu'il n'y avait plus personne de l'autre côté, il vacilla et tomba en arrière, les dents du râteau fichées entre ses pieds.

– Ça t'apprendra, dit Bobbie, qui regretta immédiatement ses paroles.

Peter ne bougea pas pendant une demie seconde, assez longtemps cependant pour faire peur à Bobbie. Puis il lui fit encore plus peur lorsqu'il se redressa, cria, devint très pâle, puis retomba en arrière sans cesser de hurler. On aurait dit qu'on égorgeait un cochon et on devait l'entendre dans un rayon de plus de cinq cents mètres.

Leur mère passa la tête par la fenêtre, et une seconde plus tard, elle était dans le jardin et s'agenouillait près de Peter, qui ne cessait toujours pas ses hurlements de goret.

– Que s'est-il passé, Peter ? demanda maman.

– C'est à cause du râteau, expliqua Phyllis. Peter le tirait vers

Les héros du rail

lui, et Bobbie le tirait vers elle, et elle a lâché et il est tombé.

– Arrête de crier, Peter, dit la mère. Arrête tout de suite !

Peter fit encore l'usage du souffle qui lui restait pour un dernier hurlement puis s'arrêta.

– Bon, dit maman. Tu as mal ?

– Il doit vraiment avoir mal, sinon, il ne ferait pas tant de manières, dit Bobbie encore tremblante de rage. Ce n'est pas un lâche.

– Je crois que me suis fracassé le pied, c'est tout, dit Peter avec humeur.

Il se rassit, puis devint tout pâle. Leur mère passa un bras autour de ses épaules.

– Il s'est évanoui, dit-elle. Bobbie, assieds-toi derrière lui et prends sa tête sur tes genoux.

Ensuite, elle défit les bottines de Peter. Lorsqu'elle enleva la bottine droite, quelque chose de sombre coula sur le sol. C'était du sang. Et lorsqu'elle enleva la chaussette, il y avait trois plaies rouges sur le pied et la cheville de Peter, là où les dents du râteau l'avaient mordu. Son pied était couvert de traînées rouges.

– Va vite chercher de l'eau… une pleine cuvette, dit la mère.

Phyllis s'élança. Dans sa hâte, elle renversa presque toute l'eau de la cuvette, et dût aller en chercher d'autre dans une cruche.

Peter ne rouvrit pas les yeux jusqu'à ce que sa mère ait noué un mouchoir autour de son pied. Puis Bobbie et elle le transportèrent et l'allongèrent sur le banc de bois brun de la salle à manger. Pendant ce temps, Phyllis était déjà à mi-chemin de chez le docteur.

Maman s'assit près de Peter, lui baigna le pied et lui parla, pendant que Bobbie allait mettre la bouilloire à chauffer pour le thé. « C'est tout ce que je peux faire, se dit-elle. Mais si Peter meurt, ou s'il reste infirme toute sa vie, ou qu'il doive marcher avec des béquilles, ou porter une bottine avec une semelle qui ressemble à une bûche de bois… » Elle se tenait près de la porte de la cour, réfléchissant à ces lugubres possibilités, les yeux rivés sur la citerne.

Les héros du rail

— Si seulement je n'étais pas née! conclut-elle à haute voix.

Le docteur arriva, examina le pied et le banda magnifiquement, puis dit que Peter ne devait pas marcher pendant au moins une semaine.

— Il ne va pas rester boiteux, docteur? Il ne sera pas obligé d'avoir des béquilles, et il n'aura pas de bosse sur le pied, n'est-ce pas? chuchota Bobbie sur le seuil.

— Certainement pas! dit le Dr Forrest. Il sera sur pied dans une quinzaine. Cessez de vous inquiéter, petite mère poule!

Lorsque la mère fut sortie raccompagner le docteur jusqu'au portail, pour prendre ses dernières instructions, et que Phyllis s'occupait du thé, Peter et Bobbie se retrouvèrent seuls.

— Il dit que tu ne seras pas boiteux ni rien, dit Bobbie.

— Bien sûr que non, grosse bêtasse, dit Peter, tout de même très soulagé.

— Oh, Peter, je suis tellement désolée! dit Bobbie après un silence.

— Ça ne fait rien, dit Peter d'un ton bourru.

— C'était ma faute, dit Bobbie.

— Mais non... dit Peter.

— Si nous ne nous étions pas disputés, ça ne serait pas arrivé. Je

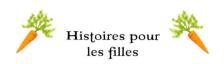

Histoires pour les filles

savais que j'avais tort. Je voulais le dire, mais je ne sais pas pourquoi, je n'y arrivais pas.

– Ne dis pas n'importe quoi, dit Peter. Je n'aurais pas arrêté, moi, si tu avais dit que tu avais tort. Sûrement pas.

– Mais je savais que nous ne devions pas nous disputer, dit Bobbie, en larmes, et maintenant, tu es blessé et…

– Écoute, dit Peter d'une voix ferme, sèche tes larmes. Si tu ne fais pas attention, tu vas devenir une petite sainte nitouche et on se croira tout le temps au catéchisme.

– Je ne veux pas être une sainte nitouche ! protesta Bobbie. Mais c'est dur, quand on essaye de bien faire.

– Pas obligé, dit Peter. Tu vois, je préfère que ce soit moi qui aie reçu le râteau sur le pied. Si ça avait été toi, tu serais restée couchée sur le sofa comme une martyre, et tout le monde aurait été à tes petits soins, et tout ça. Et moi, je ne l'aurais pas supporté.

– Non, je n'aurais pas été comme ça, s'indigna Bobbie.

– Oh, mais si, dit Peter.

– Je te dis que non.

– Je te dis que si.

– Les enfants ! gronda la mère sur le seuil. Vous vous disputez encore ? Déjà ?

Les héros du rail

– On ne se dispute pas, euh, pas vraiment, dit Peter. Simplement, on n'est pas d'accord.

Une fois la mère repartie, Bobbie n'y tint plus.

– Peter, je suis désolée que tu sois blessé, mais c'est vraiment méchant de dire que je fais ma petite sainte.

– Oh ! Bon… dit Peter en changeant soudain de ton. C'est possible. Après tout, tu as bien dit que je n'étais pas un lâche, même quand tu étais dans de sales draps. Ce qu'il y a, c'est que… ne fais pas ta sainte nitouche, c'est tout. Fais attention et si tu sens que tu vas faire ta mijorée, arrête-toi juste à temps, d'accord ?

– Oui, dit Bobbie. D'accord.

– Alors on fait la paix, dit Peter, magnanime. On enterre la hache de guerre. Tu sais, Bobbie, ma vieille, je suis fatigué.

Au début, Bobbie trouva cela très dur d'être aussi gentille avec lui, pour qu'il cesse de penser qu'elle faisait sa mijorée. Mais cela passa bientôt, et elle et Phyllis, remarqua Peter, étaient vraiment à la hauteur. Maman restait avec lui quand ses sœurs étaient sorties. Et les mots « ce n'est pas un lâche », donnèrent à Peter la détermination de ne pas se plaindre de son pied, même s'il lui faisait très mal. Les compliments aident beaucoup les gens, parfois.

Il eut aussi des visiteurs. Mrs Perks vint demander comment

Histoires pour les filles

il allait, ainsi que le chef de gare et plusieurs personnes du village. Mais le temps passait lentement, très lentement.

— J'aimerais bien trouver quelque chose à lire, dit Peter. J'ai relu tous nos livres au moins cinquante fois.

— Je vais aller chez le docteur, dit Phyllis. Il en a sûrement.

— Tu parles… des livres sur des maladies et les trucs dégoûtants qu'on a dans le ventre, j'imagine, dit Peter.

— Perks garde les magazines que les gens laissent dans le train, dit Bobbie. Il en a tout un tas. Je vais descendre lui en demander.

Sur ce, les deux fillettes partirent chacune de leur côté. Bobbie trouva Perks occupé à nettoyer des lampes.

— Et comment va le jeune monsieur? demanda-t-il.

— Mieux, merci, dit Bobbie. Mais il s'ennuie affreusement. Je suis venue vous demander si vous auriez des magazines à lui prêter.

— Ah, ben, dit Perks d'un ton de regret en se frottant l'oreille avec un chiffon de coton noir tout huileux, pourquoi je n'y ai pas pensé plus tôt? Justement, ce matin, j'essayais de trouver ce qui pourrait bien l'amuser, et j'ai rien trouvé de mieux qu'un cochon d'Inde. Y a un petit gars que je connais qui va le lui apporter ce soir.

— Quelle bonne idée! Un vrai cochon d'Inde vivant! Il sera très content. Mais les magazines, ça lui plaira aussi.

Les héros
du rail

— Ben justement, dit Perks. Je viens de les porter au garçon des Snigson, celui qu'a eu une pneumonie. Mais j'ai plein de journaux illustrés qui me restent.

Il se tourna vers la pile de journaux entassés dans un coin et prit une pile de dix centimètres d'épaisseur.

— Voilà, dit-il. Je vais les serrer comme il faut avec un bout de ficelle et un bout de papier.

Il tira un vieux journal de la pile, l'étala sur la table et fit un paquet bien net.

— Y'a plein d'images là-dedans, dit-il, et si ça lui plaît de les barbouiller avec sa boîte à peintures, ou des craies de couleurs, ou je sais pas quoi, faut pas qu'y se gêne. J'en veux plus.

— Vous êtes très gentil, dit Bobbie en prenant le paquet.

Elle se mit en route. Les journaux étaient lourds, et lorsqu'elle dut attendre au passage à niveau pour laisser passer un train, elle posa le paquet sur la barrière. Là, elle laissa son regard errer sur le journal dans lequel le paquet était emballé.

Les mots lui sautèrent à la figure, et elle serra le paquet plus fort. Était-ce un cauchemar ? Elle se pencha et continua à lire jusqu'au bas de la feuille déchirée.

Elle se sut jamais comment elle était rentrée chez elle. Mais une

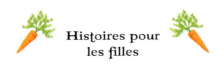

Histoires pour les filles

fois à la maison, elle gagna sa chambre sur la pointe des pieds et ferma la porte à clé. Puis elle défit le paquet et relut l'article, assise au bord du lit.

– Maintenant, je sais, dit-elle.

Ce qu'elle avait lu était intitulé : « Fin du procès. Verdict. Condamnation. » Le nom de l'homme qui avait été jugé était celui de son père. Le verdict était : « coupable ». Et la condamnation était : « cinq ans de travaux forcés ».

– Oh, papa, murmura-t-elle en froissant vivement le papier. Ce n'est pas vrai ! Je ne peux pas le croire. Tu n'as jamais fait ça, jamais, jamais, jamais !

Quelqu'un frappa vivement à la porte.

– Qu'est-ce que c'est ? dit Bobbie.

– C'est moi, répondit Phyllis. Le thé est prêt et un garçon a porté un cochon d'Inde à Peter. Descends !

Et Bobbie dut descendre, la mort dans l'âme.

La foire aux vanités

William Makepeace Thackeray

Introduction

William Makepeace Thackeray (1811-1863) commença sa carrière d'écrivain après un court passage à Trinity College à Cambridge. La foire aux vanités, *son œuvre principale, fut publiée en 1847. Elle raconte l'histoire de deux jeunes filles à l'époque des guerres napoléoniennes. Becky Sharp est orpheline et Amélia Sedley, la fille d'un riche marchand. Dans cet extrait, il est question du départ des deux jeunes filles du pensionnat de Chiswick Mall.*

La foire aux vanités

Par une brillante matinée de juin, une large voiture bourgeoise se dirigeait, avec une vitesse de quatre milles à l'heure, vers la lourde grille du pensionnat de jeunes demoiselles tenu par miss Pinkerton, à Chiswick Mall. La voiture était attelée de deux chevaux bien nourris aux harnais étincelants et conduits par un cocher non moins bien nourri, et ombragé d'un chapeau à trois cornes et d'une perruque. Sur le siège, à côté du cocher, se trouvait un domestique noir, qui déplia ses jambes recourbées au moment où la voiture s'arrêtait devant la porte de miss Pinkerton. Au bruit de la cloche qu'il agita, une douzaine au moins de jeunes têtes apparurent aux étroites croisées de ce vieux et majestueux manoir bâti en brique.

« C'est la voiture de M. Sedley ma sœur, dit miss Jemima ; c'est Sambo, le domestique noir, qui vient de sonner, et le cocher a un habit rouge tout neuf.

– Avez-vous terminé tous les préparatifs nécessaires pour le départ de miss Sedley, miss Jemima ? » demanda miss Pinkerton.

C'était une bien majestueuse personne que miss Pinkerton, la Sémiramis d'Hammersmith, l'amie du docteur Johnson et la correspondante de mistress Chapone.

« Ces demoiselles sont à emballer leurs chiffons depuis quatre heures du matin, ma sœur, répliqua miss Jemima, et nous leur

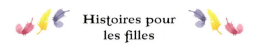

Histoires pour les filles

avons préparé une brassée de fleurs.

– Dites un bouquet, ma sœur Jemima ; cela est de meilleur ton.

– Eh bien ! soit, un bouquet qui était bien gros comme une botte de foin. J'ai mis de plus deux bouteilles d'eau de giroflée pour miss Sedley et la recette pour en faire, le tout dans la malle d'Amélia.

– Et je pense, miss Jemima, que vous avez copié la note de miss Sedley. La voici, n'est-ce pas ?… C'est très bien : quatre-vingt-treize livres quatre schellings. Soyez assez bonne pour mettre l'adresse à *Mr. John Sedley*, et cacheter ce billet que j'écris à sa femme. »

Aux yeux de miss Jemima, une lettre autographe de sa sœur était un objet de grande vénération ; elle n'en eût pas témoigné davantage pour une lettre écrite de la main d'un souverain. Il était de notoriété publique que miss Pinkerton n'écrivait aux parents des élèves que lorsque les pensionnaires quittaient la maison ou se mariaient : elle avait fait une seule exception lorsque cette pauvre miss Birch était morte de la fièvre scarlatine. Miss Jemima était persuadée que, si quelque chose avait pu consoler mistress Birch de la perte de

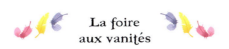

La foire aux vanités

sa fille, c'était la pieuse et pathétique composition où miss Pinkerton lui annonçait cette triste nouvelle.

Dans la circonstance qui nous occupe, voici comme était conçue l'épître de miss Pinkerton :

« Le Mall, Chiswich, 15 juin 18.

Après six années de séjour à La Mall, j'ai l'honneur et la satisfaction de rendre miss Amélia Sedley à ses parents. C'est une jeune personne accomplie, bien capable de tenir avec distinction sa place dans une société élégante et cultivée. Ces qualités qui donnent le cachet aux jeunes demoiselles du grand monde, ces perfections qui conviennent à sa naissance et à sa condition, ne font point défaut dans l'aimable miss Sedley. Son application et son obéissance lui ont concilié tous ses maîtres, et la douceur charmante de son caractère a séduit ses petites comme ses grandes compagnes.

Pour la musique, la danse et l'orthographe, pour tous les genres de broderie et de travaux à l'aiguille, on ne peut manquer de trouver qu'elle a réalisé les souhaits les plus légitimes de ses amis. La géographie laisse encore beaucoup à désirer. Nous ne saurions trop recommander aussi l'usage régulier d'un dossier orthopédique au moins quatre heures par jour, et cela pendant trois ans ; c'est le seul moyen d'acquérir cette distinction de tournure et de maintien que l'on exige des jeunes personnes à la mode.

Quant aux principes de religion et de moralité, on verra que miss Sedley est digne d'un établissement qui a été honoré de la présence du *grand lexicographe* et du patronage de l'incomparable mistress Chapone. En quittant La Mall, miss Amélia emporte avec elle l'affection de ses compagnes et les sentiments les plus tendres de sa maîtresse, qui a l'honneur de se dire, Madame, Votre très-humble et très-obéissante servante, Barbara Pinkerton.

P.S. Miss Sharp accompagne miss Sedley. Les plus vives instances pour que le séjour de miss Sharp à Russel-Square ne dépasse pas dix jours. L'honorable famille chez laquelle elle doit entrer voudrait avoir ses services le plus tôt possible. »

Cette lettre terminée, miss Pinkerton se mit à écrire son nom et celui de miss Sedley sur la page blanche du Dictionnaire de Johnson, ouvrage plein d'intérêt, qu'elle ne manquait jamais d'offrir à ses élèves à leur départ de La Mall. Sur la couverture, il y avait copie des *Conseils adressés à une jeune demoiselle à son départ du pensionnat de miss Pinkerton, par feu le docteur Johnson, de si vénérable mémoire.* C'est que le nom du *lexicographe* était toujours sur les lèvres de cette majestueuse personne, depuis qu'elle devait sa réputation et sa fortune à une visite qu'elle avait reçue de lui.

La foire aux vanités

Obéissant à l'ordre de sa sœur aînée, d'aller quérir dans la grande armoire le dictionnaire d'usage, miss Jemima tira du sanctuaire deux exemplaires de l'ouvrage en question, et, quand miss Pinkerton eut achevé sa dédicace sur le premier, Jemima d'un air hésitant et timide, lui tendit le second.

« Et pour qui celui-là, miss Jemima ? dit miss Pinkerton avec une froideur imposante.

– Mais… pour Becky Sharp, répondit Jemima toute tremblante, et la rougeur lui montait à travers les rides de sa face et de son cou ; pour Becky Sharp car elle s'en va aussi.

– MISS JEMIMA ! s'écria miss Pinkerton, comme si sa bouche eût ouvert passage à des majuscules, êtes-vous bien dans votre bon sens ? Remettez le dictionnaire à sa place, et à l'avenir ne vous avisez plus de prendre de telles libertés.

– Cependant, ma sœur, vous n'en n'auriez que pour vingt-deux sous ; et cette pauvre Becky sera bien malheureuse si vous ne lui faites pas ce présent.

– Envoyez-moi sur-le-champ miss Sedley », dit miss Pinkerton.

Sans hasarder une parole de plus, la pauvre Jemima sortit tout en désordre, les nerfs bouleversés.

Le père de miss Sedley était un marchand de Londres qui vivait dans une certaine aisance. Quant à miss Sharp, c'était une élève reçue gratuitement, pour laquelle miss Pinkerton pensait avoir déjà bien assez fait, sans lui accorder encore à son départ la haute faveur du dictionnaire.

Les lettres des maîtresses de pension ont droit à peu près à autant de confiance que les épitaphes des cimetières. Cependant, miss Amélia Sedley était un de ces rares sujets, et méritait non seulement tout ce que miss Pinkerton disait à sa louange, mais encore elle avait nombre de charmantes qualités que notre solennelle et vieille matrone ne pouvait apercevoir, par suite de la différence d'âge et de rang, qui existait entre elle et son élève.

C'était beaucoup de chanter comme un rossignol ou comme mistress Bellington, de danser comme Hillisberg ou Parisot, de broder comme une fée, de mettre l'orthographe comme un dictionnaire ; mais elle possédait surtout un cœur si bon, si enjoué, si tendre, si aimable, si généreux, qu'elle gagnait l'affection de tous ceux qui l'approchaient, depuis la respectable matrone jusqu'à la moindre laveuse, jusqu'à la fille de la marchande de gâteaux, pauvre femme borgne qui avait l'autorisation de vendre sa marchandise une fois par semaine aux demoiselles de La Mall. Amélia comptait douze amies de cœur, douze intimes sur ses vingt-quatre compagnes.

La foire aux vanités

L'envieuse miss Briggs elle-même n'avait jamais laissé échapper une mauvaise parole sur son compte. La haute et puissante miss Saltire, petite-fille de lord Dexter, lui trouvait une figure distinguée : et quant à miss Swartz, la riche créole de Saint-Kitt, à l'épaisse chevelure, elle eut un tel accès de larmes qu'on fut obligé d'envoyer chercher le docteur Floss et de l'inonder de vinaigre aromatique. Miss Pinkerton lui témoignait un attachement calme et digne, comme on peut penser, d'après la haute position et les éminentes vertus de cette dame. Quant à miss Jemima, elle avait déjà senti ses yeux se gonfler à plusieurs reprises à la pensée du départ d'Amélia, et n'eût été la crainte de sa sœur, elle se serait laissée aller à des crises violentes comme l'héritière de Saint-Kitt, qui payait d'ailleurs double pension. Un tel luxe de douleur ne pouvait se permettre qu'à des pensionnaires en chambre. Nos rapports devant être des plus fréquents avec Amélia, il n'est pas inutile de dire, dès cette première entrevue ; que c'était une nature douce et bonne par excellence. C'est un grand bonheur, dans la vie et dans ce roman qui abonde surtout en scélérats de la plus noire espèce, d'avoir en notre compagnie une si honnête et bonne personne. Elle avait des yeux où pétillait la gaieté la plus vive et la plus franche, excepté toutefois lorsqu'ils se remplissaient de larmes, et c'était bien trop souvent, car cette naïve créature aurait éclaté en sanglots pour la mort de son serin, pour une souris que le chat aurait étranglée au passage, ou pour une parole de réprimande, s'il se fût trouvé des gens d'un cœur assez dur pour lui en faire. Miss Pinkerton, cette rigide et irréprochable personne, avait cessé bien vite de la gronder, quoiqu'elle ne s'entendît guère plus en sensibilité qu'en algèbre ; elle avait recommandé particulièrement à tous les maîtres de traiter miss Sedley avec la plus grande douceur. De la sévérité avec elle n'eût été qu'injustice.

Aussi, quand vint le jour du départ, miss Sedley, toujours entre le rire et les pleurs, se trouva fort embarrassée. Elle se réjouissait de retourner chez elle, et elle s'attristait encore plus de quitter sa pension. Pendant les trois jours qui précédèrent, Laura Martin ne la quittait pas plus qu'un petit chien. Elle eut à faire et à recevoir au moins quatorze présents, et à prendre quatorze engagements solennels d'écrire chaque semaine.

« Envoyez-moi mes lettres sous l'enveloppe de mon grand-père le comte de Dexter, dit miss Saltire, qui, soit dit en passant, était fort râpée.

– N'attendez pas la poste, mais écrivez-moi chaque jour, mon cher cœur », dit l'impétueuse mais affectionnée miss Swartz.

Et la petite Laura Martin prit la main de son amie et la regardant d'un air sérieux :

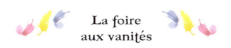

La foire aux vanités

« Amélia, dans mes lettres, je vous appellerai ma maman. »

Pendant que Sambo plaçait dans la voiture les fleurs, les présents, les malles, les boîtes à chapeaux de miss Sedley, ainsi qu'un coffre en cuir bien petit, bien usé, sur lequel miss Sharp avait très proprement attaché son carton, et que M. Sambo tendit au cocher avec une grimace à laquelle celui-ci répondit par un rire d'intelligence, l'heure du départ arriva.

La douleur de ces derniers moments fut moins vive, grâce à l'admirable discours que miss Pinkerton adressa à son élève : non que ce discours de séparation disposât Amélia à des réflexions philosophiques ou qu'il l'eût armée de calme contre les épreuves de la vie, ce qui formait la conclusion du discours ; mais c'est qu'il était d'une épaisseur, d'une prétention, d'un ennui qui dépassait toute limite, et miss Sedley craignait trop sa maîtresse de pension pour laisser percer aucune marque d'impatience. Un gâteau à l'anis, une bouteille de vin, furent apportés dans le salon, comme aux occasions solennelles des visites de parents. Après avoir pris sa part de ces rafraîchissements, miss Sedley put songer à partir.

« Voulez-vous entrer Becky, et prendre congé de miss Pinkerton ? dit miss Jemima à une jeune fille à laquelle personne ne faisait attention, et qui descendait l'escalier, tenant à la main son carton de bonnets.

– Je le dois », dit miss Sharp avec un grand calme et au grand étonnement de miss Jemima.

Puis elle frappa à la porte, et, ayant reçu la permission d'entrer, elle s'avança sans la moindre hésitation et dit en français, avec la plus grande pureté d'accent : *Mademoiselle, je viens vous faire mes adieux.*

Miss Pinkerton ne comprenait rien au français, bien qu'elle dirigeât des élèves qui l'entendaient. Elle se mordit les lèvres, releva sa vénérable face ornée d'un nez à l'antique, et au sommet de laquelle se dessinait un large et majestueux turban.

« Miss Sharp, dit-elle, je vous souhaite le bonjour. »

Et en parlant, la Sémiramis d'Hammersmith allongeait le bras comme en signe d'adieu et pour donner à miss Sharp l'occasion de serrer un des doigts de sa main, qui resta en route dans ce dessein.

Miss Sharp retira la main avec un sourire glacial et une profonde révérence, et refusa l'honneur qu'on voulait lui faire. À ce mouvement,

La foire aux vanités

le turban de la Sémiramis éprouva une secousse d'indignation telle qu'il n'en ressentit jamais de pareille. Dans le fait, c'était une petite lutte entre la jeune personne et la vieille matrone, et celle-ci avait le dessous.

« Le ciel vous bénisse mon enfant ! dit-elle en embrassant Amélia et en lançant un regard flamboyant à miss Sharp par-dessus l'épaule de la jeune fille.

– Sortez vite, Becky », dit miss Jemima tout en émoi à la jeune personne, en la poussant hors du salon.

Et la porte se referma sur elle pour toujours.

Dans la cour commencèrent les scènes déchirantes du départ. Ce n'étaient que plaintes, embrassades, larmes et lamentations, sans oublier les crises nerveuses de miss Swartz, l'élève en chambre, qui, de sa fenêtre se livrait à des transports que la plume désespère de retracer ; un cœur sensible saura gré qu'on lui fasse grâce de ces détails.

Les adieux sont finis, et nos voyageurs, ou plutôt miss Sedley a quitté ses amies ; car, pour miss Sharp, elle était entrée sans bruit dans la voiture, et personne ne gémissait de la perdre.

Sambo ferma la portière sur sa jeune maîtresse en larmes, et grimpa derrière la voiture.

« Arrêtez ! cria miss Jemima s'élançant vers la grille avec un paquet.

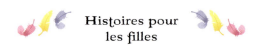
Histoires pour les filles

Voici des sandwichs ma chère, dit-elle à Amélia ; vous pourriez avoir faim ; et vous, Becky, Becky Sharp, voici un livre pour vous que ma sœur… c'est-à-dire que je… c'est le dictionnaire de Johnson, vous savez bien ; vous ne pouvez nous quitter sans cela. Bon voyage ! En route cocher. Dieu vous bénisse ! »

Les sœurs géantes et le cygne d'argent

Adaptation de Fiona Waters

Introduction

Dans cette histoire probablement venue d'Europe de l'Est, on trouve un prince ensorcelé, une héroïne sans le sou qui part à sa recherche pour le sauver, et de vilaines géantes qui se cachent dans leur tanière. Il y a là, en somme, tous les ingrédients d'un conte de fées…

Les sœurs géantes et le cygne d'argent

Le prince Locket vivait avec ses parents – le roi Roland et la blonde reine Rosalind – dans un palais niché dans les profondeurs d'une très ancienne forêt. Ce château avait de solides portes de bois qui n'étaient jamais fermées parce que le roi Roland ne croyait ni au faste ni aux cérémonies. Il voulait que ses sujets se sentent libres d'entrer chaque fois qu'ils voulaient le voir, que ce soit pour parler du temps, ou de leurs vaches ou de Dieu sait quoi encore.

Le village était tout proche du palais : c'était de simples maisonnettes de bois blotties autour de la place du marché. Lynnet, dont le père était fabriquant de fromages, vivait dans l'une de ces petites maisons. Elle voyait souvent le prince Locket sortir du palais, entouré de ses chiens de chasse et d'une bande de joyeux compagnons. Lynnet ne parlait guère mais lorsqu'elle souriait, c'était la plus attirante des jeunes filles et elle possédait autant de cœur que de bon sens.

Un jour, il se passa une chose très étrange. Alors que le prince

Histoires pour les filles

Locket rentrait chez lui à cheval, un brouillard mystérieux l'enveloppa soudain, l'isolant de ses amis. Ces derniers furent d'abord surpris, puis très inquiets lorsque le brouillard se dissipa, aussi inexplicablement qu'il était tombé, et que le prince Locket fut porté disparu. Ils l'appelèrent jusqu'à en perdre la voix, tandis que les beaux chiens de chasse couraient en rond en reniflant le sol et en faisant des cercles de plus en plus grands. Mais le prince Locket semblait s'être évanoui dans les airs. Le cœur lourd, les jeunes gens regagnèrent le château pour apporter l'épouvantable nouvelle au roi Roland et à la blonde reine Rosalind.

Les souverains étaient affolés. Le prince Locket était leur fils unique et ils l'aimaient plus que tout. La blonde reine Rosalind se coucha et tira les rideaux de velours vert de son lit pour ne plus voir la lumière, tandis que le roi Roland errait sur la place du marché, inconsolable. Voyant son chagrin, Lynnet décida sur-le-champ de faire quelque chose de pratique, ce qui était toujours sa réaction habituelle. Elle enfila ses lourds sabots, enroula un châle autour de ses épaules, et prépara un sac avec un des meilleurs fromages de son père et un pain qui sortait du four. Elle embrassa ses parents, leur assura qu'elle trouverait le prince Locket, quel que soit le temps que cela lui prendrait, et se dirigea vers la forêt d'un pas résolu.

Les sœurs géantes et le cygne d'argent

Elle marcha pendant des jours et des jours sur les sentiers où dansaient des rayons de soleil, filtrés par l'épais feuillage des arbres. Elle but l'eau claire des ruisseaux et lorsqu'il ne lui resta plus ni pain ni fromage, elle mangea les baies et les noisettes qu'elle trouvait sur son chemin. Enfin, elle sortit de la forêt et arriva devant une immense vallée rocheuse. Non loin de là, des buissons curieusement rabougris poussaient devant une série de grottes, et l'herbe était aplatie comme si un troupeau de moutons l'avaient piétinée dans le plus grand désordre.

Comme le soir tombait, Lynnet décida de s'abriter pour la nuit dans l'une des grottes. Elle s'approcha. La première grotte ne sentait pas très bon, la deuxième était remplie de mousse humide mais la troisième semblait sèche et profonde, si bien que Lynnet y pénétra et l'examina. La grotte était vaste, et des lucioles procuraient une douce lumière qui éclairait même les coins les plus reculés. Puis quelque chose scintilla dans l'obscurité et Lynnet s'en approcha sur la pointe des pieds. À sa grande surprise, elle vit deux immenses lits, l'un recouvert d'une courtepointe argentée, l'autre d'une courtepointe dorée. Le prince Locket était étendu sur le lit à la courtepointe argentée, profondément endormi. Elle l'appela, et comme il ne répondait pas, elle essaya de grimper sur le lit pour le réveiller. Or

Histoires pour les filles

le lit était tellement haut qu'elle ne parvenait même pas à toucher le prince pour le secouer ! Alors Lynnet remarqua d'étranges lettres sculptées sur la tête du lit. Elle tenta de déchiffrer ces mots, en vain… Ils semblaient écrits dans un antique alphabet runique.

Soudain, elle sentit le sol trembler sous ses pieds, et aussitôt, de grosses voix résonnèrent devant la grotte. Tournant la tête, Lynnet aperçut deux géantes, très grosses et très laides. Vive comme une souris, la jeune fille se glissa sous l'un des grands lits. Les géantes entrèrent dans la grotte d'un pas pesant.

– Hum ! Ça sent la chair humaine, dit l'une. De la chair fraîche !

– Évidemment, dit la plus jeune des deux. Ce que tu peux être bête ! C'est le prince qui sent ainsi !

Les sœurs géantes et le cygne d'argent

Les deux géantes s'avancèrent en clopinant jusqu'au lit où était étendu le prince Locket et se mirent à chanter, avec des voix terriblement éraillées :

*Cygne d'argent, cygne d'argent, viens aussi vite que tu le peux
Car Locket sur-le-champ doit ouvrir grand les yeux !*

Soudain, un magnifique cygne d'argent pénétra dans la grotte. Le prince Locket ouvrit aussitôt les yeux et se redressa, très pâle. La plus jeune des géantes lui présenta de la nourriture sur une assiette d'argent, mais il la refusa. Puis, avec un sourire épouvantable, elle lui demanda s'il voulait bien l'épouser. « Jamais de la vie », répondit le prince d'un ton ferme. « C'est pourtant le seul moyen de retrouver ta liberté, jeune prince » marmonnèrent les géantes, furieuses. Elles poussèrent d'horribles jacassements puis se calmèrent pour chanter :

*Cygne d'argent, cygne d'argent, viens aussi vite que tu le peux
Car Locket sur-le-champ doit fermer bien les yeux.*

Et Locket retomba une fois de plus dans son sommeil ensorcelé tandis que le cygne d'argent s'envolait hors de la grotte. Les géantes se serrèrent dans l'autre lit et la grotte fut bientôt emplie de leurs affreux ronflements. Lynnet resta dans sa cachette, mais elle ne put trouver le sommeil avec un tel vacarme, d'autant plus que le bruit résonnait sur les épaisses parois de pierre. Au matin, les deux géantes se levèrent en grognant beaucoup et en faisant craquer leurs os énormes.

– Tu as bien mis l'œuf tacheté en lieu sûr ? demanda la plus jeune.
– Évidemment ! répliqua l'autre avec mauvaise humeur.
Et elles sortirent de la grotte de leurs pas lourds.

Après ce qui lui parut une éternité, Lynnet décida qu'il était temps de sortir de sa cachette. « Qui ne risque rien n'a rien », se dit-elle, et tout en gardant les yeux rivés sur le prince Locket, elle répéta les vers qu'elle avait appris par cœur la nuit précédente.

Cygne d'argent, cygne d'argent, viens aussi vite que tu le peux
Car Locket sur-le-champ doit ouvrir grand les yeux !

Aussitôt, le cygne apparut et se posa sur le lit. Comme par magie, le prince Locket se redressa sur sa couche. Quel étonnement, et quelle joie il éprouva lorsqu'il vit Lynnet ! Celle-ci lui posa mille questions pour tenter de comprendre comment il s'était retrouvé

Les sœurs géantes et le cygne d'argent
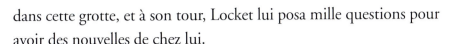

dans cette grotte, et à son tour, Locket lui posa mille questions pour avoir des nouvelles de chez lui.

Il expliqua que le brouillard qui l'avait enveloppé avait été provoqué par la plus jeune des géantes, qui voulait un mari pour surveiller la grotte pendant que sa sœur et elle passaient la journée dehors. Lynnet réfléchit un moment, puis déclara :

– Voilà ce que nous devons faire. Ce soir, lorsque la géante vous demandera de l'épouser, vous devez accepter…

Le prince protesta vivement, mais Lynnet poursuivit : « Vous accepterez à condition qu'elle vous dise ce qu'elle fait toute la journée avec sa sœur. »

À ces mots, elle appela le cygne d'argent pour que le prince Locket se rendorme, puis regagna sa cachette sous le lit et s'endormit elle aussi, car elle était très fatiguée après sa nuit blanche. Le soir, lorsque les

Histoires pour les filles

géantes revinrent, elles appelèrent le cygne d'argent.

*Cygne d'argent, cygne d'argent,
viens aussi vite que tu le peux
Car Locket sur-le-champ doit
ouvrir grand les yeux !*

Le magnifique cygne d'argent entra en agitant ses grandes ailes, et se posa au pied du lit du prince. Ce dernier ouvrit les yeux et se redressa. La plus jeune des géantes lui offrit de la nourriture sur une assiette d'argent, mais comme la fois précédente, il la refusa. Alors, avec un sourire épouvantable, elle lui demanda s'il voulait bien l'épouser. Il fit un gros effort pour ne pas regarder sa tignasse emmêlée et ses dents cassées, et surtout, l'énorme verrue qu'elle avait au bout du nez, et dit : « D'accord » d'un ton résolu. Au début, la plus jeune des géantes n'en crut pas ses oreilles. Puis son sourire s'agrandit, révélant toutes ses dents cassées, et le prince Locket croisa les doigts derrière son dos, espérant avec ferveur que Lynnet savait ce qu'elle faisait. « Je vous épouserai, reprit-il, à condition que vous me disiez ce que vous faites toute la journée. »

– Nous chassons pour trouver notre nourriture et lorsque nous en avons assez, nous gardons notre œuf tacheté. C'est notre bien le plus précieux car si jamais il se brise, nous mourrons sur-le-champ.

« Ha, ha ! se dit Lynnet, sous le lit. Voilà donc leur secret ! » Les géantes dévorèrent leur repas, puis, après avoir appelé le cygne d'argent pour que le prince Locket se rendorme, elles se laissèrent tomber sur l'autre lit et bientôt, dormirent profondément avec des ronflements assourdissants.

Le lendemain matin, les géantes appelèrent le cygne d'argent, comme d'habitude, et lorsque le prince Locket fut réveillé, elle lui dirent qu'il pouvait explorer les alentours si ça lui faisait envie. Dès qu'elles furent parties, Lynnet sortit de sous le lit pour rejoindre le prince Locket et le cygne. « Cygne d'argent, je t'en prie, dit Lynnet, il faut que nous échappions à ces terribles géantes. Peux-tu nous aider ? »

– Bien sûr que je le peux, murmura le cygne d'une voix aussi douce que le vent dans les roseaux. Vous devez détruire l'œuf tacheté. À l'entrée de la grotte, vous trouverez un coffre et à l'intérieur, mon arc d'argent et ma flèche. Prenez-les, prince. Ensuite, cherchez les géantes et guettez le moment où elles se reposent, car elles placent alors l'œuf tacheté sur une roche plate. Il faudra faire très attention, parce que vous n'aurez qu'une seule flèche pour le briser. Ensuite, rentrez vite ici. Lynnet et moi, nous vous attendrons.

Le prince Locket n'eut pas besoin de se le faire dire deux fois. Il se rua sur le grand coffre à l'entrée de la grotte. L'arc d'argent et sa flèche s'y trouvaient bien. Le prince les prit avec soin et sortit en courant de la grotte, après avoir adressé un joyeux signe de la main à ses deux amis. Il vit bientôt les géantes étendues dans l'herbe, et tout près, l'œuf tacheté posé en équilibre sur une roche plate. Le prince Locket tendit l'arc d'argent, très lentement et en faisant très attention, puis lâcha la flèche. Elle s'élança tout droit et s'enfonça dans l'œuf tacheté, qui se brisa dans un grand craquement. Aussitôt, devant le prince médusé, les géantes se changèrent en statues de pierre, puis s'écroulèrent en poussière.

Pendant ce temps, dans la grotte, le cygne d'argent expliquait à Lynnet qu'il vivait autrefois près d'un merveilleux magicien dans les terres de l'Est, mais qu'un jour un ogre, le père des géantes, l'avait volé au sorcier, ainsi que le grand lit à la courte-pointe d'argent, car les lettres sculptées sur la tête du lit étaient une formule magique pour le faire apparaître.

Les sœurs géantes et le cygne d'argent

Dans le coffre où étaient rangés l'arc d'argent et la flèche, Lynnet trouva un superbe trésor, caché sous une peau de mouton. Il y avait là, pêle-mêle, des cassettes remplies de pièces d'or et d'argent, des gobelets d'or, des cuillères d'argent et des couronnes ornées de pierres précieuses. Le cygne d'argent et Lynnet entassèrent tout cela sur le lit à la courtepointe d'argent et, de sa voix douce comme le vent dans les roseaux, le cygne lut le sortilège écrit à la tête du lit.

Tourne-toi, tourne-toi, grand lit je t'en supplie
Vole dans les airs et emmène-nous loin d'ici.

Le lit s'éleva d'un coup et sortit de la grotte. Ils trouvèrent rapidement le prince Locket, qui grimpa sur la courtepointe d'argent, et s'assit en riant avec Lynnet au milieu du trésor. Lynnet demanda alors très poliment au lit de les ramener chez eux.

Le cygne d'argent volait tout près du lit, frappant l'air de ses grandes ailes majestueuses. Bientôt, le lit perdit de l'altitude et

Histoires pour les filles

se posa doucement sur la place du marché. Le peuple se réjouit grandement de voir le prince Locket et Lynnet revenus sains et saufs, et avant peu, le roi Roland entendit le vacarme et se précipita pour serrer dans ses bras son fils chéri. Tout le monde poussait des cris de joie et riait, si bien que le brouhaha parvint jusqu'à la chambre de la blonde reine Rosalind, qui écarta les sombres rideaux de velours verts pour regarder par la fenêtre.

Le prince Locket demanda à Lynnet de l'épouser, mais celle-ci préféra voyager de par le monde sur le lit d'argent. C'est ce qu'elle fit, emportant toujours un petit sac qui contenait un des meilleurs fromages de son père et un pain qui sortait du four. Le cygne d'argent s'installa sur la rivière, près des prairies parsemées de fleurs et, tous les soirs, on le voyait voler entre les solides portes de bois du château pour aller rendre visite au prince Locket, au roi Roland et à la blonde reine Rosalind. Et tout le monde vécut très heureux !

Heidi

Johanna Spyri

Introduction

Johanna Spyri (1827-1901) est née en Suisse. Elle a commencé à écrire pour gagner de l'argent afin d'aider les réfugiés de la guerre franco-prussienne. Heidi raconte l'histoire d'une petite fille orpheline qui est élevée par son grand-père, un berger isolé, qui vit de l'autre côté de la montagne, dans les Alpes suisses. Heidi et son grand-père vivent heureux ensemble, jusqu'au jour où le monde extérieur s'en mêle et menace de les séparer.

Heidi

Un hiver s'était écoulé, puis un été, et un nouvel hiver touchait à sa fin. Heidi était toujours la même, heureuse et gaie comme les petits oiseaux ; elle se réjouissait chaque jour davantage de l'approche du printemps, car le moment était venu où la tiède haleine du föhn commençait à fondre les neiges, où le brillant soleil allait faire sortir de terre toutes les petites fleurs bleues et jaunes, où Pierre recommencerait à mener les chèvres au pâturage ; or, les longues journées d'été sur l'alpe étaient pour Heidi ce qu'il y avait de plus beau dans le monde entier. Elle était maintenant dans sa neuvième année ; le grand-père lui avait enseigné toutes sortes de choses utiles ; elle savait soigner les chèvres aussi bien que qui que ce fût, et Blanchette et Brunette la suivaient partout comme de petits chiens, bêlant de joie dès qu'elles entendaient sa voix. À deux reprises, pendant ce même hiver, Pierre était venu dire, de la part du régent de Dörfli, que le vieux devait envoyer à l'école la petite fille qui demeurait chez lui, parce qu'elle avait plus que l'âge réglementaire et aurait dû commencer déjà l'hiver précédent. Chaque fois, le grand-père avait fait répondre au régent que s'il avait quelque chose à lui dire, il n'avait qu'à venir le trouver chez lui, et qu'en tout cas il n'enverrait pas l'enfant à l'école. Pierre s'était fidèlement acquitté du message.

Le soleil de mars était enfin venu et avait fondu la neige sur les pentes de la montagne ; dans la vallée, les blancs perce-neige commençaient à se montrer, tandis que plus haut, près de l'alpe, les sapins, débarrassés du givre qui les avait longtemps couverts, agitaient gaiement leurs longues branches. Dans la joie que lui causait le retour du printemps, Heidi ne pouvait plus rester tranquille ; elle sortait à chaque instant du chalet pour en faire le tour et revenir ensuite raconter au grand-père les progrès qu'avaient faits la verdure et de combien le gazon avait poussé depuis la dernière fois. Elle se réjouis-sait tant de voir revenir l'été qui allait rendre à la montagne sa riche parure de verdure et de fleurs !

Or, par une de ces belles matinées de mars où Heidi allait et venait selon son habitude, et, pour la dixième fois au moins, franchissait en courant le seuil du chalet, elle faillit tomber à la renverse en voyant tout à coup devant elle un vieux monsieur habillé de noir, qui la regardait d'un air très sérieux. Quand il vit son effroi, il lui dit avec bonté :

– N'aie pas peur de moi, ma petite, j'aime les enfants. Allons, touche-moi la main ! Tu es sans doute Heidi ? Où est ton grand-père ?

Heidi

– Il est assis devant la table, et il taille des poches en bois, répondit-elle en ouvrant la porte.

Ce monsieur était le vieux pasteur de Dörfli, qui avait autrefois connu le grand-père lorsque celui-ci demeurait encore au village. Il entra dans le chalet, s'avança vers le vieillard et lui dit un cordial :

– Bonjour voisin !

Le grand-père surpris redressa la tête qu'il tenait penchée sur son travail, et se leva de son siège en répondant :

– Bonjour, Monsieur le pasteur ! Que Monsieur le pasteur veuille s'asseoir, s'il ne craint pas un siège de bois, ajouta-t-il en offrant au visiteur l'escabelle qu'il venait de quitter.

Le pasteur s'assit.

– Il y a bien longtemps que je ne vous ai vu, commença-t-il.

– Il y a bien longtemps aussi que je n'ai vu Monsieur le pasteur.

Histoires pour les filles

— Je viens pour vous parler, continua le visiteur. Il me semble que vous devez deviner quelle est l'affaire qui m'amène et sur laquelle je voudrais m'entendre avec vous, quand vous m'aurez dit quelles sont vos intentions.

Le pasteur se tut et jeta un regard du côté de Heidi qui, debout sur le seuil, examinait avec curiosité le nouveau venu.

— Heidi, va un peu vers les chèvres, dit le grand-père ; porte-leur un peu de sel, si tu veux et restes-y jusqu'à ce que je vienne.

— Il y a déjà une année que cette enfant devrait aller à l'école, continua le pasteur ; en tout cas, elle aurait dû commencer cet hiver ; le régent vous en a fait avertir plus d'une fois, mais vous n'avez rien répondu. Quelles sont vos intentions à l'égard de cette enfant, voisin ?

— Mon intention est de ne pas l'envoyer à l'école !

À ces mots, le pasteur regarda avec étonnement le vieillard qui, assis sur son banc, les bras croisés, n'avait pas du tout l'air accommodant.

— Que voulez-vous donc faire de cette petite ? continua-t-il.

— Rien. Elle grandit et s'épanouit dans la compagnie des chèvres et des oiseaux ; elle s'en trouve bien, et ce n'est au moins pas d'eux qu'elle apprendra rien de mal.

— Mais l'enfant n'est ni une chèvre, ni un oiseau, c'est une créature humaine. Si elle ne risque pas d'apprendre le mal dans cette société-là, il est certain aussi qu'elle n'y apprendra rien du tout, et le moment est venu de mettre un terme à son ignorance. Je suis venu pour vous le dire, voisin, afin que vous ayez le temps d'y penser pendant l'été et de vous préparer à la chose. C'est le dernier hiver que cette enfant aura passé ainsi sans recevoir aucune instruction ; l'hiver prochain il faudra que vous l'envoyiez à l'école, et cela tous les jours.

— Je n'en ferai rien, Monsieur le pasteur, répondit le vieux sans se laisser ébranler.

— Croyez-vous donc qu'il n'y aura pas quelque moyen de vous faire entendre raison, si vous persistez obstinément dans votre manière de voir insensée ? continua le pasteur qui commençait à s'échauffer. Vous qui avez vu le monde, vous devriez comprendre ces choses, et je vous aurai cru plus de bon sens, voisin !

— Ah ! vraiment ? répondit le vieux d'une voix qui trahissait aussi une certaine agitation intérieure. Vous pensez donc, Monsieur le pasteur, que je vais laisser une enfant aussi délicate faire tout l'hiver une course de deux heures par n'importe quel temps, et remonter le soir par vent, neige et gelée, alors que nous autres pouvons à peine faire face à la tempête ? et une enfant comme celle-ci ? Peut-être

Histoires pour les filles

Monsieur le pasteur se souvient-il de la mère Adélaïde ? Elle était sujette à des accès d'une maladie nerveuse ; et j'irais, en fatiguant cette enfant, l'exposer à prendre aussi cette maladie ? Qu'on vienne seulement essayer de m'y forcer ! J'irai plutôt devant les tribunaux, et nous verrons bien alors si l'on pourra m'y obliger !

– Vous avez bien raison, voisin, reprit le pasteur d'un ton conciliant. Il est évident que vous ne pouvez pas envoyer la petite à l'école depuis ici. Je vois bien que vous lui êtes attaché ; faites donc par amour pour elle ce que vous auriez dû faire depuis longtemps ; redescendez au village pour vivre au milieu de vos semblables.
Quelle vie menez-vous ici, tout seul, en inimitié avec Dieu et les hommes ? S'il vous arrivait quelque chose, qui pourrait vous secourir ? Je ne comprends pas comment vous n'êtes pas à moitié mort de froid dans ce chalet pendant l'hiver, et comment une enfant délicate a pu le supporter.

– Que Monsieur le pasteur ne s'en mette pas en peine ; elle est jeune, elle a le sang chaud et une bonne couverture. Je sais aussi où prendre du bois, et Monsieur le pasteur n'a qu'à regarder, il pourra voir que mon bûcher est bien garni ; chez moi, le feu ne s'éteint pas de tout l'hiver. Ce que Monsieur le pasteur propose n'est pas pour moi ; les gens d'en bas me méprisent, et moi, je le leur rends bien ; donc nous vivons séparés, et chacun s'en trouve mieux.

– Non, non, vous ne vous en trouvez pas mieux, dit le pasteur avec chaleur. Les gens ne vous méprisent pas tant que vous dites. Croyez-moi, voisin, cherchez à faire votre paix avec Dieu, demandez-Lui son pardon, là où vous en avez besoin, et vous verrez ensuite que les hommes vous traiteront autrement, et combien vous pourrez encore être heureux !

Tout en parlant, le pasteur s'était levé pour partir ; il tendit la main au vieux en ajoutant du ton le plus cordial :

– Je compte bien vous voir au milieu de nous l'hiver prochain, et nous redeviendrons bons voisins comme autrefois. Il m'en coûterait beaucoup si l'on devait en venir à employer la force contre vous. Donnez-moi la main et promettez-moi que vous redescendrez parmi nous, réconcilié avec Dieu et avec les hommes !

Le vieux tendit la main au pasteur, mais dit du ton le plus ferme et le plus décidé :

– Monsieur le pasteur me veut du bien, mais je ne ferai pas ce qu'il attend de moi, je le répète, et je ne changerai pas à cet égard : je n'enverrai pas la petite à l'école, et je ne descendrai jamais au village.

Histoires pour
les filles

– Alors, que Dieu vous soit en aide! répondit le pasteur.

Et, quittant le chalet, il se mit à redescendre tristement la montagne.

Le vieux était de mauvaise humeur. L'après-midi de ce même jour, lorsque Heidi demanda à aller voir la grand-mère, il répondit laconiquement:

– Pas aujourd'hui!

Tout le reste du jour il ne parla plus, et le matin suivant, lorsque Heidi renouvela sa question de la veille, elle n'obtint pour réponse qu'un « Nous verrons ».

Mais elle n'avait pas encore eu le temps de remettre en ordre les assiettes du dîner, qu'une nouvelle visite faisait son apparition sur le seuil de la porte; c'était la tante Dete! Elle portait un beau chapeau à plume et une robe qui balayait tout sur son passage, ce qui ne va guère dans un chalet de montagne où le sol n'est pas comme un parquet. Le vieux la regarda des pieds à la tête sans dire un mot. Mais la tante Dete comptait certainement avoir avec lui un entretien amical, car elle commença à s'extasier sur la bonne mine de Heidi qu'elle aurait à peine reconnue, disait-elle, ce qui prouvait assez qu'elle ne s'était pas mal trouvée chez le vieux. Du reste, elle avait toujours eu l'idée de revenir chercher l'enfant, car elle comprenait bien que Heidi devait être un embarras pour lui; mais au moment même, elle n'aurait pas

Heidi

su qu'en faire. Depuis lors, elle s'était demandé nuit et jour où elle pourrait bien la placer, et c'était pour cela qu'elle venait, car il s'était tout à coup trouvé quelque chose qui pourrait faire le bonheur de Heidi d'une manière dont on ne se faisait aucune idée. Elle était allée sur-le-champ s'assurer de la chose, et maintenant on pouvait regarder l'affaire comme arrangée. C'était une chance comme il n'en arrive pas à une personne sur cent mille ! Ses maîtres avaient des parents immensément riches qui demeuraient dans une des plus belles maisons de Francfort ; ils avaient une fille unique qu'on roulait toujours dans un fauteuil parce qu'elle était paralysée d'un côté ; elle devait prendre ses leçons toute seule avec un maître, et comme elle s'ennuyait, elle aurait beaucoup aimé avoir une compagne dans la maison. On en avait parlé chez les maîtres de Dete, et la dame qui tenait le ménage avait dit combien le père aimerait trouver cette compagne pour sa fille !

Histoires pour les filles

La dame avait dit qu'il faudrait une enfant originale et pas du tout gâtée, une enfant qui ne fût pas comme ceux qu'on voit tous les jours. Alors elle, Dete, avait tout de suite pensé à Heidi ; elle avait vite couru chez la dame pour lui décrire Heidi et lui parler un peu de son caractère, et la dame avait aussitôt dit oui. Et maintenant qui pouvait dire quel bonheur et quel bien-être Heidi allait avoir ! car elle savait plaire aux gens, et s'il arrivait quelque chose à la fille unique (elle était si délicate qu'on pouvait s'attendre à tout), et que les parents ne voulussent pas rester sans enfant, qui sait si la chance la plus inouïe.

– As-tu bientôt fini ? interrompit le vieux qui l'avait laissée parler jusque-là sans dire un mot.

– Bah ! répliqua Dete, la tête haute, vous faites comme si je venais de vous dire la chose la plus ordinaire, et il n'y a pas dans tout le Prättigau une seule créature qui ne rendît grâce au ciel si je lui apportais la nouvelle que je viens vous donner.

– Porte ta nouvelle à qui tu voudras, je n'en ai que faire, répondit le vieux sèchement.

Mais à ces paroles, Dete partit comme une fusée :

– Ah ! puisque c'est comme ça que vous le prenez, oncle, je vais aussi vous dire ce que je pense : cette enfant a maintenant huit ans, et elle ne sait rien, et vous ne voulez rien lui faire apprendre. Vous ne voulez l'envoyer ni à l'école ni à l'église, on me l'a dit à Dörfli. Elle est la fille de ma sœur, j'en suis responsable, et quand il se présente pour une enfant une pareille chance, il faudrait être indifférent à tout et ne vouloir de bien à personne pour aller se mettre à la traverse. Mais je ne céderai pas, je vous en avertis, et j'ai tout le monde de mon côté. Il n'y a pas une personne à Dörfli qui ne soit prête à me soutenir. Vous aimez peut-être mieux laisser aller l'affaire devant le tribunal ; mais réfléchissez-y bien oncle, il y a plus d'une vieille histoire qu'on pourrait réchauffer et qu'il ne vous plairait pas trop d'entendre ; car, vous savez, quand on a affaire aux tribunaux, cela fait revenir au grand jour bien des choses auxquelles on ne pensait plus.

– Tais-toi ! interrompit le vieux d'une voix de tonnerre en la fixant avec des yeux terribles. Prends-la pour la corrompre ! Mais ne la ramène plus jamais devant mes yeux, entends-tu ? Je ne veux jamais la voir comme je te vois aujourd'hui, avec un chapeau à plume sur la tête et de telles paroles à la bouche !

Le vieux se dirigea à grands pas vers la porte et sortit.

– Tu as fâché le grand-père, dit Heidi dont les yeux étincelants lançaient à la tante des regards courroucés.

– Ça lui passera bientôt. Allons, viens vite ; où sont tes habits ?

Histoires pour
les filles

— Je n'irai pas, répondit Heidi.

— Comment dis-tu ? s'écria la tante ; puis elle reprit d'un ton radouci : — Allons, allons, tu ne comprends pas de quoi tu parles, tu ne sais pas combien tu vas être heureuse.

Elle se dirigea ensuite vers l'armoire, l'ouvrit et en sortit les hardes de Heidi dont elle fit un paquet.

— À présent, viens, prends ton chapeau ; il n'est pas trop beau, mais il ira pour cette fois ; mets-le vite et partons.

— Je n'irai pas, répéta Heidi.

— Ne sois donc pas si nigaude et si entêtée ! c'est bon pour une chèvre. Ne comprends-tu pas que le grand-père est fâché ? Tu as bien entendu ce qu'il a dit, qu'il ne voulait plus nous voir ; il veut donc que tu viennes avec moi, et maintenant ne le fâche pas davantage. Tu ne sais pas comme c'est beau à Francfort ! et si tu ne t'y plais pas, tu n'auras qu'à revenir ; pendant ce temps, la colère du grand-père aura passé.

— Est-ce que je pourrai revenir à la maison ce soir, si je veux ? demanda Heidi.

— Allons, arrive ! Je te dis que tu n'auras qu'à revenir quand tu voudras. Aujourd'hui nous descendrons à Mayenfeld, et demain matin de bonne heure, nous prendrons le chemin de

Heidi

fer ; tu verras comme ça va vite ! en clin d'œil tu pourras être de retour si tu veux !

La tante Dete passa à son bras le paquet d'habits, saisit Heidi par la main, et l'entraîna dans le sentier qui descendait au village. Comme ce n'était pas encore l'époque du pâturage, Pierre allait toujours à l'école de Dörfli, ou du moins il était censé y aller ; mais il s'accordait de temps en temps un jour de vacance, car il était d'avis que ça ne sert à rien de savoir lire, tandis que c'est bien plus profitable de rôder sur la montagne pour cueillir des baguettes qui servent au moins à quelque chose. Il arrivait justement par-derrière la cabane de la grand-mère, en portant sur l'épaule un énorme paquet de longues baguettes de noisetier, preuves palpables du succès de ses recherches. Lorsqu'il aperçut Dete et Heidi, il s'arrêta court et les regarda fixement jusqu'à ce qu'elles fussent tout près de lui.

– Où vas-tu ? demanda-t-il alors.

– Il faut que j'aille vite à Francfort avec la tante, répondit Heidi ; mais je veux entrer chez la grand-mère, elle m'attend.

– Non, non, pas de ça ! Il est déjà trop tard, se hâta de dire la tante en retenant Heidi qui voulait dégager sa main. Tu n'auras qu'à entrer quand tu reviendras ; allons, viens !

Histoires pour les filles

Elle l'entraîna bien vite et ne la lâcha plus, craignant que si l'enfant entrait chez la grand-mère, il ne lui vînt l'idée de ne plus vouloir partir. Pierre les regarda s'éloigner, puis se précipita dans la cabane et jeta si violemment son paquet de verges sur la table, que toute la chambre en trembla et que la grand-mère effrayée s'arrêta de filer et commença à se lamenter. Pierre avait eu besoin de soulager son cœur.

– Qu'y a-t-il ? Qu'y a-t-il ? demanda anxieusement la grand-mère ;

et Brigitte que le bruit avait presque fait sauter en l'air, ajouta avec son calme habituel :

– Qu'as-tu Pierrot ? Pourquoi fais-tu un tel tapage ?

– Parce qu'elle a emmené Heidi ! répondit Pierre.

– Qui ? qui donc ? emmené où, Pierre, où ? s'écria la grand-mère saisie d'une nouvelle angoisse.

Heidi

Mais elle eut bien vite deviné de quoi il s'agissait, car sa fille venait justement de lui raconter qu'elle avait vu Dete monter chez le vieux de l'alpe. D'une main tremblante, la grand-mère ouvrit la fenêtre et cria d'une voix suppliante :

– Dete ! Dete ! n'emmène pas la petite ! Ne nous prends pas Heidi !

Les deux voyageuses entendirent cette voix angoissée, et Dete comprit sans doute l'appel, car elle serra plus fort la main de l'enfant et se mit à courir à toutes jambes. Heidi essaya de résister en disant :

– La grand-mère a appelé, je veux aller la voir.

Mais c'était précisément ce que la tante ne voulait pas ; elle tâcha d'apaiser Heidi en lui disant qu'il fallait se dépêcher pour ne pas arriver trop tard et pour pouvoir partir de bonne heure le lendemain matin. Elle lui représenta de nouveau combien elle se plairait à Francfort et comme il serait facile de revenir si elle s'ennuyait ; elle pourrait alors rapporter à la grand-mère quelque chose qui lui ferait bien plaisir. Cette nouvelle perspective plut tout de suite à Heidi.

Elle cessa aussitôt toute résistance et se mit à courir aussi vite que la tante Dete.

– Qu'est-ce que je pourrai rapporter à la grand-mère ? demanda-t-elle au bout d'un moment.

Histoires pour les filles

– Quelque chose de bon, dit Dete. Par exemple des petits pains bien blancs et bien tendres ; cela lui fera plaisir puisqu'elle ne peut presque plus manger le pain noir.

– Oui, c'est vrai ; elle le donne presque toujours à Pierre, et elle dit : « C'est trop dur pour moi. » Je l'ai bien vu ! Alors, dépêchons-nous, tante Dete ; peut-être que nous arriverons déjà ce soir à Francfort, et je pourrai vite revenir avec les petits pains !

Et Heidi se mit à courir si fort que la tante, qui avait encore à porter le paquet, pouvait à peine la suivre. C'était, du reste, tout ce qu'elle désirait, car elles arrivaient justement aux premières maisons de Dörfli, et Dete craignait les questions et les remarques qui auraient pu ramener Heidi à ses premières idées. Elle traversa donc le village tout droit et sans s'arrêter, et tous ceux qui les regardaient passer purent voir que c'était l'enfant qui voulait aller vite et qui la tirait toujours par la main. Aussi Dete n'eut-elle que le temps de répondre aux nombreuses questions dont on l'assaillait de tous côtés :

– Vous voyez bien que je ne peux pas m'arrêter ; cette enfant me presse tellement ! Et nous avons encore un long chemin.

– Tu l'emmènes ? – Elle se sauve chez le vieux ! – C'est un vrai miracle qu'elle soit encore en vie ! – Elle a pourtant les joues roses ! –

et ainsi de suite, de tous les côtés à la fois. Aussi Dete ne fut-elle pas fâchée de n'avoir pas à répondre à toutes ces questions.

Peu d'instants après, elle atteignit avec Heidi l'extrémité du village, et les curieux de Dörfli les eurent bientôt perdues de vue.

À partir de ce moment-là, quand il arrivait au vieux de l'alpe de traverser le village, il avait l'air plus méchant que jamais. Il ne saluait personne ; et quand il passait avec sa hotte de fromages sur le dos, son long bâton à la main, ses épais sourcils froncés d'un air menaçant, les mères disaient aux petits enfants :

– Prends garde ! Ne te tiens pas sur le chemin du vieux ! Il pourrait bien te faire quelque chose !

Le vieux n'avait, du reste, rien à faire avec les gens de Dörfli ; il traversait seulement le hameau en descendant à la vallée où il vendait ses fromages et s'approvisionnait de pain et de viande. Quand il avait ainsi traversé Dörfli, des groupes se formaient après son passage, et chacun avait quelque remarque à communiquer sur son compte. On répétait qu'il avait l'air toujours plus sauvage, qu'il ne saluait même plus personne, etc. ; et tous s'accordaient à dire combien il était heureux pour Heidi qu'elle eût réussi à lui échapper, car on avait bien pu voir qu'elle était assez pressée de s'en aller, comme si le vieux lui courait déjà après, pour la reprendre.

Histoires pour les filles

Seule, la grand-mère aveugle tint fidèlement le parti du vieux de l'alpe. À tous ceux qui montaient chez elle pour lui donner de la laine à filer, elle racontait, sans se lasser, combien le vieux avait été bon pour la petite, de quels soins il l'avait entourée, et que de fois il était venu pour réparer la cabane qui, sans lui, serait certainement tombée en ruines. Ces récits arrivèrent naturellement jusqu'au village ; mais la plupart de ceux qui les entendaient n'y crurent guère. Ils pensaient que la grand-mère s'était affaiblie avec l'âge et qu'elle n'avait pas très bien compris ; que, du reste, puisqu'elle n'y voyait pas, il était probable qu'elle n'entendait plus bien non plus.

Le vieux cessa aussi de venir chez Pierre le Chevrier ; heureusement qu'il avait déjà solidement recloué la maisonnette, car personne n'y toucha plus pendant longtemps.

Dès ce moment, la grand-mère recommença à soupirer et à gémir, et il ne se passa pas de jour sans qu'elle ne répétât d'un ton plaintif :

– Hélas ! La petite a emporté avec elle tout notre bonheur, toute notre joie, et les journées sont si vides ! Si seulement je pouvais entendre encore une fois la voix de Heidi avant de mourir !

Sur l'épaule du vent du Nord

George MacDonald

Introduction

George Mac Donald (1824-1905) était l'arrière-petit-fils d'un joueur de cornemuse qui avait combattu pour le prince Charles à Culloden. Sur l'épaule du vent du Nord *fut publié en 1871. Diamant est le fils d'un cocher, et il dort dans le grenier à foin au-dessus de l'écurie. Une nuit, il est réveillé par la voix du Vent du Nord, qui lui apparaît sous les traits d'une belle jeune femme aux longs cheveux bruns.*

Sur l'épaule du vent du Nord

Debout, elle regardait dans la direction de Londres, et Diamant s'aperçut qu'elle tremblait.

– As-tu froid, vent du Nord ? demanda-t-il.

– Non, Diamant, répondit-elle en baissant vers lui des yeux qui souriaient. En fait, je me prépare à balayer une de mes pièces. Ces enfants sont désordonnés, gourmands et négligents, et ils ont mis une telle pagaille !

Au fur et à mesure qu'elle parlait, il sentait rien qu'à sa voix (et il le voyait de ses propres yeux), que la femme grandissait. Sa tête s'élevait de plus en plus haut vers les étoiles. Pendant qu'elle s'allongeait en tremblant de tout son corps, ses cheveux poussaient aussi de plus en plus et se soulevaient pour se répandre derrière elle en ondes noires. L'instant d'après, ils retombèrent autour d'elle et elle rapetissa progressivement jusqu'à redevenir une femme normale, mais de grande taille. Alors elle mit les mains derrière la tête, rassembla quelques mèches de cheveux et entreprit de les tresser habilement. Lorsqu'elle eut terminé, elle pencha son beau visage tout près de celui de l'enfant.

– Diamant, dit-elle, je crains que tu ne puisses me tenir assez fort, et si jamais je te lâchais, j'ignore ce qui se passerait. Alors je t'ai fait une place dans mes cheveux. Viens !

Histoires pour les filles

Diamant tendit les bras et vent du Nord le prit dans ses mains, puis le lança par-dessus son épaule. « Installe-toi, mon garçon ! », dit-elle.

Diamant empoigna les lourds cheveux pour les écarter, s'y glissa et trouva bientôt, à tâtons, le nid qu'elle lui avait tissé. Cela ressemblait tout à fait à une poche. Vent du Nord releva les bras, tâta ses cheveux pour sentir le nid et, trouvant tout en place demanda : « Tu es bien, là, Diamant ? » « Oui, très bien », répondit Diamant. L'instant d'après, il s'élevait dans les airs. Vent du Nord grandit encore et monta tout droit jusqu'aux nuages. Diamant s'accrochait aux deux cordes torsadées qui formaient son abri car il ne pouvait s'empêcher d'avoir un peu peur.

Dès qu'il recouvra ses esprits, il jeta un coup d'œil à travers les mailles tissées, n'osant pas regarder par-dessus le bord de son nid. La terre passait sous lui à toute allure, comme une rivière. Les arbres, les cours d'eau et l'herbe verte s'éloignaient à toute vitesse en dessous. Lorsqu'ils survolèrent le Jardin zoologique, ils entendirent la clameur des grondements des animaux sauvages, mêlés aux jacassements des singes et aux cris des oiseaux ; mais un instant plus tard, le bruit s'évanouit derrière eux. Maintenant, il ne voyait plus que les toits des maisons qui défilaient en dessous comme de grands torrents de pierres et de tuiles. Les cheminées tombaient, des tuiles s'envolaient

Sur l'épaule du vent du Nord

des maisons, mais il lui semblait que c'étaient les toits et les cheminées qui restaient en retrait. Il y eut soudain un énorme grondement, car le vent s'abattait sur Londres comme les vagues de la mer ; mais sur l'épaule de vent du Nord, bien sûr, Diamant ne sentait rien. Tout était parfaitement calme, là-haut. Seul le bruit de la tempête parvenait jusqu'à lui.

De temps en temps, il se redressait pour regarder par-dessus le bord de son nid. Parfois, des maisons montaient vers eux à toute vitesse puis filaient comme des flèches ; on aurait dit un farouche torrent charriant des rochers et non de l'eau. Il leva les yeux vers le ciel, mais ne vit aucune étoile. Elles étaient cachées par la masse aveuglante des cheveux de la dame, éparpillés dans le ciel. Il se demanda si elle l'entendrait, s'il lui parlait.

Il essaya : « S'il te plaît, vent du Nord, dit-il, quel est ce bruit ? » Très haut au-dessus de lui, la voix du vent du Nord répondit aimablement. « C'est le bruit de mon balai de bouleau. Je suis la vieille femme qui enlève les toiles d'araignée dans le ciel, mais en ce moment, c'est le sol dont je m'occupe. »

– Qu'est-ce qui fait que les maisons ont l'air de s'enfuir ?
– C'est que je passe très vite au-dessus d'elles.
– Dis donc, vent du Nord, je savais que Londres était une grande

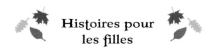

Histoires pour les filles

ville, mais je ne savais pas que c'était aussi grand que ça. On dirait qu'on ne pourra jamais s'en éloigner.

– Nous tournons en rond, sinon, nous l'aurions laissée derrière nous depuis longtemps.

– Est-ce ainsi que tu balayes toujours, vent du Nord?

– Oui, je tourne en rond avec mon grand balai de bouleau.

– S'il te plaît, tu veux bien aller un peu moins vite? Je voudrais voir les rues.

– Tu ne verras pas grand-chose.

– Pourquoi?

– Parce que j'ai fait rentrer presque tous les gens chez eux.

– Oh! J'oubliais! dit Diamant.

Il se tut, car il ne voulait pas poser de problèmes. Mais vent du Nord descendit un peu vers les toits des maisons, et Diamant put contempler les rues. C'est vrai qu'il y avait très peu de gens dehors. Les lumières des lampadaires vacillaient puis flambaient de nouveau, mais personne ne semblait en avoir besoin.

Soudain, Diamant aperçut une petite fille qui luttait affreusement contre le vent. Le balai qu'elle traînait derrière elle lui causait beaucoup de soucis. On aurait dit que le vent s'acharnait contre elle, la tourmentant sans cesse, comme une bête sauvage qui tentait

Sur l'épaule du vent du Nord

de déchirer ses haillons. Pauvre petite silhouette solitaire !

— S'il te plaît, vent du Nord, s'écria-t-il. Tu veux bien aider cette fillette ?

— Non, Diamant, je ne dois pas quitter mon travail.

— Mais pourquoi ne veux-tu pas lui rendre service ?

— C'est ce que je fais. Je balaye les mauvaises odeurs loin d'elle.

— Pourtant, tu es plus gentille avec moi, vent du Nord. Pourquoi pas avec elle ?

— J'ai mes raisons, Diamant. Tout le monde ne peut pas être traité de la même façon. Tout le monde n'est pas prêt pour les mêmes choses.

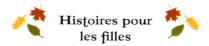
Histoires pour les filles

— Je ne comprends pas pourquoi je serais mieux traité qu'elle.

— Tu crois donc que tout doit être fait comme tu l'entends, Diamant ? Dans ce cas, tu es stupide. Ça ne fait rien… Si tu veux, tu peux lui venir en aide. Toi, tu n'as rien à faire de spécial, en ce moment. Moi si.

— Oh, alors, laisse-moi lui porter secours ! Mais tu ne pourras pas m'attendre, c'est ça ?

— Non, en effet. Tu dois y aller seul. Et fais attention, sinon, le vent t'attrapera aussi.

— Tu ne veux pas que je l'aide, alors, vent du Nord ?

— Pas sans avoir une idée de ce qui va se passer. Si tu craques et que tu pleures, tu ne lui serviras pas à grand-chose. Et le petit Diamant aura l'air bien bête.

— Je veux y aller, insista Diamant. Seulement, je voudrais savoir… comment vais-je rentrer à la maison ?

— Si cela t'inquiète, peut-être vaudrait-il mieux rester avec moi. Je te ramènerai car c'est sur mon chemin.

— Oh ! s'écria Diamant qui regardait toujours la petite fille. Je suis sûr que le vent va la renverser, et peut-être même la tuer. Laisse-moi y aller.

Ils venaient de longer plus lentement la rangée de maisons bordant la rue. Le grondement du vent sembla s'atténuer.

Sur l'épaule du vent du Nord

— Écoute, je ne peux pas te promettre de te ramener chez toi, dit vent du Nord en s'approchant de plus en plus près des toits des maisons, mais je peux te promettre qu'à la fin, tout ira bien. Tu rentreras chez toi, d'une façon ou d'une autre. As-tu décidé ce que tu voulais faire ?

— Oui : aider la petite fille, dit Diamant d'une voix ferme.

À cet instant, vent du Nord se laissa tomber dans la rue, toute droite. Elle aurait pu passer pour une dame comme les autres, malgré sa grande taille, si ses cheveux n'avaient pas volé au-dessus des toits. Elle leva les bras, prit Diamant et le posa sur le sol. Il se trouva aussitôt pris dans les féroces anneaux de la tempête qui le projetèrent loin devant. Vent du Nord recula d'un pas et se mit à grandir. Elle s'éleva rapidement à hauteur des maisons. Soudain, un tuyau de cheminée vint s'écraser aux pieds de Diamant. Il se retourna, terrifié, cherchant des yeux la petite fille, et lorsqu'il pivota de nouveau, la dame avait disparu et le vent rugissait dans la rue. Poussée par la rafale, la petite fille fuyait en traînant son balai derrière elle. Ses petites jambes couraient aussi vite qu'elles le pouvaient, et elle manquait de tomber à chaque pas. Diamant s'abrita dans l'embrasure d'une porte, dans l'espoir d'arrêter la fillette. Mais elle passa devant lui comme un oiseau, en pleurant pitoyablement.

Histoires pour les filles

— Arrête-toi, arrête-toi, petite fille ! cria Diamant en s'élançant à sa poursuite.

— Je ne peux pas ! gémit la fillette. Le vent ne veut pas me laisser.

Comme Diamant courait plus vite qu'elle, il la rattrapa en quelques instants par un pan de sa robe, mais le tissu se déchira dans sa main et la petite fille s'éloigna de nouveau. Il courut si vite, cette fois, qu'il la devança. Puis il se retourna d'un coup et l'attrapa dans ses bras. Ils roulèrent sur le sol, ce qui fit rire la fillette au milieu de ses larmes.

— Où vas-tu ? demanda Diamant en se frottant le coude qu'il venait de cogner.

Il avait enroulé son bras autour d'un lampadaire, et il se tenait entre la petite fille et le vent.

— Chez moi, dit-elle en cherchant son souffle.

— Alors je vais avec toi, dit Diamant.

Ils se turent pendant un bon moment car le vent soufflait terriblement, et ils durent tous deux se retenir au lampadaire.

— Où est ton carrefour ? demanda enfin la petite fille.

— Je ne suis pas balayeur, répondit Diamant.

— Que fais-tu, alors ? demanda-t-elle. Tu n'es pas assez grand pour les autres métiers.

Sur l'épaule du vent du Nord

– Ben, je ne sais pas au juste, répondit-il, penaud. Rien, je suppose. Mon père est le cocher de Mr Coleman.

– Tu as un père ? dit-elle en le dévisageant comme si un garçon ayant un père était un véritable phénomène.

– Oui. Pas toi ? répliqua Diamant.

– Non. Et pas de mère non plus. Tout ce que j'ai, c'est la vieille Sally.

Et elle se remit à pleurer.

– À ta place, je n'irai pas chez elle si elle n'est pas bonne avec moi, observa Diamant.

– Mais il faut bien aller quelque part.

– Ne restez pas ici ! dit un policier derrière eux.

– Tu vois, insista la fillette. Il faut aller quelque part. Ils font ça tout le temps.

– Mais la vieille Sally te bat, n'est-ce pas ?

– Non, mais j'aimerais mieux qu'elle me batte.

– Que veux-tu dire ? demanda Diamant, éberlué.

– Si c'était ma mère, elle me donnerait des coups, mais elle ne resterait pas couchée bien au chaud dans son lit, en riant parce qu'elle m'entend pleurer devant sa porte.

– Tu veux dire qu'elle ne te laissera pas rentrer, ce soir ?

– Je sais pas trop.

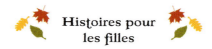

Histoires pour les filles

– Dans ce cas, que fais-tu dehors si tard ? demanda Diamant.

– Mon carrefour est très loin dans le West End, et au lieu de rentrer tout droit, je n'ai pas arrêté de m'abriter sous les porches et de passer par les venelles.

– De toute façon, on ne perd rien à essayer, dit Diamant. Viens !

Tout en parlant, Diamant aperçut vent du Nord qui tournait à l'angle devant eux. Mais lorsqu'ils atteignirent le coin de la rue, tout était tranquille, et la dame n'y était pas.

– Montre-moi le chemin, dit-il en prenant la main de l'enfant. Je te protégerai.

La fillette retira sa main, mais c'était seulement pour s'essuyer les

yeux avec un pan de sa robe. Elle lui reprit la main et le conduisit de rue en rue, jusqu'à ce qu'ils arrivent dans une ruelle très sale. Là ils s'arrêtèrent devant la porte d'une cave. La fillette frappa à la porte.

– Je n'aimerais pas vivre ici, dit Diamant.

– Oh, si tu n'avais nulle part où aller, ça te plairait ! dit la fillette.

Sur l'épaule du vent du Nord

J'espère seulement qu'elle nous permettra d'entrer.

– Je n'entrerai pas, dit Diamant. Je veux rentrer chez moi, dans ma maison.

– Et où c'est ?

– Je ne sais pas exactement.

– Alors tu es dans une situation pire que la mienne.

– Oh ! Non ! Car vent du Nord… commença Diamant avant de s'arrêter sans trop savoir ce qui l'empêchait de continuer.

– Quoi ? dit la fillette en tendant l'oreille vers la porte.

Mais Diamant ne répondit pas. Pas plus que la vieille Sally, d'ailleurs.

– Qu'est-ce que tu vas faire ? demanda Diamant.

– Marcher, répondit-elle.

– Pour aller où ?

– Ça n'a pas d'importance. J'ai l'habitude, tu sais.

– Et pourquoi tu ne viendrais pas chez moi ?

– Comme tu es drôle ! Tu ne sais même pas où c'est. Viens !

– Mais où ?

– Oh, nulle part en particulier. Viens !

Ils errèrent par-ci par-là, jusqu'à ce que les maisons se fassent rares. Finalement, ils se retrouvèrent sur une sorte de terrain vague. Diamant avait très envie de pleurer, et il se disait qu'il n'aurait jamais

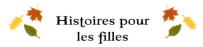

Histoires pour les filles

dû descendre de l'épaule de vent du Nord. S'il avait pu être utile à la fillette, il n'aurait rien regretté ; mais justement, il pensait n'avoir rien fait pour elle, rien du tout. Il se trompait, car elle était bien plus heureuse d'être avec Diamant que toute seule dans les rues désertes.

– Reposons-nous un peu, dit Diamant.

– Attends ! répliqua-t-elle. Il y a quelque chose qui ressemble à une voie ferrée, là. Peut-être est-ce un tunnel, on pourra s'y abriter.

Ils s'avancèrent. C'était bien un petit tunnel, et mieux encore, il y avait un tonneau vide tout près de l'entrée.

– Hé ! Voilà ce qu'il nous faut ! dit la fillette. Y'a pas mieux qu'un tonneau, comme lit ! On va dormir un peu, et après on continuera.

Elle y entra, et Diamant y pénétra à son tour. Lorsqu'il fut un peu réchauffé, Diamant sentit son courage revenir. « C'est drôlement bien ici ! dit-il. Ce que je suis content ! »

– Je ne trouve pas ça extraordinaire, dit la fillette. J'ai l'habitude, sans doute. Mais je ne comprends pas comment un gosse comme toi peut se retrouver dehors au beau milieu de la nuit.

– Ça ne serait pas arrivé si je n'étais pas descendu t'aider, dit Diamant. Vent du Nord est rentrée chez elle depuis longtemps.

– Tu as déjà parlé du vent du Nord, mais je n'ai pas compris. À mon avis, tu t'es échappé d'un de ces asiles pour fous, dit la fillette.

Sur l'épaule du vent du Nord

Il n'avait pas le choix. Pour lui prouver qu'il n'était pas fou, Diamant fut obligé de lui raconter toute l'histoire. Elle n'en crut pas un mot et dit qu'elle n'était pas assez fauchée pour croire à toutes ces niaiseries.

– Je pensais qu'il fallait dormir un peu, dit Diamant, mais finalement, je n'ai pas tellement sommeil. Viens, continuons!

Ils errèrent encore un bon moment et se retrouvèrent enfin au bas d'une côte qui basculait en une pente assez abrupte de l'autre côté, pour finir dans un terrain vague, fermé par un mur percé de plusieurs portes. Lorsqu'ils atteignirent le sommet de la côte, une rafale de vent les poussa à toute allure sur la pente, les obligeant à courir à perdre haleine. Incapable de s'arrêter, Diamant alla heurter de plein fouet une des portes du mur, qui s'ouvrit grand. Éberlués, ils se retrouvèrent au fond d'un jardin.

– Ah! Ah! s'écria Diamant après avoir regardé autour de lui. C'est bien ce que je pensais. Me voilà dans le jardin du maître! Écoute, petite, il te suffit de creuser un trou dans le mur de la vieille Sally, d'y poser la bouche et de dire : « S'il te plaît, vent du Nord, puis-je sortir avec toi ? » et tu verras ce qui arrivera.

– Je n'en ferai rien, ma foi. Je suis déjà dehors bien trop souvent pour vouloir que le vent m'emporte encore.

– J'ai dit « avec » vent du Nord.

Histoires pour les filles

– C'est tout pareil.

– C'est pas du tout pareil.

– C'est tout pareil.

– J'ai raison.

– Je vais te gifler si tu continues ! dit la fillette.

Diamant était très en colère. Mais il se rappela que si elle le frappait, il ne devrait pas lui rendre sa gifle parce que c'était une fille. Alors il s'avança dans le jardin.

– Au revoir, monsieur, dit la fillette.

– Je suis désolé de m'être fâché, dit-il. Entre, tu prendras le petit déjeuner avec moi.

– Non, merci. Il faut que j'aille à mon carrefour.

– Je suis vraiment navré pour toi, dit Diamant.

– Oui, il y a de quoi se lasser de cette vie-là, avec la vieille Sally, et mes souliers qui ont plein de trous.

– Je ne sais pas comment tu fais. À ta place, je ne tiendrais pas.

– Oh, que si ! Tu sais, je suis toujours curieuse de voir ce qui va se passer, et quand ça s'est passé, j'attends la suite. Adieu !

Elle remonta la colline en courant et disparut. Diamant ferma la porte du mieux qu'il put, et traversa le potager à toute vitesse pour gagner l'écurie. Il était drôlement content de retrouver enfin son lit !

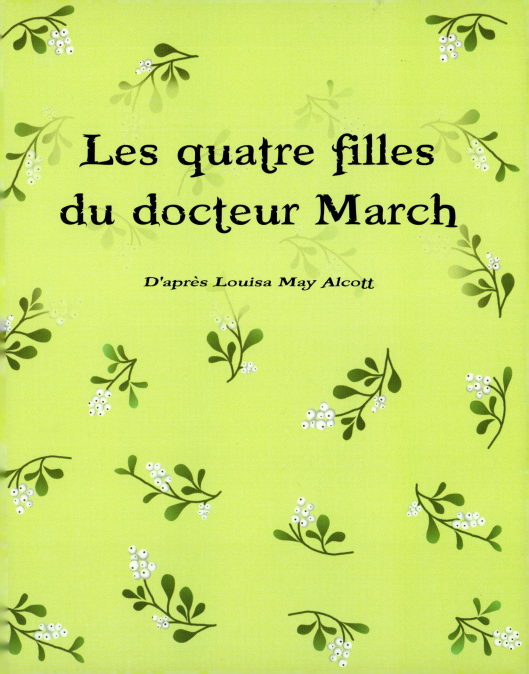

Les quatre filles du docteur March

D'après Louisa May Alcott

Introduction

Louisa May Alcott (1832-1888) était la cadette des quatre filles d'Amos Bronson Alcott. Louisa aida financièrement sa famille en écrivant des histoires populaires. Les quatre filles du docteur March, *qui s'inspire largement de son histoire, fut publié en 1868. Ce livre nous emmène pour quelques mois dans la maison des March, où quatre sœurs vivent avec leur mère, alors que le docteur March est loin de chez lui, enrôlé comme aumônier dans la guerre civile.*

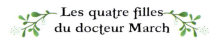

— Un Noël sans cadeaux, ce n'est pas Noël! grommela Jo, allongée sur le tapis.

— C'est tellement affreux d'être pauvre! soupira Meg en contemplant sa vieille robe.

— Ce n'est pas juste que certaines filles reçoivent de jolis présents et d'autres rien du tout, ajouta la petite Amy, en reniflant d'un air offensé.

— Nous avons papa et maman, et nous sommes toutes les quatre ensemble, intervint doucement Beth.

À ces mots, les quatre jeunes visages s'éclairèrent pour s'assombrir à nouveau lorsque Jo fit tristement remarquer:

— Papa n'est pas là, et il ne sera pas de retour avant bien longtemps.

Elle n'osa pas ajouter « peut-être jamais », mais toutes l'avaient pensé, en songeant à leur père parti à la guerre.

— Maman dit que nous ne devons pas dépenser notre argent en cadeaux quand des soldats souffrent au combat, reprit Meg.

— Je suis d'accord pour que toi ou maman ne nous offriez rien, dit Jo, mais je suis sûre que maman ne souhaite pas que nous nous privions de tout. Nous pouvons bien nous acheter ce qui nous fait envie. Nous travaillons assez dur pour gagner cet argent.

— Ça c'est vrai, j'aimerais mieux rester à la maison toute la

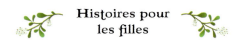
Histoires pour les filles

journée que de donner des leçons à ces enfants insupportables, commença Meg.

– Tu préférerais sans doute être enfermée pendant des heures avec une vieille dame ronchonneuse ? demanda Jo.

– Ce n'est pas bien de se plaindre, intervint Beth, mais je ne connais rien de pire que de laver la vaisselle et faire le ménage. Mes doigts sont si raides que je ne peux plus jouer de piano.

Elle regarda ses mains en soupirant.

– On voit que vous n'êtes pas obligées d'aller à l'école avec des filles qui se moquent de vos robes et de votre père parce qu'il n'est pas riche ! s'écria Amy.

– Quel dommage que nous n'ayons plus tout cet argent que papa a perdu lorsque nous étions petites, dit Meg. Nous n'aurions pas autant de soucis ! Comme il nous serait facile d'être bonnes et heureuses !

Jo se leva et se mit à siffler.

– Arrête Jo, on dirait un garçon, dit Amy.

– Comme j'aurais aimé en être un ! rétorqua Jo. J'aurais pu me battre aux côtés de papa, au lieu de rester à la maison et de tricoter comme une vieille femme !

– Pauvre Jo, tu devras te contenter de ton prénom masculin et nous servir de frère, dit Beth.

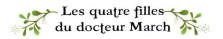

– Quant à toi, Amy, intervint Meg, tu es trop coquette. Si ça continue, tu deviendras une horrible petite pimbêche.

– Si Jo est un garçon manqué et Amy une pimbêche, je suis quoi, moi ? demanda Beth.

– Tu es adorable, et rien d'autre, répondit Meg avec chaleur, et personne ne la contredit car Beth était la chouchoute de toute la famille.

Âgée de seize ans, Meg était très jolie avec ses grands yeux et ses beaux cheveux bruns. Jo était très grande pour ses quinze ans. Elle était aussi très mince, avec un nez retroussé et des yeux gris perçants. Elle avait adopté une coiffure démodée, enfermant ses longs cheveux noisette dans une résille. Beth avait treize ans. C'était une fillette timide, aux yeux brillants, qui semblait vivre dans un monde à elle. Amy était la plus jeune mais se considérait comme une personne très importante. Elle avait des yeux bleus, des cheveux blonds et bouclés qui lui retombaient sur les épaules.

La pendule sonna six heures. Beth se mit à chauffer une paire de pantoufles, Meg alluma la lampe, Amy se leva de son fauteuil, sans qu'on le lui ait demandé, et Jo oublia sa fatigue pour tenir les pantoufles plus près du feu.

– Elles sont tout usées, dit-elle. Maman aurait bien besoin d'une nouvelle paire.

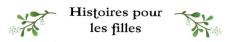
Histoires pour les filles

– Je pensais lui en acheter une avec mon dollar, fit Beth.

– Non, c'est moi ! s'écria Amy.

– Je suis l'aînée… commença Meg.

Jo l'interrompit :

– C'est moi l'homme de la famille maintenant que papa est parti, et c'est moi qui lui achèterai.

– Donnons-lui chacune quelque chose au lieu de nous acheter des cadeaux, dit Beth.

– C'est bien toi, chère Beth ! s'exclama Jo. Qu'allons-nous lui offrir ?

Chacune réfléchit un moment, puis Meg annonça :

– Je lui donnerai une jolie paire de gants.

– Des chaussures de l'armée, les meilleures ! s'écria Jo.

– Des mouchoirs, entièrement ourlés, rétorqua Beth.

– Je lui offrirai une petite bouteille d'eau de Cologne. Cela ne coûte pas cher et il me restera un peu d'argent pour m'acheter quelque chose, ajouta Amy.

– Nous ferons croire à maman que nous nous achetons nos cadeaux, et nous lui ferons la surprise, dit Jo.

Madame March rentra quelque temps après. Elle retira ses vêtements mouillés et enfila ses pantoufles chaudes, tandis que ses filles veillaient à son confort.

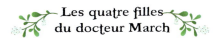

– J'ai une grande surprise pour vous, dit-elle en souriant.

– Une lettre! s'écria Jo. Hourra pour papa!

– C'est vraiment formidable de sa part d'être parti comme aumônier alors qu'il avait passé l'âge d'être mobilisé, dit Meg.

C'était une lettre réconfortante avec, à la fin, un message adressé à ses filles : « Transmets-leur tout mon amour et embrasse-les pour moi. Qu'elles sachent que je pense à elles tous les jours et prie pour elles toutes les nuits. Je suis sûr qu'elles se conduisent bien et qu'à mon retour je serai encore plus fier de mes petites femmes. »

– Je ne suis qu'une affreuse égoïste, dit Amy en sanglotant, mais je tâcherai d'être meilleure.

– Nous essayerons toutes! s'écria Meg. Je suis bien trop coquette et je déteste travailler, mais je vais faire un effort.

– Moi j'essayerai de devenir ce qu'il appelle une petite femme, ajouta Jo, de me montrer moins brusque et grossière.

Beth ne dit rien, mais elle essuya ses larmes et se remit à tricoter fiévreusement la chaussette bleue de l'armée qu'elle avait commencée.

Au bout d'un moment, madame March rompit le silence.

– Vous vous souvenez comme vous vous amusiez autrefois au jeu du pèlerin? Je vous attachais un sac dans le dos et vous parcouriez la maison de la cave, devenue la cité de la Destruction, au grenier où

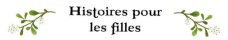
Histoires pour les filles

vous pouviez trouver tous les objets nécessaires à la construction de la Cité céleste.

– Comme on s'amusait ! dit Jo d'un ton songeur.

– Si je n'étais pas trop vieille pour ce genre d'amusements, je recommencerais bien, intervint Amy.

– C'est un jeu auquel on peut se livrer à tout âge, mon enfant, dit madame March. Nous avons tous notre fardeau à porter, et un long chemin à parcourir. Le désir d'être bon et heureux nous conduit à la paix, qui est la véritable Cité céleste. Pourquoi ne pas prendre la route,

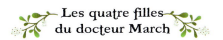

mes petits pèlerins ? Pas pour jouer cette fois-ci, mais pour de bon. On verrait jusqu'où vous pourriez aller avant le retour de votre père.

– Vraiment, mère ? Mais où sont nos sacs ? demanda Amy.

– Chacune vient de décrire son fardeau, excepté Beth qui semble ne pas en avoir.

– Ne crois pas ça, rétorqua Beth. Le mien est rempli d'assiettes et de chiffons à poussière, de la jalousie envers les petites filles qui ont de beaux pianos et de la peur que les gens m'inspirent.

Le fardeau de Beth était passablement comique. Mais personne ne rit, pour ne pas la peiner.

– Allons-y, dit Meg. Peut-être que cette histoire nous aidera à devenir meilleures. Mais il nous faudrait un parchemin sur lequel seraient inscrites les instructions, comme dans le livre Le Voyage du Pèlerin.

– Regardez sous votre oreiller, le matin de Noël, dit madame March. Vous y trouverez votre guide.

Ce soir-là, les aiguilles se mirent à voler car les quatre sœurs devaient ourler des draps pour leur tante. Pour une fois, personne ne renâcla à l'ouvrage. À neuf heures, elles s'arrêtèrent et se mirent à chanter. Beth jouait sur le vieux piano, en effleurant les touches jaunies, tandis que Meg et sa mère menaient le petit chœur. Amy avait une voix de crécelle et Jo se laissait porter par son inspiration,

Histoires pour les filles

mais elles prenaient toujours autant de plaisir à chanter ensemble.

Jo fut la première à se réveiller à l'aube grise de Noël. Elle fut déçue en voyant qu'il n'y avait rien devant la cheminée. Puis elle se souvint de la promesse de sa mère et, glissant la main sous son oreiller, trouva un petit livre à la reliure rouge. Elle réveilla Meg qui fit la même chose et un livre, relié en vert cette fois, apparut, avec la même image à l'intérieur et quelques mots de la main de sa mère. Beth et Amy s'éveillèrent à leur tour et trouvèrent, elles aussi, leurs petits livres, l'un relié en gris-rose, l'autre en bleu.

– Maman souhaite que nous lisions ces livres, dit Meg d'un ton terriblement sérieux. Il faut commencer tout de suite. Si j'en lis quelques pages chaque matin, à mon réveil, je suis sûre que j'aurai du courage pour toute la journée.

Elle ouvrit son livre et commença à lire.

– Faisons la même chose, Amy, dit Beth. Je t'expliquerai les mots que tu ne comprends pas.

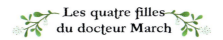

Dans les chambres, on n'entendit plus que le bruit des pages tournées avec douceur.

– Où est maman ? demanda Meg, un peu plus tard, comme elle et Jo descendaient l'escalier en courant pour remercier leur mère de ses présents.

– Dieu seul le sait, répondit la vieille Hannah.

Celle-ci vivait dans la famille depuis la naissance de Meg et tous la considéraient davantage comme une amie que comme une servante.

– Une pauvre créature est venue mendier et votre maman s'est précipitée chez elle pour voir ce dont elle avait besoin.

– Elle sera bientôt de retour, dit Meg en examinant les cadeaux cachés dans un panier et destiné à leur mère. Où est le flacon d'eau de Cologne d'Amy ?

– Elle l'a emporté pour y mettre un ruban, dit Jo.

– Comme mes mouchoirs sont jolis, n'est-ce pas ? remarqua Beth. Hannah les a lavés et repassés, et je les ai marqués moi-même.

Elle contempla avec fierté les initiales quelque peu irrégulières. Jo éclata de rire.

– Tu as brodé « maman » au lieu de « M. March » !

– J'ai pensé que c'était plus prudent, dit Beth, troublée. Meg a

Histoires pour les filles

les mêmes initiales, et je ne veux pas que quelqu'un d'autre que maman s'en serve.

— Tu as bien fait, c'est une excellente idée, dit Meg en fronçant les sourcils à l'intention de Jo.

— Voilà maman, cache le panier sous le sofa, vite ! s'écria Jo en entendant la porte claquer et un bruit de pas dans l'entrée.

C'était Amy qui pénétra précipitamment dans la pièce. Elle portait son manteau et son capuchon.

— Où es-tu allée, et que caches-tu derrière ton dos ? demanda Meg.

— Je suis allée changer la petite bouteille d'eau de Cologne contre une grande, dit Amy. J'ai donné tout mon argent pour l'acheter, car je ne veux plus être égoïste !

Meg la serra dans ses bras. Puis la porte claqua à nouveau. Les quatre sœurs s'installèrent pour prendre leur petit déjeuner. Elles étaient affamées.

— Joyeux Noël, maman ! s'écrièrent-elles. Et merci pour les jolis livres ! Nous en avons déjà lu quelques pages.

— Joyeux Noël, mes enfants ! Je suis contente que vous ayez commencé tout de suite et j'espère que vous continuerez. Mais avant que nous déjeunions, j'aimerais vous dire un mot. Tout près d'ici vit une pauvre femme avec un nouveau-né et six autres enfants. Ils n'ont rien

Les quatre filles du docteur March

à manger et ils ont faim. Mes chéries, accepteriez-vous de leur donner votre petit déjeuner comme cadeau de Noël ?

Après un petit moment de silence, Jo s'écria :

– Je suis bien contente que tu sois arrivée avant que nous ayons commencé !

– Est-ce que je peux t'aider à tout emporter là-bas ? demanda Beth.

– Je porterai la crème et les muffins, ajouta Amy.

C'était ce qu'elle préférait.

Meg couvrit les crêpes et empila le pain sur une grande assiette.

– J'étais sûre que vous accepteriez, dit madame March en souriant.

Il était encore tôt et l'étrange procession passa inaperçue dans les rues.

Dans une chambre nue, misérable, un bébé hurlait et des enfants pâles, affamés, se serraient les uns contre les autres sous une vieille couverture.

– Des anges viennent nous rendre visite ! s'écria la mère lorsque les jeunes filles entrèrent.

Hannah, qui avait apporté du bois, alluma un feu. Madame March prépara du thé et une bouillie d'avoine pour la mère, puis elle emmaillota le bébé aussi tendrement que s'il eût été le sien. Les quatre sœurs installèrent les enfants autour du feu et leur donnèrent à manger.

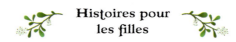

Histoires pour les filles

Ce fut un très joyeux petit déjeuner. Elles n'avaient touché à rien, mais on aurait difficilement trouvé personnes plus heureuses que ces quatre sœurs affamées qui avaient offert leur petit déjeuner comme cadeau de Noël.

– Trois hourras pour maman ! s'écria Jo.

De retour chez elle, Beth joua une marche au piano, Amy ouvrit grand la porte et Meg escorta sa mère jusqu'à la pièce avec la plus grande dignité. Madame March fut à la fois surprise et touchée par les présents et les petits mots qui les accompagnaient. Elle enfila immédiatement les pantoufles, glissa un mouchoir dans sa poche, se parfuma d'eau de Cologne et déclara que les gants lui allaient parfaitement. Puis l'on s'embrassa, l'on rit et l'on parla abondamment.

(…) Lorsque monsieur March avait perdu sa fortune en voulant aider un ami, les deux aînées avaient demandé la permission de subvenir elles-mêmes à leurs besoins. Meg avait trouvé une place de gouvernante. Elle supportait plus difficilement la pauvreté que ses sœurs, car elle se souvenait du temps où la vie à la maison était facile et où elles ne manquaient de rien. Chez les King, elle apercevait tous les jours des robes de bal somptueuses et des bouquets, elle entendait parler de pièces de théâtre, de concerts, de promenades en traîneaux et autres amusements.

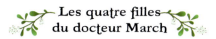

Jo, elle, se rendait chez sa tante March, à laquelle elle tenait compagnie. La vieille dame avait offert d'adopter une des filles lorsque la famille avait été ruinée, et elle avait été profondément vexée que son offre soit repoussée. Pendant un certain temps, elle refusa de leur parler, puis finit par prendre Jo comme dame de compagnie. Comme aucune autre situation ne se présentait, la jeune fille accepta la place et elle surprit tout le monde en s'entendant remarquablement bien avec son acariâtre parente.

Jo était surtout attirée par la bibliothèque, abandonnée à la poussière et aux araignées depuis la mort de l'oncle March. Dès que sa tante s'endormait ou recevait des visites, Jo se précipitait dans cet endroit tranquille où elle pouvait dévorer tous les livres qui lui plaisaient.

Jo rêvait d'accomplir quelque chose d'important, mais son caractère vif et sa langue acérée lui jouaient toujours de mauvais tours. Aussi la discipline à laquelle elle était contrainte chez sa tante March lui était-elle bénéfique, et l'idée qu'elle travaillait pour subvenir à ses besoins lui faisait plaisir.

Beth était trop timide pour aller à l'école, et elle avait étudié à la maison, avec son père. Après le départ de celui-ci, et comme sa mère consacrait tout son temps à une organisation d'aide aux soldats,

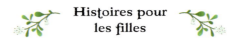
Histoires pour les filles

Beth continua seule, de son mieux, tout en aidant Hannah à tenir la maison propre et bien rangée. Elle passait de longues journées paisibles à se créer un monde peuplé d'amies imaginaires, à habiller ses six poupées et à bavarder avec elles. Ces pauvres créatures de chiffon n'étaient plus très jolies car elles avaient d'abord appartenu à ses sœurs. Beth pleurait souvent parce qu'elle ne pouvait pas prendre de leçons de musique ou posséder un beau piano. Elle adorait la musique et s'exerçait patiemment sur le vieil instrument familial qui sonnait faux.

Si on avait demandé à Amy quel était le plus grand malheur de sa vie, elle aurait certainement répondu « Mon nez ». Bébé, Jo l'avait accidentellement laissé tomber et Amy était persuadé que cette chute avait définitivement abîmé son nez. Il n'était ni gros ni rouge, mais simplement un peu aplati, et personne n'y prêtait attention sauf elle. Amy dessinait très bien et n'était jamais autant heureuse que lorsqu'elle peignait des fleurs ou illustrait des contes. Ses professeurs se plaignaient qu'elle couvrait son ardoise d'animaux au lieu de faire des additions. En revanche, ses amies de classe l'adoraient car elle était toujours de bonne humeur et prête à faire plaisir aux autres. Tout le monde la cajolait, mais une chose l'empêchait heureusement de montrer trop de vanité : elle devait porter les vêtements de sa cousine. Ils étaient bien coupés et peu usés, mais Amy souffrait

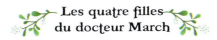

profondément d'avoir à mettre un bonnet rouge quand elle l'aurait voulu bleu, ou un tablier surchargé de dentelles qui ne lui allait pas. Cet hiver, sa robe pour aller en classe était rouge à pois jaunes, une faute de goût impardonnable à ses yeux d'artiste.

Un après-midi qu'il neigeait, Jo sortit avec un balai et une pelle pour tracer un sentier dans le jardin, afin que Beth puisse s'y promener lorsque le soleil se montrerait. Le jardin séparait la maison des March de celle de M. Laurence. D'un côté de la haie se dressait une vieille maison brune, à l'air misérable et vide ; de l'autre, une belle demeure de pierre, avec de vastes écuries, des parterres bien entretenus et un ravissant mobilier que l'on pouvait apercevoir entre les rideaux damassés. Pourtant elle paraissait

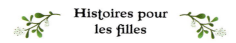
Histoires pour les filles

triste et sans vie, car jamais aucun enfant ne jouait sur la pelouse, jamais un visage maternel ne souriait aux fenêtres et peu de personnes allaient et venaient, à l'exception du vieux monsieur et de son petit-fils.

Pour Jo, cette somptueuse demeure ressemblait à un palais enchanté, rempli de splendeurs et de merveilles dont personne ne profitait. Elle désirait depuis longtemps jeter un coup d'œil à l'intérieur et faire la connaissance du jeune Laurence qui semblait lui aussi en avoir envie, et, depuis la fameuse soirée, elle avait imaginé mille stratagèmes pour gagner son amitié. Mais elle ne l'avait pas revu depuis et commençait à croire qu'il était en voyage lorsqu'elle entrevit un visage à une fenêtre. Il contemplait tristement Beth et Amy qui se lançaient des boules de neige. « Ce garçon a besoin d'amis et de distractions, se dit Jo. J'ai bien envie de passer par-dessus la haie et d'aller le dire au vieux monsieur. »

L'idée de « sauter la haie » n'était pas pour lui déplaire et, lorsqu'elle vit M. Laurence partir en calèche, elle franchit l'obstacle, s'arrêta et regarda la maison.

Tout était tranquille. En bas, les rideaux étaient fermés et les serviteurs invisibles. Soudain une tête brune, bouclée, apparut à une fenêtre du premier étage. Jo lança une boule de neige. Aussitôt un

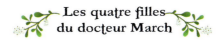

grand sourire illumina le visage à la fenêtre. Jo agita son balai et cria :

– Comment allez-vous ? Vous n'êtes pas malade ?

Laurie ouvrit la fenêtre et répondit d'une voix rauque :

– Je vais mieux, merci. Mais j'ai eu un mauvais rhume et je suis resté enfermé toute la semaine.

– Que faites-vous pour passer le temps ?

– Rien. Je m'ennuie.

– Vous ne lisez pas ?

– Pas beaucoup. On ne me le permet pas.

– Personne ne vous fait la lecture ?

– Grand-papa parfois, mais mes livres ne l'intéressent pas.

– Quelqu'un est-il venu vous rendre visite ?

– Je ne connais personne.

– Vous nous connaissez, nous, remarqua Jo en éclatant de rire.

– C'est vrai ! s'écria Laurie. Voulez-vous monter ?

– Je viendrai si maman m'y autorise. Je vais le lui demander. Fermez la fenêtre, comme un garçon bien sage, et attendez-moi.

Jo mit le balai sur son épaule et se dirigea d'un pas déterminé vers sa maison.

Laurie était tout excité à l'idée d'avoir de la compagnie et se prépara. Il se coiffa, mit un col propre et tenta de ranger sa chambre.

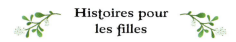

Histoires pour les filles

Quelques minutes plus tard, on sonnait à la porte et une voix demandait : « M. Laurie ».

Jo apparut avec une assiette recouverte d'un linge dans une main et, dans l'autre, les trois chatons de Beth.

– Maman vous envoie ses amitiés. Meg m'a demandé de vous apporter un peu de son blanc-manger, et Beth a pensé que ces chatons vous distrairaient. Je suis sûre que vous allez rire, mais je ne pouvais pas refuser.

Le prêt original de Beth fit effectivement rire Laurie et, du coup, il en perdit sa timidité.

– Ça a l'air délicieux, dit-il en souriant tandis que Jo découvrait le blanc-manger entouré de feuilles vertes et de fleurs rouges.

– On pourra vous le servir pour le thé, dit Jo. Il glissera facilement sans vous faire mal à la gorge. Comme votre chambre est jolie !

– Elle le serait, si elle était un peu mieux rangée.

– Elle le sera dans deux minutes. Il suffit de balayer devant la cheminée – comme ça – de remettre en ordre tous ces objets et de secouer un peu les oreillers. Voilà, c'est fait.

– Comme vous êtes bonne, dit-il.

– Vous voulez que je vous fasse la lecture ?

– Je préférerais bavarder, si cela ne vous ennuie pas.

– Je pourrais parler toute la journée, rétorqua Jo. Beth dit que l'on ne sait jamais quand je vais m'arrêter.

– Beth est la petite fille aux joues roses qui reste à la maison ?

– Oui, c'est la plus gentille petite fille que je connaisse.

– La jolie jeune fille c'est Meg, et la toute bouclée c'est Amy, n'est-ce pas ?

– Comment le savez-vous ?

Laurie rougit.

– Je vous entends vous appeler, entre vous. Je ne peux m'empêcher de regarder votre maison, vous avez l'air de tant vous amuser. Parfois vous oubliez de fermer les rideaux et, à la clarté des lampes, je vous vois toutes assises autour de la cheminée avec votre mère. Je n'ai plus ma mère, vous savez.

Une lueur de tristesse passa dans le regard de Laurie et Jo sentit son cœur se serrer.

– Nous ne fermerons plus jamais les rideaux, dit-elle. Mais j'espère qu'au lieu de nous observer, vous viendrez nous rendre visite. Nous nous amuserons beaucoup, j'en suis sûre. Votre grand-père vous le permettra ?

Histoires pour les filles

— Il vaudrait mieux que votre mère le lui demande. Il craint que je n'importune les gens que je ne connais pas. Grand-père vit au milieu de ses livres. Et mon précepteur, M. Brooke, n'habite pas ici. Je n'ai personne avec qui sortir, alors je reste à la maison.

— Comme c'est triste. Vous devriez faire un effort et sortir chaque fois que l'on vous invite. Comme ça vous auriez plein d'amis.

— Vous aimez votre école ?

— Je ne vais pas à l'école. Je m'occupe de ma tante.

Elle entreprit une description de la vieille femme pas commode et de son gros caniche, du perroquet qui parlait espagnol, et de la bibliothèque qu'elle aimait tant. Puis elle raconta comment le vieux monsieur célibataire qui faisait la cour à sa tante March, un jour, emporté par son discours, avait arraché sa perruque. Laurie se laissa tomber en arrière et rit tellement que des larmes coulaient le long de ses joues.

— Racontez-moi encore quelque chose, je vous en prie, dit-il, le visage rouge de plaisir.

Jo lui fit part de leurs jeux, de leurs projets et de leurs craintes pour leur père. Puis ils parlèrent de livres, et elle découvrit que Laurie les adorait autant qu'elle et même qu'il en avait lu davantage.

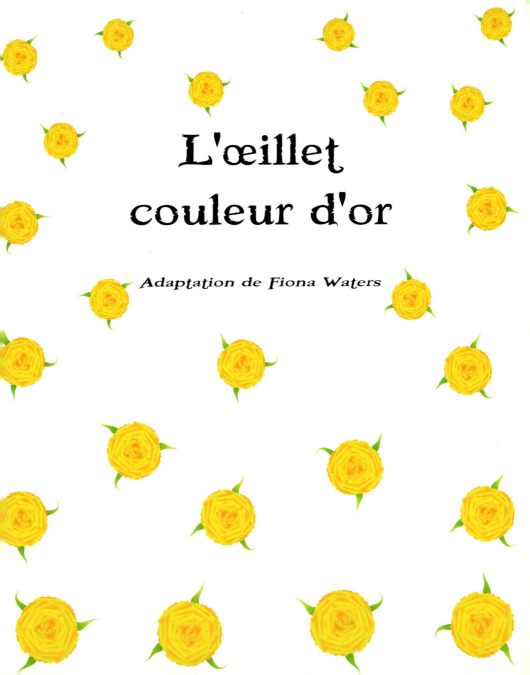

L'œillet couleur d'or

Adaptation de Fiona Waters

Introduction

L'œillet couleur d'or *est la version italienne du conte de La Belle et la Bête, écrit par une aristocrate française, Madame Leprince de Beaumont (1711-1780), qui fut publié pour la première fois en 1756 dans un recueil. Depuis, cette histoire a connu de nombreuses variantes, notamment au dix-neuvième siècle, surtout en France, en Angleterre et en Amérique.*

L'œillet couleur d'or

Il y a de nombreuses lunes, vivait en Italie un riche marchand qui avait trois filles. Les deux aînées étaient revêches et âcres comme des citrons, mais la plus jeune était aussi douce qu'une pêche et tout aussi jolie. Lorsqu'il dut partir chercher des épices dans les lointaines îles Moluques, le marchand demanda à chacune de ses filles ce qu'elles aimeraient qu'il leur rapporte.

– Une robe jonchée de petites clochettes dorées, dit l'aînée, qui s'appelait Maria.

– Des mules d'argent aux talons de cristal, dit la cadette, qui s'appelait Lucia. (Vous aurez remarqué que ni l'une ni l'autre n'ajoutait ni « s'il te plaît », ni « merci »).

– Et à toi, qu'est-ce qui te ferait plaisir, ma chère Florita? demanda le marchand en se tournant vers la benjamine.

– Que tu rentres sain et sauf, père, répondit-elle en souriant.

– Mais tes sœurs m'ont demandé des cadeaux, et il n'y a pas de raison que tu n'en aies pas non plus.

– Très bien, père. Alors j'aimerais un œillet couleur d'or, s'il te plaît, et aussi que tu rentres sain et sauf! ajouta-t-elle en riant.

Le lendemain, le marchand prit la mer. Il arriva à bon port plusieurs semaines plus tard, rencontra de nombreux négociants,

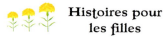 **Histoires pour les filles**

et bientôt, son bateau fut plein à craquer de toutes les épices rares et précieuses qu'il avait achetées. Résolu à rentrer chez lui à la prochaine marée, il alla acheter les cadeaux qu'il avait promis à ses filles. Dans le bazar, il trouva de grands rouleaux de soie jonchée de minuscules clochettes dorées. Non loin de là, un tailleur aux yeux noirs lui promit que la robe serait prête à l'aube. Au marché, il trouva un cordonnier qui cousait si finement que ses points étaient invisibles. Lui aussi promit que les mules d'argent aux talons de cristal seraient terminées à l'aurore. Mais nulle part le marchand ne put trouver d'œillet couleur d'or. Il sillonna le marché aux fleurs, fouilla les chambres fortes des orfèvres, et demanda à tous les commerçants qu'il rencontrait s'ils avaient pareille fleur, mais personne n'en avait entendu parler. Le marchand prit donc la mer le lendemain matin, comme prévu, avec la marée.

La traversée se déroula sans problèmes, et pourtant ce fut le cœur lourd que le marchand retrouva la terre ferme. « Où trouver un œillet couleur d'or ? », se demandait-il, très contrarié. Il s'éloigna

L'œillet couleur d'or

du port grouillant de monde et pénétra bientôt dans un bois qu'il n'avait jamais remarqué auparavant. Il regarda autour de lui, très perplexe. Comment se faisait-il qu'il ne reconnaissait plus rien ? Soudain, il aperçut un grand portail. Il le franchit, plein de curiosité. Aussitôt, l'air sembla crépiter sous l'effet de la magie, et le marchand comprit que le jardin où il venait d'entrer était ensorcelé. D'autant que, sous ses yeux ébahis, se dressait un grand buisson d'œillets couleur d'or !

Sans réfléchir, le marchand s'avança et cueillit une des merveilleuses fleurs. À cet instant, un énorme éclair de lumière pourpre zébra le ciel et un sorcier apparut dans un grondement de tonnerre. Il semblait vraiment très fâché.

– Qui es-tu, impudent ? Et comment as-tu osé cueillir un de mes précieux œillets ? s'écria-t-il d'une voix vibrante de colère.

Bien embarrassé, le marchand lui raconta la promesse qu'il avait faite à Florita. Le sorcier fronça les sourcils. « Puisque tu as cueilli cet œillet, tu peux le garder pour ta fille. Mais en échange, je te donne trois jours pour m'amener Florita. Si tu désobéis, je crains le pire pour toi et les tiens ! » Sur ce, le sorcier disparut dans un tourbillon de fumée. Lorsque le marchand arriva chez lui, il donna leurs cadeaux à ses filles. Les deux aînées s'enfuirent tout de suite

Histoires pour les filles

dans leurs chambres pour essayer l'une sa robe et l'autre ses mules, mais Florita, voyant son père inquiet, ne bougea pas.

Finalement, le marchand lui raconta toute l'histoire. Florita restait imperturbable. « Eh bien, père, tu dois m'emmener voir le sorcier demain avant qu'il ne devienne encore plus fâché, dit-elle. Je vais aller préparer une petite valise ».

Le lendemain, ils se mirent en route pour le jardin enchanté. Le sorcier apparut aussi soudainement que la première fois.

– Florita, tu dois payer le prix de l'œillet couleur d'or, déclara-t-il. À présent, tu resteras ici et tu t'occuperas de mon jardin. Je viendrai te voir tous les soirs et nous dînerons ensemble.

Sur ses mots, le sorcier s'évanouit de nouveau dans les airs. Le marchand avait le cœur brisé, mais Florita lui dit qu'elle était très heureuse de s'occuper d'un si joli jardin. Il retourna donc tristement auprès de Maria et de Lucia, et ces deux chipies ne furent nullement désolées d'apprendre le départ de leur jolie sœur cadette.

Les jours s'écoulèrent. Florita appréciait beaucoup de s'occuper du jardin et trouvait fort agréables ses soirées avec le sorcier, qui n'était pas si terrifiant une fois qu'elle vint à le connaître. Mais au bout d'un certain temps, elle commença à se faire du souci pour son père. Ses sœurs étaient si égoïstes… elles devaient sûrement le négliger, et puis,

L'œillet couleur d'or

il lui manquait. Elle demanda au sorcier si elle pouvait aller passer quelques jours chez elle, et au début, il refusa tout net. Mais comme elle devenait de plus en plus silencieuse et triste, il finit par céder. « Je vois que tu es malheureuse, alors je te permets de retourner là-bas, dit-il, mais tu dois me promettre de revenir dans trois jours, sinon je crains le pire pour toi comme pour moi ! » Sur ce, il convoqua un carrosse doré et la regarda partir d'un air accablé.

Lorsque Florita arriva chez elle, ses pires craintes s'avérèrent justes. Son père semblait malade, la maison était sens dessus dessous, et comme accueil, ses sœurs ne lui réservèrent qu'un : « Ah, c'est toi ! Dépêche-toi de ranger la maison et de nous faire à dîner. On ne trouve rien, ici ! » Elle prépara un bon bol de soupe bien chaude pour son père et entreprit de nettoyer la maison. Elle frotta et lava, du sol au plafond, sans cesser de s'occuper du vieux marchand. Les trois jours passèrent sans qu'elle s'en aperçoive, et ce fut seulement lorsque son père lui demanda si les œillets couleur d'or étaient encore en fleurs dans le jardin du sorcier qu'elle se souvint de sa promesse. Bouleversée, Florita sortit en trombe de la maison. Le carrosse doré avait disparu et elle dut marcher dans la nuit.

Lorsque l'aube se leva, elle atteignit enfin le grand portail du jardin ensorcelé. Ou plutôt, ce qu'il en restait… Car les ronces

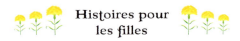

Histoires pour les filles

étouffaient les rares plantes fanées qui vivaient encore, l'eau ne coulait plus dans les fontaines et les feuillages des arbres pendaient tristement. Le sorcier gisait, roulé en boule, au pied des marches de la terrasse. Ses longs vêtements somptueux étaient déchirés et couverts de poussière, et ses yeux étaient clos.

Florita s'agenouilla près de lui. « Est-ce ma faute ? murmura-t-elle. Je ne suis restée que pour aider mon père, vous savez. J'avais vraiment l'intention de revenir vers vous. » À ces mots, elle se baissa et l'embrassa sur la joue. Aussitôt jaillit une pluie de lumière dorée. Le sorcier avait disparu et à sa place se tenait un jeune homme plutôt agréable à regarder.

– Eh bien, c'était moins une ! s'écria-t-il. Je m'appelle Pietro et on m'a jeté un sort qui ne pouvait être brisé que par un acte de bonté. Acceptes-tu de rester près de moi, Florita, pour m'aider à m'occuper du jardin ?

Florita était ravie, mais elle alla d'abord chercher son père pour qu'ils vivent tous ensemble. Quant à ses deux sœurs, elles étaient allergiques au pollen des fleurs du jardin. Elles durent rester seules dans la maison de leur père, ce qui, bien entendu, les rendit plus revêches que jamais !

Le jardin secret

Frances Hodgson Burnett

Introduction

Frances Hodgson Burnett (1849-1924) fit paraître Le jardin secret *en 1911. Mary Lennox, jeune orpheline d'un officiel britannique aux Indes, rentre vivre chez son oncle, un infirme solitaire, au manoir de Misselthwaite, dans le Yorkshire (Angleterre). Dans l'épisode qui suit, Mary découvre le jardin secret, dont l'entrée est cachée et interdite à toute personne depuis la mort tragique de l'épouse de son oncle, dix ans plus tôt.*

Le jardin secret

La clé du jardin

Sitôt qu'elle eut ouvert les yeux, Mary se redressa sur son lit et s'écria :

– Martha, la lande ! Venez vite voir la lande !

L'orage passé, le vent avait chassé la brume et les nuages pendant la nuit. À présent, le vent était tombé, découvrant au-dessus de la lande un éclatant ciel bleu. Même dans ses rêves, Mary n'avait jamais vu pareil spectacle. Aux Indes, le ciel était toujours brûlant, aveuglant ; mais ce ciel-là semblait scintiller comme les eaux d'un charmant lac sans fond. Çà et là, de petits nuages blancs s'accrochaient à tout ce bleu. L'interminable lande elle-même donnait l'impression d'avoir troqué sa grise mélancolie contre une douceur bleutée.

– Pour sûr que l'orage a fini, déclara Martha en souriant. C'est bien de saison, ça, l'orage qui disparaît en une nuit sans laisser de traces. Ça veut dire que le printemps approche. C'est pas pour demain, mais on y vient.

– Je me disais que le temps devait être toujours nuageux, ou à la pluie, en Angleterre, répliqua Mary.

– Mais non, s'exclama Martha en s'accroupissant au milieu de ses brosses noires, point de ça du tout !

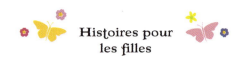

Histoires pour les filles

– Comment dites-vous ? lui demanda très sérieusement Mary.

Aux Indes, les autochtones parlaient différents dialectes compris de quelques personnes à peine, aussi la jeune fille ne s'étonna-t-elle pas d'entendre des mots inconnus.

– Ah, pardon, fit Martha, voilà que je me suis remise à parler le patois de chez nous, que Mme Medlock voulait plus que j'emploie. « Point de ça du tout », ça veut dire « Pas du tout ». Le Yorkshire, y'a pas plus ensoleillé sur Terre quand il fait beau. Je vous l'avais bien dit qu'elle vous plairait, la lande, à la longue. Attendez un peu de voir les fleurs dorées de l'ajonc, et puis celles du genêt, et puis les bruyères, toutes ces petites clochettes violettes, et puis les centaines de papillons, les abeilles et les alouettes dans le ciel. Vous tiendrez plus d'y aller dès le matin et d'y passer la journée comme Dickon.

– Pourrai-je vraiment m'y rendre ? demanda Mary, toute mélancolique, les yeux tournés vers ce bleu si lointain.

Le jardin secret

C'était là pour elle une couleur si merveilleuse, si nouvelle, si divine.

– Je sais pas, rétorqua Martha. À vous voir, on croirait que vous vous êtes jamais servie de vos jambes. Vous pourriez pas faire à pied les huit kilomètres jusqu'à chez nous.

– Pourtant, il me plairait beaucoup de voir votre maison.

Martha l'observa un instant, interdite, puis elle prit sa brosse et se remit à frotter la grille de la cheminée. Elle se disait en elle-même que le visage de Mary n'affichait plus, à ce moment-là, l'expression mauvaise qu'elle lui avait vue le premier jour.

– Faudra que j'en parle à ma mère, dit Martha. Elle trouvera bien un moyen. Aujourd'hui, j'ai congé, je rentre à la maison. Ça me fait rudement plaisir ! Mme Medlock, elle estime bien ma mère. Peut-être qu'elle pourrait lui dire un mot.

– Elle me plaît, votre mère, fit Mary.

– Ça m'étonne guère, acquiesça Martha sans interrompre son travail.

– Mais je ne la connais pas.

– Non, vous l'avez jamais point vu.

S'accroupissant de nouveau, Martha se frotta le nez d'un revers de la main, comme intriguée un instant, puis elle reprit, décidée :

Histoires pour les filles

— Faut dire qu'elle a du bon sens, elle travaille dur, elle a bon fond et tout, alors on peut que l'aimer, même si on l'a jamais vue. Quand je rentre chez nous, les jours de congé, je suis tellement contente que je traverse la lande en sautillant.

— Dickon aussi, il me plaît, reprit Mary. Et lui non plus je ne l'ai jamais vu.

— C'est que, comme je vous ai dit, répliqua fièrement Martha, Dickon, même les oiseaux, les lapins, les moutons sauvages et les poneys ils l'aiment bien. Je me demande, ajouta-t-elle, ce qu'il penserait de vous, Dickon.

— Il ne m'aimerait pas, rétorqua la jeune fille, de sa voix froide et cassante. Personne ne m'aime.

Martha resta un instant pensive.

— Et vous-même, vous vous aimez ? demanda-t-elle, comme si la réponse l'intéressait réellement.

Mary eut un moment d'hésitation, elle réfléchit.

— Pas le moins du monde. Mais je n'y avais jamais songé.

Un souvenir éclaira le visage de Martha d'un sourire.

— Ma mère m'a posé la question, une fois. Elle faisait la lessive et moi j'étais de sale humeur, je disais du mal de tout le monde. Alors elle s'est tournée vers moi et m'a lancé : « Petite peste, va ! T'es là

Le jardin secret

à dire que t'aimes pas çui-ci et que t'aimes pas çui-là. Et toi, tu t'aimes ou pas ? » J'ai éclaté de rire et ça m'a calmée tout de suite.

Elle se retira, d'excellente humeur, dès qu'elle eut servi son petit déjeuner à Mary. Elle s'apprêtait à parcourir huit kilomètres à pied dans la lande pour rentrer aider sa mère aux tâches ménagères, avec un plaisir sans nom.

Mary se sentit plus seule que jamais en apprenant le départ de Martha. Elle s'empressa de sortir dans le jardin et d'en faire dix fois le tour en courant. Cet exercice lui remonta le moral. Le soleil transformait littéralement l'endroit. Un magnifique ciel bleu recouvrait Misselthwaite ainsi que la lande, et Mary ne pouvait s'empêcher de lever la tête pour le regarder. Elle s'engagea dans le premier potager, où elle trouva Ben Weatherstaff, affairé avec deux collègues. Le retour du beau temps paraissait lui avoir fait du bien. De lui-même, il s'adressa à Mary :

– Le printemps arrive. Vous le sentez pas ?

Mary huma l'air et eut l'impression que oui.

– Je sens quelque chose de bon, de frais et d'humide, affirma-t-elle.

– C'est notre bonne terre si riche, déclara Weatherstaff tout en continuant de bêcher. Elle est de bonne humeur, elle se prépare à

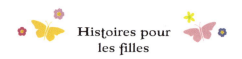

Histoires pour les filles

faire pousser les plantes. Ça lui plaît, ce moment-là. L'hiver, quand elle a rien à faire, elle s'ennuie. Dans les jardins d'agrément, ça commence à s'agiter sous terre. Le soleil vous réchauffe tout ça. On va plus tarder à voir sortir de la terre noire des petits bouts de verdure.

– Qu'est-ce que ce sera? lui demanda Mary.

– Des crocus, des perce-neige, des jonquilles. Vous en avez déjà vu?

– Jamais. Aux Indes, après les pluies, tout est chaud, humide et vert, expliqua Mary. Et je crois bien que tout pousse en une nuit.

– Par chez nous, ça risque pas, certifia Weatherstaff. Il va vous falloir un peu de patience. Ça commence à sortir de-ci, puis ça lance une tige de-là, ça ouvre une feuille un jour puis une autre le lendemain. Vous verrez.

– J'y compte bien, répondit Mary.

C'est alors qu'elle entendit de nouveau le doux bruissement d'ailes qui annonçait le retour du rouge-gorge. Mutin et plein de vie, il sautillait près des pieds de la jeune fille, puis il pencha la tête de côté et regarda Mary de telle façon que celle-ci ne put s'empêcher de demander à Weatherstaff:

– Croyez-vous qu'il se souvienne de moi?

– S'il se souvient de vous! s'exclama

Le jardin secret

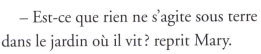

Weatherstaff. Il connaît le moindre trognon de chou des jardins, alors pensez donc les gens ! Il a jamais vu de petite fille par ici, du coup il cherche à faire connaissance. Pas la peine d'essayer de lui cacher des choses.

– Est-ce que rien ne s'agite sous terre dans le jardin où il vit ? reprit Mary.

– Quel jardin ? grommela Ben Weatherstaff, qui redevenait bourru.

– Celui avec les vieux rosiers.

La question lui brûlait les lèvres.

– Toutes les fleurs sont-elles mortes, ou bien en reste-t-il qui reviennent aux beaux jours ? Y voit-on jamais des roses ?

– Posez-lui la question à lui, rétorqua Ben Weatherstaff en indiquant le rouge-gorge d'un haussement d'épaule. Il y a que lui qui sait. Personne d'autre n'y va plus depuis dix ans.

« Dix ans, c'est une éternité », se dit Mary.

Elle-même avait cet âge.

La petite fille s'éloigna, perdue dans ses pensées. Elle s'était plue dans le jardin et s'était prise d'affection pour le rouge-gorge, Dickon

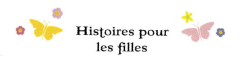

Histoires pour les filles

et la mère de Martha. Elle commençait aussi à aimer Martha. Ce lui semblait faire beaucoup de monde à aimer – surtout pour qui n'y est pas habitué. Pour elle, le rouge-gorge n'était pas différent des autres personnes. Elle s'en alla marcher le long du mur recouvert de lierre par-dessus lequel elle apercevait la cime des arbres ; à son second passage, il lui arriva la plus intéressante et la plus excitante des aventures.

Elle entendit un gazouillis et, lorsqu'elle tourna les yeux vers la plate-bande nue à sa gauche, elle vit le rouge-gorge qui sautillait et qui faisait semblant de picorer pour lui faire croire qu'il ne l'avait pas suivie. Mais Mary ne se laissa pas duper, et la surprise la remplit de délice au point qu'elle en frissonna presque.

– Bien sûr que tu te souviens de moi ! s'écria-t-elle. C'est pourtant vrai ! Tu es ce qu'il existe de plus beau sur Terre !

Elle lui parlait, le cajolait, tandis que lui continuait de sautiller, de battre de la queue et de pépier. À croire que lui aussi parlait. À voir son gilet rouge pareil à du satin, à le voir gonfler sa petite poitrine, à le voir enfin si majestueux, on pouvait croire qu'il montrait à Mary tout ce qu'un rouge-gorge avait d'humain.

Il la laissa s'approcher de plus en plus, se pencher vers lui et s'essayer à imiter la voix des rouges-gorges.

Le jardin secret

C'en était à peine croyable ! Il savait que pour rien au monde la petite fille n'avancerait une main vers lui ou l'effaroucherait. Il le savait car lui-même était une vraie personne – mais plus gentille que toutes les autres. La plate-bande sur laquelle il se trouvait n'était pas tout à fait nue. Aucune fleur n'y poussait mais plusieurs arbrisseaux, petits et grands, s'entassaient dans un coin. En suivant les évolutions du rouge-gorge sous ces arbrisseaux, Mary le vit franchir un petit tas de terre fraîchement retournée. Il s'arrêta pour y chercher un ver. La terre avait été retournée car un chien avait creusé un trou assez profond en essayant de déloger une taupe.

Mary regardait ce trou, ignorant la raison de sa présence, et elle distingua un objet à demi enterré dans le sol. Cela ressemblait à un anneau de fer ou de cuivre rouillé et, une fois que le rouge-gorge eut regagné un arbre proche, elle se saisit de cet anneau. Il s'agissait en réalité d'une vieille clé qui semblait être restée enfouie là longtemps.

Mary se releva et observa, presque effrayée, cette clé qu'elle tenait à la main.

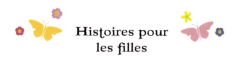
Histoires pour les filles

— Peut-être est-elle enterrée depuis dix ans, murmura-t-elle. Peut-être est-ce la clé du jardin !

Le rouge-gorge montre le chemin

Mary étudia la clé un bon moment. Comme je le disais, ce n'était pas une enfant habituée à demander la permission, ni à consulter ses aînés, pour quoi que ce soit. Une seule chose l'obsédait : si cette clé ouvrait la porte du jardin clos, et si elle-même pouvait trouver cette porte, alors elle pourrait peut-être l'ouvrir et voir ce que cachaient ces murs, ce qu'il était advenu des vieux rosiers. C'est bien parce qu'il était fermé depuis toutes ces années qu'elle tenait tant à le voir. En outre, si elle s'y plaisait, elle pourrait s'y rendre tous les jours, refermer la porte derrière elle et y jouer toute seule : personne ne saurait où la trouver, croyant la porte fermée et la clé enfouie sous terre. À cette idée, elle rayonnait.

Vivre seule dans une maison aux cent pièces mystérieusement closes, sans aucune distraction, cela lui faisait travailler les méninges et excitait son imagination. À n'en pas douter, l'air frais, pur et vivifiant de la lande n'y était pas pour rien non plus. Il lui avait ouvert l'appétit, elle s'était fortifiée à lutter contre lui, et son âme avait suivi

Le jardin secret

le même chemin. Aux Indes, la chaleur l'affaiblissait à tel point qu'elle ne s'intéressait pour ainsi dire à rien, mais ici, c'était différent. Sans savoir pourquoi, elle se sentait déjà moins « contrariante ».

Elle glissa la clé dans sa poche et reprit sa promenade. Apparemment, personne d'autre ne venait jamais là, aussi pouvait-elle prendre son temps et observer le mur, ou plutôt le lierre qui le recouvrait. Ce lierre était étrange. Mary avait beau le regarder avec minutie, elle ne voyait rien d'autre que d'épaisses feuilles brillantes vert foncé. Quelle déception ! Un peu de sa contrariété lui revint tandis qu'elle suivait le mur et observait la cime des arbres de l'autre côté. Être si proche, se disait-elle, et ne pas pouvoir y entrer, c'est vraiment trop bête. Elle prit la direction de la maison et décida de toujours garder la clé sur elle quand elle sortirait, de sorte à être prête si d'aventure elle trouvait la porte cachée.

Mme Medlock avait autorisé Martha à passer la nuit chez sa mère, mais au matin, la jeune

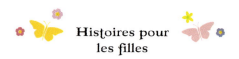

Histoires pour les filles

fille revint travailler, les joues plus rouges que jamais, et de fort bonne humeur.

– Je me suis levée à quatre heures, annonça-t-elle. Qu'elle était belle, notre lande, avec tous les oiseaux qui se réveillaient, et les lapins qui gambadaient et le soleil qui se levait. J'ai pas eu à faire toute la route à pied. Un homme m'a emmenée sur sa charrette, ça m'a bien plu.

Elle rapportait quantité d'anecdotes de son jour de congé. Sa mère avait été heureuse de la revoir, et elles avaient effectué ensemble les tâches ménagères. Elle-même avait préparé pour chacun des enfants un gâteau avec un peu de sucre roux.

– Je les ai servis tout chauds quand les petits sont rentrés de leurs jeux dans la lande. Ça sentait bon la pâtisserie dans la maison, il y avait un bon feu, et les petits étaient fous de joie. Notre Dickon, il a dit qu'un roi se serait senti chez lui chez nous.

Le soir, tous s'étaient assis près du feu, Martha et sa mère reprisaient des vêtements, et Martha leur parla de la petite qui arrivait

Le jardin secret

des Indes, et qui avait toujours été entourée de domestiques, si bien qu'elle ne savait même pas enfiler ses chaussettes toute seule.

– Ça pour sûr, ajouta Martha, ça leur a plu que je leur parle de vous. Ils posaient plein de questions sur les gens que vous connaissiez et le bateau qui vous avait emmenée ici. Et moi j'en savais pas assez.

Mary réfléchit un instant.

– Avant votre prochain jour de congé, je vous raconterai toutes sortes de choses, déclara-t-elle enfin. Ainsi, vous aurez plus à dire. J'imagine qu'ils seront ravis d'entendre parler de promenades à dos d'éléphant et de chameau, ou encore de chasse au tigre.

– Et comment ! s'exclama une Martha ravie. Pour sûr que ça va leur plaire. Ce sera comme cette bête sauvage qu'on a fait venir à York, une fois, paraît-il.

– Les Indes sont bien différentes du Yorkshire, commença Mary, d'une voix lente, comme si elle y méditait. Je n'y avais jamais songé. Dickon et votre mère ont-ils aimé que vous leur parliez de moi ?

– Notre Dickon avait presque les yeux qui lui sortaient de la tête, répondit Martha. Mais ma mère, ça la contrarierait que vous soyez toute seule comme ça. Elle a fait : « Il aurait pas une gouvernante ou une nounou pour elle, monsieur Craven ? » Alors je lui ai dit : « Non. Mais d'après madame Medlock, ça lui viendra dès qu'il y réfléchira. Dans deux ou trois ans peut-être. »

– Je ne veux pas d'une gouvernante, rétorqua Mary.

– Ma mère, elle, elle dit qu'il serait temps que vous appreniez à lire, et qu'il vous faudrait une femme pour s'occuper de vous. Elle m'a dit : « Imagine un peu, Martha, si tu vivais toute seule dans une grande maison comme ça, sans une mère. Fais donc de ton mieux pour l'égayer, cette petite. » Et je lui ai répondu : « D'accord ».

– Et vous y réussissez, affirma Mary. J'aime vous écouter parler.

Martha sortit alors de la pièce puis revint en cachant quelque chose sous son tablier.

– Qu'est-ce que vous en dites ? fit-elle, dans un large sourire. Je vous ai rapporté un cadeau.

– Un cadeau ! s'écria Mary.

Comment une maisonnée de quatorze ventres affamés pouvait-elle offrir à quiconque un cadeau ?

– Il y a ce vendeur ambulant, expliqua Martha, qui s'est arrêté chez nous. Il vendait des pots, des casseroles, des babioles, mais ma mère n'avait pas de quoi rien lui acheter. Au moment où il allait repartir, notre Elizabeth Ellen s'est écriée : « Maman, il

Le jardin secret

a des cordes à sauter avec des poignées rouge et bleue. » Alors ma mère elle fait au vendeur : « Ohé, monsieur ! Combien pour les cordes à sauter ? » et lui : « Deux pence ». Alors ma mère elle farfouille dans sa poche et elle me dit : « Martha, tu m'as apporté ta paye comme une bonne petite, et j'aurais mieux à faire de ces deux pence, mais je vais acheter une corde à sauter pour cette fille. » Et là, elle a acheté une corde. Tenez, la voilà.

Martha sortit la corde à sauter de sous son tablier et la montra fièrement. C'était une corde mince et solide, avec une poignée rouge et bleue à chaque extrémité. De toute sa vie, Mary Lennox n'avait jamais vu de corde à sauter. Elle la regardait, l'air perplexe.

– À quoi cela sert-il ? demanda-t-elle, intriguée.

– À quoi ça sert ? s'exclama Martha. Vous voulez dire qu'aux Indes ils ont des éléphants, des tigres et des chameaux, mais qu'ils connaissent pas les cordes à sauter ? Regardez à quoi ça sert, je vous montre.

Histoires pour les filles

Sur ce, elle s'élança au milieu de la pièce, une poignée de la corde dans chaque main, et se mit à sauter. Mary fit pivoter sa chaise pour mieux l'observer, et les curieux visages des vieux portraits semblaient eux aussi regarder Martha et se demander ce que cette roturière avait l'impudence de faire sous leur nez. Martha, elle, ne les voyait même pas. Elle se délectait de l'intérêt et de la curiosité qu'elle lisait sur la figure de Mary, et continua de sauter en comptant jusqu'à cent.

– Je pourrais continuer encore longtemps, fit-elle en s'arrêtant. À douze ans, j'ai tenu jusqu'à cinq cents, mais j'étais plus mince, et je m'entraînais plus.

Mary se leva de son siège, l'excitation la gagnait.

– Cela m'a l'air plaisant, déclara Mary. Votre mère est une femme bonne. Croyez-vous que je saurai jamais sauter de la sorte ?

– Essayez donc, la pressa Martha en lui tendant la corde à sauter. Vous arriverez pas tout de suite à cent, mais plus vous vous entraînerez plus ça ira. D'après ma mère. Elle dit toujours : « La corde à sauter, rien ne lui fera plus de bien. C'est le meilleur jouet qu'on puisse donner à un petit. Qu'elle y joue au grand air, ça lui fera pousser les bras et les jambes, ça lui fortifiera tout ça. »

À l'évidence, Mary n'avait pas beaucoup de force dans les bras

Le jardin secret

ni dans les jambes lorsqu'elle se mit à sauter à la corde. Elle n'était pas très douée pour cela, mais l'appréciait à tel point qu'elle ne voulut pas s'arrêter.

– Couvrez-vous donc et sortez sauter à la corde dehors, lui fit Martha. Ma mère m'a dit de vous dire de sortir le plus souvent possible, même s'il pleut un peu, en vous couvrant bien.

Mary enfila son manteau, mit son chapeau et prit sa corde à sauter. Ouvrant la porte pour sortir, elle se rappela soudain quelque chose et se retourna lentement.

– Martha, commença-t-elle, c'était vos gages. Vous avez donné vos deux pence. Merci.

Elle prononça ces mots avec raideur car elle n'avait pas pour habitude de remercier quiconque, ni de remarquer ce qu'on faisait pour elle.

– Merci, répéta-t-elle en tendant la main, ne sachant que faire d'autre.

Martha lui serra la main, comme si elle non plus n'était pas habituée à ce genre de manières. Puis elle éclata de rire.

– Filez donc jouer dehors avec votre corde.

En quittant la pièce, Mary se sentait un peu gênée. Ces gens du Yorkshire paraissaient étranges, et Martha restait une énigme

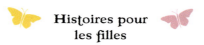

Histoires pour les filles

pour elle. Les premiers temps, elle lui déplaisait au plus haut point, mais plus désormais. Cette corde à sauter était une merveille. Elle comptait en sautant, et sautait en comptant, jusqu'à avoir les joues écarlates, et n'avait jamais été aussi passionnée de toute sa vie. Le soleil brillait, un petit vent soufflait – de ceux qui viennent par délicieuses petites bourrasques et apportent avec eux une senteur de terre fraîchement retournée. Mary sautait à la corde dans le jardin à la fontaine et sur les promenades. Pour finir, elle s'engagea dans le potager, où elle découvrit Ben Weatherstaff occupé à bêcher et à parler à son rouge-gorge qui sautillait près de lui. Elle s'approcha de Weatherstaff en sautant à la corde ; celui-ci leva la tête et regarda la petite fille avec un air étrange. Mary s'était demandé s'il la remarquerait. Elle tenait à ce qu'il la voie sauter à la corde.

– Tiens donc ! s'exclama-t-il. Vous êtes peut-être bien une petite fille, à la fin, avec du sang de petiote dans les veines et pas du babeurre rance. Voilà même que vous avez les joues toutes rouges à force de sauter à la corde, aussi vrai que je m'appelle Ben Weatherstaff. Je vous en aurais pas crue capable.

– C'est la première fois que je joue à cela, expliqua Mary. Je débute. Je n'arrive que jusqu'à vingt.

Le jardin secret

– Surtout, vous arrêtez pas, reprit Ben. Ça peut faire que du bien à une petite qui a grandi aux Indes.

Puis, indiquant d'un geste le rouge-gorge, il ajouta :

– Voyez un peu comment il vous regarde. Hier, il vous a suivie. Aujourd'hui, il va remettre ça. Il finira par comprendre ce qu'est une corde à sauter. C'est la première fois qu'il en voit une.

Alors, s'adressant au rouge-gorge, Ben conclut :

– Ta curiosité te tuera, méfie-toi.

Mary fit le tour des jardins et du verger avec sa corde à sauter ; elle se reposait de temps à autre. Pour finir, elle emprunta son chemin préféré et se mit en tête de voir si elle était capable de le parcourir tout entier en sautant à la corde. Elle s'élança lentement, mais avant d'avoir franchi la moitié du parcours, elle était déjà essoufflée et en nage, si bien qu'elle dut s'arrêter. Elle se consola en se disant qu'elle avait réussi à compter jusqu'à trente. Elle poussa un petit cri de plaisir en s'arrêtant et, à sa grande surprise, aperçut le rouge-gorge perché sur une longue branche de lierre. Il l'avait suivie et l'accueillait en pépiant. En approchant de l'oiseau, Mary sentait quelque chose de lourd battre dans sa poche à chacun de ses sauts et, lorsqu'elle découvrit le rouge-gorge, elle rit de nouveau.

Histoires pour les filles

– Hier, tu m'as montré où se trouvait la clé, lui fit-elle. Aujourd'hui, il faudrait que tu me conduises à la porte, mais je ne pense pas que tu connaisses son emplacement.

C'est alors que le rouge-gorge quitta son perchoir de lierre pour aller se poser sur le mur. Après quoi, il ouvrit son bec et poussa un magnifique trille bien sonore, pour épater la galerie. Il n'est rien de plus adorable au monde qu'un rouge-gorge quand il cherche à épater la galerie – ce qu'ils font tous la plupart du temps.

Mary Lennox avait entendu beaucoup d'histoires de magie, et elle comprit que ce qui se produisit alors était magique. Une bourrasque, plus forte que les précédentes, parcourut la promenade. Elle eut assez de force pour agiter les branches des arbres, et bien plus qu'il n'en fallait pour soulever les branches de lierre accrochées au mur. Mary s'était rapprochée du rouge-gorge lorsque, tout à coup, la bourrasque déplaça quelques branches de lierre que la petite fille s'empressa de saisir car elle avait distingué quelque chose derrière : un bouton tout rond que le lierre recouvrait. Un bouton de porte.

Mary passa les mains sous les feuilles et commença à les secouer. Malgré l'épaisseur de ces branchages, le lierre ne formait

Le jardin
secret

pour l'essentiel qu'un rideau lâche et mouvant, bien qu'une partie des feuilles cache du bois et du fer. Le cœur de Mary se mit à battre très fort, et ses mains à trembler un peu tant elle était ravie et excitée. Le rouge-gorge n'avait de cesse de chanter, de gazouiller et de pencher la tête de côté comme s'il partageait l'excitation de la petite fille. Qu'était-ce donc que ce grand carré de fer qu'elle sentait sous ses mains et sur lequel ses doigts découvrirent un trou ?

C'était la serrure de la porte qui restait fermée depuis dix ans. Mary sortit alors la clé de sa poche et n'eut aucune peine à l'insérer dans la serrure. Elle respira un bon coup et s'assura que personne ne la voyait. À croire que personne ne venait jamais par

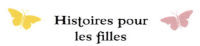

Histoires pour les filles

ici. Mary respira de nouveau à fond, ne pouvant s'en empêcher, puis, retenant d'une main le rideau de lierre, elle tira la porte qui s'ouvrit lentement.

Elle franchit le seuil et referma la porte derrière elle. Le dos contre la porte, elle regardait alentour ; l'excitation, l'émerveillement et la joie la faisaient haleter.

Elle se trouvait à l'intérieur du jardin secret.

Le frelon à perruque

Lewis Carroll

Introduction

On ne découvrit qu'en 1974 l'existence de l'épisode du Frelon à perruque, *qui fut publié pour la première fois en 1977. À l'origine, Lewis Caroll avait eu l'intention de l'inclure à la fin du huitième chapitre de son livre intitulé* De l'autre côté du miroir. *En fait, le texte était déjà prêt à imprimer, mais Carroll suivit le conseil de John Tenniel, le premier illustrateur d'Alice, qui pensait qu'il valait mieux le supprimer. En voici la plus grande partie.*

Le frelon
à perruque

Alice entendit un profond soupir, qui semblait provenir du bois derrière elle.

« Il y a là quelqu'un de très malheureux », se dit-elle soudain inquiète. Cela ressemblait à un très vieil homme (excepté que son visage était décidément celui d'un frelon), assis sur le sol, adossé à un arbre, tout recroquevillé et frissonnant comme s'il avait très froid.

– Oh! Mes vieux os! grommelait-il lorsqu'Alice arriva à sa hauteur.

« Ce sont des rhumatismes, je crois bien », se dit Alice. Elle se pencha sur lui et demanda très aimablement: « J'espère que vous ne souffrez pas trop? »

Le frelon se contenta de hausser les épaules et de détourner la tête en bourdonnant quelque chose comme: « Ah! Dieu du ciel! ».

– Est-ce que je peux faire quelque chose pour vous? poursuivit Alice. Vous n'avez pas froid, ici?

– Et puis quoi encore! dit le Frelon d'un ton grincheux. Ça par exemple! Ah, non mais? A-t-on jamais vu pareille enfant!

– Me laisserez-vous vous aider à aller de l'autre côté? retenta Alice. Vous y serez à l'abri du vent froid.

Le frelon lui prit le bras et la laissa l'aider à faire le tour de l'arbre, mais lorsqu'il fut de nouveau assis, il ne fit que dire de nouveau: « Ah, non mais? Vous ne pouvez donc pas vous mêler de vos affaires? »

Histoires pour les filles

— Aimeriez-vous que je vous lise un peu de ceci? poursuivit Alice en ramassant un journal qui était étalé aux pieds du frelon.

— Lisez-le si ça vous chante, dit le frelon d'un ton boudeur. Personne ne vous en empêche, que je sache.

Alice s'assit donc près de lui, déploya le journal sur ses genoux, et commença à lire: « Dernières nouvelles. Le groupe d'explorateurs a fait une autre expédition dans le Garde-manger. Ils ont trouvé cinq nouveaux morceaux de sucre blanc, grands et en bon état. Au retour, ils ont découvert un lac de mélasse. Les rives de ce lac, bleues et blanches, ressemblent à de la porcelaine. En goûtant la mélasse, un bien triste accident est survenu: deux des membres de l'expédition ont été engloufis… »

— Restons-en là! dit le frelon en détournant la tête d'un air irrité. C'est cette satanée perruque, reprit-il d'un ton beaucoup plus obligeant.

— Cette satanée perruque? répéta Alice, très contente de voir qu'il était de meilleure humeur.

— Vous aussi, vous seriez contrariée, si vous aviez une perruque comme la mienne, poursuivit le frelon. Ils font rien que me moquer et m'asticoter. Alors, je me fâche un coup. Puis j'ai froid. Alors je m'en vais sous un arbre. Et je me prends un mouchoir jaune. Et je me l'enroule sur la figure, et voilà.

Le frelon à perruque

Alice le regarda avec pitié. « S'envelopper la tête, c'est très bon pour le mal de dents », dit-elle.

– Et c'est très bon pour la vanité, ajouta le frelon.

Alice ne saisit pas exactement le mot. « Est-ce que c'est une sorte de mal de dents ? » demanda-t-elle.

Le frelon réfléchit un instant. « Eh bien, non », dit-il, « c'est quand on tient la tête droite – comme ça – et que ça fait tout de même un cou tordu. »

– Ah, vous voulez dire quand on a le cou tordu, dit Alice. C'est un torticolis.

– C'est récent, ce nom-là, dit le frelon. De mon temps, on disait vanité.

– La vanité n'est pas du tout une maladie, remarqua Alice.

– Bien sûr que si, dit le frelon. Attendez un peu de l'attraper. Et quand vous l'aurez, essayez un peu de vous nouer un mouchoir jaune autour de la figure. Ça vous guérira en un rien de temps !

Tout en parlant, il avait détaché son mouchoir et Alice, très surprise, vit qu'il portait une perruque. Elle était jaune vif comme le mouchoir, toute enchevêtrée et emmêlée, comme des algues.

Histoires pour les filles

« Vous pourriez rendre votre perruque beaucoup plus coquette, dit-elle, si seulement vous aviez un peigne. J'en connais un rayon… »

– Quoi! Vous êtes une abeille, c'est ça? dit le frelon en la regardant soudain avec intérêt. Et vous avez un rayon. Y a beaucoup de miel?

– Ce n'est pas de cette sorte de rayon dont je parle, se hâta d'expliquer Alice. Je veux dire que je connais bien les peignes et les cheveux… et votre perruque est en très mauvais état, vous savez.

– Je vais vous dire comment j'en suis venu à la porter, dit le frelon. Quand j'étais jeune, mes bouclettes ondulaient…

– Cela vous dérangerait de le dire en vers? demanda Alice.

– J'suis plus ce que j'étais, dit le Frelon, mais je vais essayer. Attendez un peu.

Il se tut quelques instants, puis reprit:

> *Quand j'étais jeune, ondulaient mes bouclettes*
> *Et frisaient finement, sur ma tête.*
> *On me dit alors: il faut les raser,*
> *Et une perruque jaune porter.*

Le frelon à perruque

Or je suivis leur conseil
Et quand ils en virent l'effet,
Ils dirent qu'il n'y avait pas merveille
Comme ils l'avaient escompté.

Que non, ça ne m'allait pas et
Me rendait plus qu'ordinaire.
Mais que faire alors, s'il vous plaît ?
Repousser, mes boucles ne le pouvaient guère.

Ainsi, aujourd'hui devenu vieux et gris
Et mes cheveux partis, tous, ou quasi,
Ils m'ôtent ma perruque et disent
Pourquoi porter pareille sottise ?

Dès l'instant où j'apparais,
Ils me couvrent de quolibets,
Oui, ma chère, voilà ce qu'il font à un homme
Parce qu'il porte une perruque jaune.

Histoires pour les filles

— Je suis vraiment désolée pour vous, dit Alice avec chaleur, et je crois que si votre perruque était un peu mieux mise, ils ne vous tourmenteraient pas autant.

— La vôtre est très bien mise, murmura le frelon en la regardant avec admiration. C'est la forme de votre tête qui veut ça. Sauf que c'est la forme de vos mâchoires qui va pas… dites-moi, est-ce que vous mordez comme y faut ?

Alice réussit à dire d'un ton grave : « Je peux mordre tout ce que je veux. »

— Eh bien, c'est parce que vos mâchoires sont trop courtes, poursuivit le frelon. Mais le sommet de votre tête est joliment arrondi. Et puis, vos yeux… ils sont trop sur le devant, y'a pas de doute. Un seul vous aurait suffi, si c'est pour les avoir aussi si rapprochés.

Alice n'aimait pas qu'on fasse autant de remarques personnelles à son sujet, et comme le frelon avait tout à fait recouvré ses esprits et devenait très bavard, elle se dit qu'il ne risquait plus rien et qu'elle pouvait le laisser.

« Je pense qu'il est temps pour moi de partir, maintenant, dit-elle. Au revoir. »

— Au revoir et merci, dit le frelon, et Alice fut très contente d'avoir pu réconforter la pauvre et vieille créature.

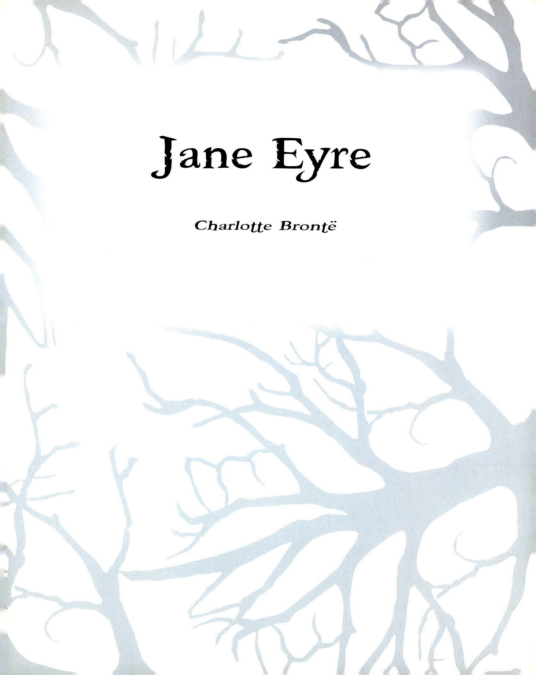

Jane Eyre

Charlotte Brontë

Introduction

La première publication de Jane Eyre, *par Charlotte Brontë (1816-1855) date de 1847. Jane Eyre, une jeune orpheline sans le sou, est recueillie par sa tante, Mme Reed, une femme sévère et antipathique.*
Après une vie de misère, interrompue par de rares moments de bonheur, Jane trouvera enfin la paix et la sérénité dans le dernier chapitre de ce livre magnifique.

Jane Eyre

Eliza, John et Georgiana étaient maintenant groupés autour de leur maman, dans le salon. Elle était étendue sur un canapé, ayant autour d'elle ses enfants chéris et elle semblait parfaitement heureuse. Quant à moi, elle m'avait dispensée de me joindre au groupe, disant qu'elle regrettait d'avoir à me tenir à distance, et que, jusqu'à ce que Bessie l'informe, et qu'elle puisse découvrir par elle-même que j'essayais sincèrement d'acquérir une attitude plus sociable et plus digne d'une enfant, des manières plus attrayantes et plus enjouées, quelque chose de plus léger, de plus franc, de plus naturel, en somme, elle devait absolument me refuser les privilèges accordés aux seuls petits enfants satisfaits et heureux.

– De quoi m'accuse Bessie ? demandai-je.

Jane, je n'aime pas la chicane et les questions ; de plus, il y a quelque chose de vraiment rebutant chez l'enfant qui reprend ses aînés de cette manière. Asseyez-vous quelque part, et, jusqu'à ce que vous soyez capable de parler agréablement, taisez-vous.

Une petite salle à manger faisait suite au salon. Je m'y glissai. Elle renfermait une bibliothèque. Je m'emparai bientôt d'un volume, ayant soin qu'il soit rempli de gravures. Je montai sur la banquette, dans l'embrasure de la fenêtre : recroquevillant mes pieds, je m'assis, les jambes croisées à la turque, et, ayant presque entièrement tiré le rideau de damas rouge, j'étais enfermée dans une double retraite. (…)

À intervalles, tout en tournant les pages de mon livre, j'observais les différents aspects de cette après-midi d'hiver. Au loin, elle offrait un espace pâle de brouillard et de nuage ; plus près, c'était une pelouse humide et un bosquet battu par la tempête ; une pluie incessante fuyait furieusement devant un vent lamentable.

Je revins à mon livre. (…) Avec Bewick sur mes genoux, j'étais alors heureuse : heureuse du moins à ma façon. Je ne craignais que d'être interrompue, et cela ne vint que trop vite. La porte de la salle à manger s'ouvrit.

– Bah ! madame Bonnet de Nuit ! s'écria la voix de John Reed ; puis il s'arrêta, il trouvait la pièce apparemment vide.

— Où diable est-elle ? continua-t-il. Lizzy ! Georgy ! Jane n'est pas ici. Dites à maman qu'elle s'est enfuie sous la pluie comme un méchant animal !

— Heureusement que j'ai tiré le rideau, pensai-je ; et je souhaitais ardemment qu'il ne découvrît pas ma cachette. Il ne l'aurait d'ailleurs pas découverte tout seul ; il n'était rapide ni de vue, ni de conception, mais, à ce moment même, Eliza passa la tête à la porte et dit aussitôt :

— Elle est sur la banquette de la fenêtre, certainement, Jack.

Je sortis immédiatement, car je tremblais à l'idée d'être tirée de force par ledit Jack.

— Que voulez-vous ? demandai-je, avec une défiance maladroite.

— Dites : Que voulez-vous, monsieur Reed ? répondit-il. Je veux que vous veniez ici ; et, s'asseyant dans un fauteuil, d'un geste, il m'intima l'ordre d'approcher et de me tenir devant lui.

Histoires pour les filles

John Reed était un écolier de quatorze ans, de quatre ans mon aîné, car je n'avais que dix ans. Il était grand et fort pour son âge, avec une peau terne et malsaine. Il avait les traits épais dans un large visage, des membres lourds et des extrémités fortes. D'habitude, il se gorgeait à table, ce qui le rendait bilieux, lui donnait l'œil trouble et chassieux, et des joues flasques. Il aurait dû maintenant être à l'école, mais sa mère l'avait ramené à la maison pour un ou deux mois « à cause de sa santé délicate ». M. Miles, son maître, affirmait qu'il réussirait très bien si on lui envoyait, de chez lui, moins de gâteaux et de bonbons ; mais la mère, dans son cœur, se refusa à admettre une opinion aussi dure et inclina plutôt vers l'idée plus subtile que le teint jaunâtre de John était dû à trop d'application et, peut-être, à ce qu'il pleurait de ne pas être chez lui.

John n'avait pas beaucoup d'affection pour sa mère et ses sœurs, et avait de l'antipathie pour moi. Il me tyrannisait et me punissait, pas deux ou trois fois par semaine, ni une ou deux fois par jour, mais continuellement ; je le craignais de tous mes nerfs, et chaque morceau de ma chair se contractait quand il approchait. Par moments, j'étais effarée par la terreur qu'il m'inspirait, car je n'avais aucun recours contre ses menaces et ses châtiments ; les domestiques n'aimaient pas offenser leur jeune maître en prenant mon parti contre lui, et Mme Reed était aveugle et sourde à ce sujet ; elle ne le voyait jamais me battre et ne l'entendait jamais m'injurier, bien que, de temps en temps, il fît l'un et l'autre en sa présence, mais plus souvent, cependant, derrière son dos.

Obéissant habituellement à John, je vins vers son fauteuil ; il passa trois minutes environ à me tirer la langue aussi longue qu'il pût le faire sans dommage pour celle-ci ; je savais qu'il me battrait bientôt, et alors que j'appréhendais le choc, je méditais sur l'aspect répugnant et laid de celui qui, bientôt, l'assénerait. Je me demande s'il lut cela sur mon visage car, tout d'un coup, sans parler, il frappa soudain et fort. Je titubai, et, en reprenant mon équilibre, je reculai d'un pas ou deux.

– C'est pour l'impudence avec laquelle vous avez répondu à maman tout l'heure, dit-il, et pour votre façon sournoise de vous mettre derrière les rideaux, et pour le regard que j'ai vu dans vos yeux, il y a deux minutes, espèce de rat !

Habituée aux injures de John, je n'eus jamais l'idée d'y répondre, portant toute mon attention sur la façon dont j'endurerais le coup qui suivrait certainement l'insulte.

– Que faisiez-vous derrière le rideau ? demanda-t-il.

– Je lisais.

Histoires pour les filles

– Montrez le livre.

Je retournai à la fenêtre et l'apportai.

– Vous n'avez pas à prendre nos livres, vous n'êtes pas notre égale, dit maman, vous n'avez pas d'argent, votre père ne vous en a pas laissé ; vous devriez mendier et non vivre ici avec des enfants de « gentleman » comme nous, et manger les mêmes repas que nous et porter des vêtements aux frais de maman. Maintenant, je vais vous apprendre à fouiller dans ma bibliothèque, car elle est à moi ; toute la maison m'appartient, ou m'appartiendra dans quelques années. Allez vous tenir près de la porte, loin de la glace et des fenêtres.

Je lui obéis, ne me rendant pas compte, tout d'abord, de son intention ; mais quand je le vis lever et balancer le livre, prêt à le lancer, je me jetai instinctivement de côté en poussant un cri de détresse ; pas assez vite cependant, le volume fut lancé, il m'atteignit, et je tombai, heurtant la tête contre la porte et me coupant.

La coupure saigna, la douleur était aiguë, ma terreur avait dépassé son point culminant, d'autres sentiments suivirent.

– Méchant et cruel garçon ! dis-je. Vous ressemblez à un meurtrier, à un surveillant d'esclaves, aux empereurs romains ! (…)

Jane Eyre

– Quoi ! Quoi ! s'écria-t-il. Est-ce à moi que vous dites cela ? L'avez-vous entendue, Eliza et Georgiana ? Ne le dirai-je pas à maman ? Mais d'abord…

Il courut vers moi, tête baissée ; je sentis qu'il me saisissait par les cheveux et par l'épaule, et c'est un pauvre être désespéré qu'il étreignait. Je voyais vraiment en lui un tyran, un meurtrier.

Je sentis une ou deux gouttes de sang couler de ma tête dans mon cou, et j'avais la sensation d'une douleur cuisante : pour le moment, ces sensations dominaient ma peur, et je ripostai d'une manière frénétique. Je ne sais pas très bien ce que je fis de mes mains, mais il m'appela « espèce de rat ! espèce de rat ! » et brailla à pleine voix. L'aide était proche. Georgiana et Eliza avaient couru chercher Mme Reed qui était en haut ; elle vint alors sur les lieux, suivie de Bessie et de la femme de chambre, Abbot. On nous sépara, j'entendis les mots :

– Mon Dieu ! Mon Dieu ! Se jeter ainsi sur monsieur John ! Quelle furie ! A-t-on jamais vu le spectacle d'un tel emportement !

Puis Mme Reed ajouta :

Histoires pour les filles

— Emmenez-la dans sa chambre et enfermez-la.

Quatre mains m'empoignèrent immédiatement et je fus transportée en haut.

Je résistai pendant tout le parcours, chose nouvelle chez moi, et circonstance qui renforça largement la mauvaise opinion que Bessie et Mlle Abbot étaient disposées à avoir à mon égard. De fait, j'étais quelque peu hors de moi, comme diraient les Français ; je me rendais compte qu'un moment de mutinerie m'exposait déjà à d'étranges sanctions, et comme toute autre esclave rebelle, je me sentais résolue, dans mon désespoir, à aller jusqu'au bout.

— Tenez ses bras, mademoiselle Abbot, elle est comme un chat.

— Quelle honte ! Quelle honte ! s'écria la femme de chambre. Quelle conduite choquante mademoiselle Eyre ! frapper un jeune monsieur, le fils de votre bienfaitrice ! Votre jeune maître !

— Maître ! Comment est-il mon maître ? Suis-je une domestique ?

— Non, vous êtes moins qu'une domestique, parce que vous ne faites rien pour votre entretien. (…)

Elles m'avaient alors menée à l'appartement indiqué par Mme Reed, et m'avaient jetée sur un tabouret. Ma première impulsion fut de me dresser comme un ressort ; leurs deux paires de mains m'arrêtèrent immédiatement.

— Si vous ne vous asseyez pas tranquillement, on devra vous attacher, dit Bessie. Mademoiselle Abbot, prêtez-moi vos jarretières, elle déchirerait les miennes.

Mlle Abbot se tourna pour dépouiller sa grosse jambe de la ligature nécessaire. La préparation de ces liens, et la nouvelle ignominie que cela comportait me calmèrent un peu.

— Ne les enlevez pas, m'écriai-je, je ne bougerai pas.

Comme garantie, je m'attachai à mon siège par les mains.

— Attention! dit Bessie.

Et quand elle se fut assurée que je me calmais vraiment, elle relâcha sa prise, puis elle et Mlle Abbot se tinrent les bras croisés, regardant mon visage sombrement et dubitativement, comme incrédules quant à ma raison.

— Elle n'a encore jamais fait cela, dit enfin Bessie, se tournant vers la soubrette.

— Mais cela a toujours été en elle, fut la réponse. J'ai souvent donné à Madame mon opinion sur l'enfant, et Madame était de mon avis. C'est une enfant hypocrite. Je n'ai jamais vu une enfant de son âge si cachottière.

Bessie ne répondit pas, mais bientôt, s'adressant à moi, elle dit:

— Vous devriez vous rendre compte, Mademoiselle, que vous avez

Histoires pour les filles

des obligations vis-à-vis de Mme Reed : elle vous entretient ; si elle vous mettait à la porte, vous iriez à l'hospice.

Je n'avais rien à dire à ces mots. Ils n'étaient pas nouveaux pour moi ; les tout premiers souvenirs de mon existence étaient liés à des allusions du même genre. Le reproche que l'on me faisait de ma dépendance était devenu, à mon oreille, un vague chant monotone, très pénible et accablant, mais à demi intelligible seulement. Mlle Abbot ajouta :

– Et vous ne devez pas penser que vous êtes l'égale des demoiselles Reed et de M. Reed parce que Madame vous permet, par bonté, d'être élevée avec eux. Ils auront beaucoup d'argent et vous n'aurez rien. Vous devez être humble et essayer de vous rendre agréable envers eux.

– Ce que nous disons, c'est pour votre bien, ajouta Bessie, d'une voix adoucie. Vous devriez essayer d'être utile et agréable, puis, peut-être, vous trouverez ici un foyer ; mais si vous devenez impétueuse et grossière, Madame vous renverra, j'en suis sûre.

– De plus, dit Mlle Abbot, Dieu la punira : il pourrait la faire mourir au moment de ses colères, et alors, où irait-elle ? Venez Bessie, nous allons la laisser ; je ne voudrais pour rien au monde avoir son cœur. Dites vos prières, mademoiselle Eyre, quand vous serez seule,

Jane Eyre

car si vous ne vous repentez pas, quelque mauvais esprit pourrait descendre par la cheminée et vous emporter.

Elles s'en allèrent, fermant la porte à clé derrière elles.

La chambre rouge était une chambre de réserve dans laquelle on dormait rarement, je pourrais même dire jamais, si ce n'est quand, par hasard, un flot de visiteurs à Gateshead Hall rendait nécessaire de tenir compte de toute la commodité qu'elle représentait ; c'était cependant une des chambres les plus grandes et les plus spacieuses de la demeure. (…)

La pièce était glaciale, car on y faisait rarement du feu ; elle était silencieuse, parce que éloignée de la nursery et des cuisines ; solennelle, parce que tous savaient qu'on y entrait rarement. Seule, la femme de ménage y venait les samedis pour essuyer sur les glaces et les meubles la poussière accumulée calmement pendant la semaine, et Mme Reed elle-même, à de lointains intervalles, la visitait pour revoir le contenu d'un certain tiroir secret de l'armoire, où étaient gardés divers parchemins, son coffret à bijoux et une miniature de son mari décédé, et ces derniers mots renferment le secret de la chambre rouge, le sort qui la laissait si solitaire malgré sa beauté.

M. Reed était mort depuis neuf ans ; ce fut dans cette chambre qu'il rendit son dernier soupir ; ici, il fut exposé sur un lit de parade ;

Histoires pour les filles

d'ici, son cercueil fut emporté par les hommes des pompes funèbres ; et depuis ce jour, une impression de consécration lugubre l'avait gardée de fréquentes intrusions.

Mon siège, auquel Bessie et l'amère Mlle Abbot m'avaient laissée rivée, était un divan bas près du marbre de la cheminée ; le lit s'élevait devant moi. À ma droite se trouvait l'armoire, haute et sombre, aux reflets adoucis, brisés changeant le lustre de ses panneaux ; à ma gauche, étaient les fenêtres voilées. Une grande glace, entre elles, réfléchissait la majesté sans vie du lit et de la chambre. Je n'étais pas sûre qu'elles aient fermé la porte à clé et quand j'osai bouger, je me levai et allai voir. Hélas ! oui, aucune prison ne fut jamais plus sûre. En revenant, je dus traverser devant la glace ; mon regard fasciné explora involontairement les profondeurs qu'elle révélait. Tout, dans cet asile imaginaire, semblait plus froid et plus sombre qu'en réalité, et l'étrange petit corps qui me regardait, le visage pâle et les bras faisant tache dans l'obscurité, les yeux brillant de peur et bougeant alors que tout était immobile, faisait l'effet d'un véritable esprit. Je trouvais qu'il ressemblait à un minuscule fantôme, moitié fée, moitié lutin, comme dans les contes racontés le soir par Bessie, qui les représentait sortant de vallons solitaires et couverts de fougères, dans les landes, et apparaissant aux voyageurs attardés. Je retournai à mon tabouret.

La superstition m'entourait alors ; mais ce n'était pas encore son heure de victoire absolue ; mon sang était encore chaud, mon humeur d'esclave révoltée me tenait encore dans toute sa vigueur ; je dus refouler un flot rapide de pensées rétrospectives avant de me soumettre au sombre présent.

Toutes les violentes tyrannies de John Reed, toute la fière indifférence de ses sœurs, toute l'aversion de sa mère, toute la partialité des domestiques remontaient dans mon esprit agité, comme la vase d'un puits bourbeux. Pourquoi souffrais-je toujours, pourquoi étais-je toujours traitée avec dédain, toujours accusée, condamnée à tout jamais ? Pourquoi ne pouvais-je jamais faire plaisir ? Pourquoi était-il inutile d'essayer de gagner la faveur de qui que ce soit ? Eliza, entêtée et égoïste, était respectée. Georgiana, enfant gâtée, rancunière, dont le maintien était insolent, rencontrait l'indulgence de tous. Sa beauté, ses joues roses et ses boucles dorées semblaient rendre heureux tous ceux qui la regardaient et acquérir une indemnité pour chacune de ses fautes. John, personne ne le contrecarrait, et encore moins ne le punissait, bien qu'il tordit le cou des pigeons, tuât les petits poussins, lançât les chiens après les moutons, dépouillât les vignes de serre de leurs fruits et arrachât les boutons des plantes les plus précieuses ; il appelait également sa mère « vieille fille », quelquefois il l'insultait au sujet de sa peau sombre, comme la sienne, se moquait avec brusquerie de ses désirs, déchirait assez fréquemment et abîmait ses vêtements de soie : il était encore « son chéri ». Je n'osais commettre aucune faute, j'essayais de remplir tous mes devoirs, et on me traitait de méchante et d'ennuyeuse, de maussade et de sournoise, du matin à midi, et de midi à la nuit.

Ma tête était encore douloureuse et saignait à la suite du coup et de la chute ; personne n'avait réprimandé John pour m'avoir frappée par caprice, et parce que je m'étais retournée contre lui pour éviter d'autres violences déraisonnables, j'étais chargée de l'opprobre général.

Injuste! Injuste! disait ma raison, devenue par l'intermédiaire de ce stimulant douloureux, une puissance précoce bien que passagère, et l'esprit de résolution, également perceptible, me poussa à imaginer quelque étrange expédient pour échapper à une oppression insupportable, tel que me sauver, ou si cela ne pouvait être réalisé, ne plus jamais manger ni boire et me laisser mourir.

Quelle âme consternée était la mienne en cette triste après-midi! (…) Je ne pouvais répondre à la question intérieure incessante : Pourquoi souffrais-je ainsi? Maintenant, à une distance de… je ne dirai pas combien d'années, je comprends clairement.

J'étais une note discordante à Gateshead Hall. Je ne ressemblais à personne. Je n'avais rien en harmonie avec Mme Reed ou ses enfants et ses domestiques. S'ils ne m'aimaient pas, je ne les aimais pas davantage. Ils n'avaient pas à regarder avec affection un être qui ne pouvait sympathiser avec aucun d'eux, un être hétérogène, opposé à eux par son tempérament, ses capacités, ses tendances; un être inutile, incapable de servir leurs intérêts ou d'ajouter à leurs plaisirs; un être nocif, chérissant les germes de l'indignation due à leurs traitements, du mépris de leur jugement. Je sais que si j'avais été une enfant pleine de vie, brillante, insouciante, exigeante, belle, bruyante, bien que dépendante et sans amis, Mme Reed aurait enduré ma présence avec plus de complaisance ; ses enfants auraient eu à mon égard plus de cordialité, de camaraderie ; les domestiques auraient été moins enclins à faire de moi le bouc émissaire de la nursery.

La lumière commençait à quitter la chambre ; il était plus de quatre heures et l'après-midi nuageuse se changeait en un sombre crépuscule. J'entendis la pluie frapper continuellement contre la fenêtre de l'escalier, et le vent hurler dans le bosquet derrière l'entrée ; je devins peu à peu froide comme une pierre, puis mon courage sombra. Mon humeur habituelle d'enfant humiliée, craintive, délaissée, tomba comme une pluie sur les cendres de ma colère qui s'éteignait. Tous disaient que j'étais méchante ; c'était peut-être vrai ; C'était certainement un crime, et étais-je digne de mourir ? Ou bien la voûte du sanctuaire de Gateshead Hall m'invitait-elle ? C'est sous cette voûte, m'avait-on dit, que M. Reed était enterré ; et amenée par cette pensée à le rappeler à ma mémoire, j'y songeai davantage et ma terreur s'amplifiait. Je ne pouvais me souvenir de lui, mais je savais qu'il était mon oncle, le frère de ma mère, qu'il m'avait amenée chez lui alors que j'étais un bébé orphelin, et qu'à ces derniers moments, il avait demandé à Mme Reed de lui promettre qu'elle m'élèverait

Jane Eyre

et m'éduquerait comme l'un de ses enfants. Mme Reed pensait peut-être avoir tenu sa promesse, ce qu'elle avait fait, probablement, autant que sa nature pouvait le lui permettre ; mais comment aurait-elle pu vraiment aimer une intruse qui n'était pas de sa race, et qui, après la mort de son mari, n'avait aucun lien avec elle ? Cela devait être extrêmement fastidieux de se trouver obligée par un serment durement imposé, de remplir le rôle de parent envers une enfant inconnue qu'elle ne pouvait aimer, et de voir une étrangère antipathique s'imposer constamment à sa propre famille.

Une idée singulière se fit jour en moi. Je ne doutais pas, je n'ai jamais douté que si M. Reed avait vécu, il ne m'eût traitée avec bonté, et maintenant, assise à regarder le lit blanc et les murs assombris, jetant de temps en temps un regard fasciné vers la glace qui brillait faiblement, je me mis à me rappeler ce que j'avais entendu raconter sur les morts, troublés dans leurs tombes par la violation de leurs derniers désirs, revenant sur terre pour punir le parjure et venger les opprimés ; et je pensai que l'esprit de M. Reed, harassé par les tourments qu'endurait l'enfant de sa sœur, pourrait quitter son séjour soit sous la voûte de l'église ou dans le monde inconnu des trépassés, et se dresser devant moi dans cette chambre. J'essuyai mes larmes et retins mes sanglots, craignant qu'un signe de violent chagrin n'éveillât une voix surnaturelle qui me consolerait ou ne fît surgir de l'obscurité un visage auréolé et penché sur moi avec une étrange pitié. Je sentais que cette idée, consolante en théorie, serait terrible si elle se réalisait. De toutes mes forces, j'essayais de la réprimer, je fis des efforts pour être calme. Chassant mes cheveux de mes yeux, je levai la tête et essayai de regarder courageusement autour de la pièce sombre. À ce moment, une lumière brilla sur le mur. Était-ce, me demandai-je, un rayon de lune qui pénétrait par une fente du rideau ? Non, la lune était immobile, et ceci bougeait. Pendant que je regardais, elle glissa en montant vers le plafond et trembla au-dessus de ma tête. C'était vraisemblablement une lumière terne que quelqu'un portait pour traverser la pelouse, mais au moment où cela se produisit, dans mon état d'esprit disposé à l'horreur, les nerfs secoués, je pensai que ce rayon, qui passait rapidement, m'annonçait quelque apparition d'un autre monde. Mon cœur battait, ma tête était brûlante, un son, que je croyais reconnaître pour un bruissement d'ailes, remplit mes oreilles ;

quelque chose semblait être près de moi, j'étais oppressée, j'étouffais, mon endurance se brisa. Je me précipitai sur la porte et secouai la serrure dans un effort désespéré. Des pas coururent dans le couloir, la clé tourna, Bessie et Abbot entrèrent.

– Mademoiselle Eyre, êtes-vous malade ? dit Bessie

– Quel bruit épouvantable ! j'en ai été traversée, s'exclama Abbot.

– Sortez-moi d'ici ! Laissez-moi aller dans la nursery ! m'écriai-je.

– Pourquoi ? Vous êtes-vous fait mal ? Avez-vous vu quelque chose ? demanda encore Bessie.

– Oh ! j'ai vu une lumière, et j'ai crû qu'un fantôme allait venir. J'avais, alors, pris la main de Bessie et elle ne la retira pas.

– Elle a crié exprès, déclara Abbot, quelque peu dégoûtée. Et quel cri ! Si elle avait eu une grande douleur, on aurait pu l'excuser, mais elle a seulement voulu nous amener tous ici. Je connais ses méchants tours.

– Qu'est-ce que tout ceci ? demanda une autre voix péremptoirement, et Mme Reed arriva le long du corridor, son bonnet volant au vent, sa robe bruissant violemment. Abbot et Bessie ! je crois vous avoir donné l'ordre de laisser Jane Eyre dans la chambre jusqu'à ce que je vienne moi-même vers elle.

– Mademoiselle Jane a crié si fort, Madame ! plaida Bessie.

Histoires pour les filles

— Lâchez-la, répondit-elle seulement. Lâchez la main de Bessie, enfant. Vous ne réussirez pas à sortir par de tels moyens, soyez-en sûre. Je déteste l'artifice, surtout chez les enfants. Il est de mon devoir de vous montrer que la supercherie ne prend pas. Vous allez rester maintenant ici, une heure encore, et je ne vous libérerai qu'à la condition que vous soyez parfaitement soumise.

— Oh ! tante, ayez pitié ! Pardonnez-moi ! Je ne peux pas l'endurer, punissez-moi autrement ! Je mourrai si…

— Silence ! Cette violence est absolument répugnante.

Et c'est, sans aucun doute, ce qu'elle ressentait. À ses yeux, j'étais une actrice précoce. Elle me considérait comme un composé de passion virulente, d'esprit mesquin et de dangereuse duplicité.

Bessie et Abbot s'étant retirées, Mme Reed me rejeta brusquement en arrière et m'enferma à clé, sans autre parole. Je l'entendis s'en aller et, peu après son départ, je pense avoir eu une sorte de crise ; la scène se perdit pour moi dans l'inconscience.

Les enfants de la forêt nouvelle

Captain Marryat

Introduction

Les enfants de la forêt nouvelle, *publié en 1847, fut le dernier livre qu'écrivit le capitaine Frederick Marryat (1792-1848). Edward, Humphrey, Alice et Edith se retrouvent orphelins dans leur maison familiale au cœur de la forêt nouvelle. Un forestier, Jacob Armitage, les a recueillis et les fait passer pour ses petits-enfants. Dans cet extrait, Edward sauve un jeune garçon après que des voleurs se soient introduits dans sa maison.*

Les enfants de la
forêt nouvelle

Edward ôta le couvre-lit et l'emporta dans la pièce voisine, où il tira doucement le corps dans un coin pour le recouvrir. Puis il examina les placards. Dans l'un d'eux, il trouva quantité de livres, dans l'autre du linge de toutes sortes, deux belles armures complètes comme on en portait en ce temps-là, des pistolets, des fusils, et des munitions. Sur le sol de l'un des placards il y avait un coffre en fer, fermé à clé, d'environ soixante-dix par quarante-cinq centimètres. Edward en conclut que ce coffre contenait l'argent du malheureux – mais où était la clé ? Sur lui, sans doute. Cela lui déplaisait d'aller ennuyer le pauvre garçon avec une telle question, alors il retourna près du cadavre et fouilla les poches de ses vêtements. Il y trouva un trousseau de clés, dont l'une semblait correspondre à la serrure du coffre de fer. Il l'essaya aussitôt. Elle y rentrait. Satisfait, il se contenta de tirer le coffre jusqu'au centre de la pièce. Il y avait beaucoup de choses de valeur ici – comme les bougeoirs et les gobelets en argent. Edward rassembla tous ces objets, y ajouta une horloge et les mit dans l'un des deux grands paniers disposés dans le fond de la chambre, qui devaient servir à porter des bûches pour le feu. Tout ce qu'il pensait être utile, ou avoir de la valeur, il le prit pour le pauvre orphelin. Il passa ensuite dans une autre petite pièce, où il trouva des petites malles et des

Histoires pour les filles

valises fermées à clé. Il les porta dans la chambre sans les ouvrir, supposant qu'elles devaient contenir des choses de prix, sinon, on ne les aurait pas fermées à clé. Lorsqu'il eut terminé, il y avait déjà plus de choses que ce que la charrette pouvait transporter en un seul voyage ; or il voulait emporter de la literie car il n'y avait pas de lit pour le jeune garçon au cottage. Edward décida d'emporter le soir même les objets les plus précieux, et de retourner chercher le reste avec la charrette tôt le lendemain matin. Il était midi passé, à présent. Edward sortit toutes les victuailles qu'il y avait dans le buffet, puis se rendit dans la chambre où se trouvait le garçon et le supplia de manger quelque chose ; il réussit à lui faire avaler un peu de pain et boire un verre de vin. Le pauvre enfant frissonna en voyant le corps recouvert dans le coin de la pièce, mais il ne dit rien. Edward essayait de le faire manger encore un peu lorsque Pablo apparut dans l'encadrement de la porte. « Avez-vous mis tout ce que vous vouliez emporter dans la chambre à coucher ? » demanda Edward.

– Oui, répondit l'orphelin.

– Alors nous allons sortir tout ça. Viens nous aider, Pablo !

Pablo fit des signes et désigna la porte. Edward sortit.

Les enfants de la forêt nouvelle

— D'abord, enlever cadavre, dit Pablo.

— Oui, reconnut Edward. Il faut le faire en effet.

Ils tirèrent tous deux le corps du voleur près de la porte et jetèrent un peu de fougères séchées par-dessus. Puis ils reculèrent la charrette vers la porte. Ils chargèrent d'abord le coffre de fer, puis tous les objets lourds, comme l'armure, les fusils et les livres, et déjà la charrette était déjà plus qu'à moitié pleine. Edward entra dans la chambre, en rapporta les paquets que le garçon avait faits et les entassa dans la charrette. Ils apportèrent ensuite des couvertures et les étendirent sur l'ensemble pour consolider le chargement. Puis Edward dit au garçon que tout était prêt et qu'ils feraient mieux d'y aller.

— Très bien, répliqua-t-il, les yeux pleins de larmes. Mais laissez-moi le voir encore une fois.

— Venez, dit Edward en le conduisant jusqu'au cadavre.

Il découvrit le visage du mort et le garçon s'agenouilla pour embrasser le front et les lèvres froides. Ensuite il remit le couvre-lit en place, se leva et pleura amèrement sur l'épaule d'Edward. Ce dernier ne fit rien pour le consoler car il pensait que cela valait mieux, mais au bout d'un moment, il le conduisit tout doucement au dehors.

Histoires pour
les filles

— Il faut y aller maintenant, dit Edward, sinon nous serons en retard. Mes pauvres petites sœurs ont été très inquiètes de ne pas me voir rentrer hier soir, et j'ai hâte de les voir.

— Oui, je comprends, répliqua le garçon en essuyant ses larmes, je suis très égoïste.

— Pas de place pour charrette traverser bois, dit Pablo. Travail dur quand charrette vide – plus dur quand charrette pleine.

Et c'est ce qui se passa, en effet. Il fallut les efforts conjugués de Billy, d'Edward et de Pablo pour frayer un passage à la charrette sur l'étroit sentier, mais enfin ils y parvinrent, et ensuite ils allèrent à vive allure car en moins de deux heures le cottage fut en vue. À deux cents mètres de la maison, Edith sortit en courant, se jeta dans les bras d'Edward et le couvrit de baisers.

— Vilain Edward, qui nous a fait si peur !

— Regarde, Edith, je t'ai amené un gentil petit camarade. Dis-lui bonjour, ma chérie.

Edith tendit la main en dévisageant le garçonnet.

— Il est mignon, Edward, bien plus beau que Pablo.

— Non, miss Edith, dit Pablo. Pablo plus fort que lui.

— Oui, peut-être, Pablo, mais tu n'es pas mignon.

— Où est Alice ?

— Elle s'occupe du dîner. Je ne lui ai pas dit que je t'avais vu arriver parce que je voulais t'embrasser d'abord.

— Espèce de petite jalouse ! Mais la voici… Chère Alice, tu t'es inquiétée, je sais, mais ce n'était pas de ma faute, dit Edward en l'embrassant. Si je n'avais pas été là, ce pauvre garçon aurait

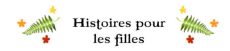
Histoires pour les filles

été tué comme son père. Nous devons lui réserver un bon accueil, Alice, car il est orphelin, maintenant, et il va vivre chez nous. J'ai apporté beaucoup d'affaires dans la charrette et demain, nous en ramènerons d'autres car nous n'avons pas assez de lits.

– Nous ferons notre possible pour qu'il soit heureux, Edward, dit Alice en regardant le garçon, devenu écarlate. Quel âge as-tu et comment t'appelles-tu ?

– J'aurais treize ans en janvier, répondit le garçon.

– Et comment t'a-t-on baptisé ?

– Je vous le dirai bientôt, répondit-il.

Ils pénétrèrent dans le cottage. Edward et Pablo étaient occupés à décharger la charrette et à en mettre le contenu dans la pièce où Pablo dormait lorsqu'Alice, qui avait parlé au garçon, s'avança vers son frère et dit :

– Edward, c'est une fille !

– Une fille ! répliqua Edward, étonné.

– Oui, c'est ce qu'elle m'a dit, et elle a voulu que je te le dise.

Les enfants de la forêt nouvelle

– Mais pourquoi est-elle habillée en garçon ?

– C'est son père qui l'exigeait, car il était très souvent obligé de l'envoyer chez un ami à Lymington et il craignait qu'elle n'ait des ennuis. Mais je n'en sais pas plus pour l'instant – elle dit qu'elle nous racontera tout ce soir.

– Eh bien, répliqua Edward, il faut que tu prépares un lit pour elle dans ta chambre. Prends celui de Pablo, il dormira avec moi. Demain matin, j'irai chez elle chercher un lit.

– C'est Humphrey qui sera surpris quand il reviendra ! dit Alice en riant.

– Ça oui ! Dans quelques années, ce sera une épouse parfaite pour lui. Elle est peut-être riche, d'ailleurs, car son père avait un coffre en fer plein d'argent.

Alice retourna vers sa nouvelle compagne, et Edward et Pablo continuèrent à décharger la charrette.

– Eh bien, Pablo, maintenant que tu sais que c'est une fille, tu conviendras qu'elle est plus belle que toi, n'est-ce pas ?

– Oh ! Oui ! répliqua Pablo, très belle fille, rien à voir avec beau garçon.

Enfin, la charrette fut vidée, le coffre de fer tiré dans la chambre de Pablo, et Billy fut installé dans l'écurie, où on lui donna un

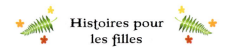

Histoires pour les filles

dîner bien mérité car la charrette avait été très lourde à tirer. Puis ils se mirent tous à table pour dîner.

– Ainsi, je vais avoir une autre sœur et non pas un autre frère, dit Edward à la nouvelle venue. Maintenant, me diras-tu ton nom ?

– Oui, je m'appelle Clara.

– Et pourquoi ne m'as-tu pas dit que tu étais une fille ?

– Je ne voulais pas, parce que je portais des vêtements de garçon et que j'avais honte… Et puis, j'étais trop malheureuse pour m'occuper de ça. Mon pauvre cher papa ! ajouta-t-elle en éclatant en sanglots.

Alice et Edith l'embrassèrent, lui dirent des paroles apaisantes, et elle se calma de nouveau. Après le dîner, les deux sœurs firent les arrangements nécessaires pour que Clara dorme dans leur chambre, et enfin, elles dirent leurs prières.

Le lendemain matin, levés à l'aube, ils attelèrent Billy à la charrette et prirent le chemin de la maison de Clara. Ils trouvèrent le cottage comme ils l'avaient laissé, et après avoir chargé dans la charrette ce qu'ils avaient rassemblé la veille, le couchage pour deux lits, et plusieurs meubles qu'Edward pensaient être utiles, il restait encore un peu de place. Dans une caisse de bois, Edward plaça sur un lit de fougères sèches tout le vin qu'il y avait dans le buffet.

Les enfants de la forêt nouvelle

Puis il laissa Pablo ramener la charrette au cottage pendant qu'il attendait l'arrivée de Humphrey et des personnes qui viendraient peut-être de chez le commissaire.

Vers dix heures, alors qu'il s'était avancé jusqu'à la lisière du bois, il vit plusieurs personnes se diriger dans sa direction et distingua bientôt Humphrey, le commissaire et Oswald. Lorsqu'ils le rejoignirent, Edward salua respectueusement le commissaire, serra la main d'Oswald puis mena la marche sur l'étroit sentier pour traverser le bois et gagner le cottage. Le commissaire était à cheval mais les autres marchaient à pied.

Le commissaire laissa son cheval au soin d'un des gardes forestiers, et emboîta le pas à Edward pour pénétrer dans le bois. Il semblait très grave et songeur, et Edward eut l'impression qu'il lui témoignait de la froideur, car il faut se rappeler que Mr. Heatherstone n'avait pas revu Edward depuis que ce dernier lui avait fait l'immense faveur de sauver la vie de sa fille. Edward se sentait donc très offensé. Mais il ne laissa rien transparaître de

Histoires pour les filles

ses sentiments, pas même sur son visage, et mena le groupe jusqu'au cottage sans rien dire. À leur arrivée, Edward désigna le corps du voleur, qu'il avait recouvert de fougères. Les gardes forestiers le découvrirent entièrement.

– Qui lui a donné la mort ? demanda le commissaire.

– Les habitants de ce cottage.

Edward leur fit faire le tour pour gagner l'arrière du cottage, où gisait l'autre voleur. « Et cet homme-là, c'est moi qui l'ai tué », dit-il. « Il y en a encore un », ajouta-t-il en les conduisant à l'intérieur, où il ôta le couvre-lit qui recouvrait le cadavre du père de Clara.

Mr. Heatherstone regarda le visage et sembla très ému. « Recouvrez-le », dit-il en se détournant.

– Que s'est-il passé ? reprit-il en s'asseyant sur une chaise près de la table.

– Je n'ai pas vu tuer cette personne, ni le voleur que vous avez vu en premier, mais j'ai entendu les coups des fusils pratiquement au même moment, et je suppose qu'ils se sont tirés dessus.

Le commissaire appela son greffier, qui l'avait accompagné, et lui demanda de sortir ses affaires pour écrire.

Les enfants de la forêt nouvelle

– Edward Armitage, dit-il, nous allons maintenant prendre votre déposition sur les événements qui viennent de se dérouler.

Edward commença alors par déclarer qu'il était dans la forêt, ce soir-là, qu'il s'était perdu, et cherchait comment retourner chez lui…

– Vous étiez perdu dans la forêt en pleine nuit ?

– Oui, monsieur, c'est bien ça.

– Vous cherchiez du gibier ?

– Non, monsieur, pas du tout. Je n'ai jamais cherché du gibier la nuit !

Edward ne fut plus interrompu durant son récit. Il décrivit brièvement tout ce qui s'était passé, depuis l'instant où il était tombé sur les voleurs jusqu'à la conclusion de la catastrophe.

Le greffier nota tout ce qu'Edward avait dit, puis le lui relut pour s'assurer qu'il l'avait bien noté correctement. À la fin, il demanda à Edward s'il savait lire et écrire.

– J'espère bien, répliqua Edward en prenant la plume pour signer son nom.

Le greffier le dévisagea.

– Il arrive souvent que les gens de votre condition ne sachent ni lire ni écrire, Mr Forrester. Ne voyez donc pas d'offense à ma question.

Histoires pour les filles

— Nullement, répliqua Edward. Puis-je vous demander si vous avez encore besoin de moi ?

— Jeune homme, dit le commissaire, vous avez déclaré qu'il y avait un garçon dans la maison. Qu'est-il devenu ?

— Il est allé s'installer chez moi.

— Et pourquoi cela ?

— Parce que j'ai promis à son père, juste avant qu'il meurt, que je prendrai soin de son enfant. Et j'ai l'intention de tenir parole.

— Puis-je vous demander si vous avez emporté des objets de valeur ?

— Je ne sais pas s'il y en avait. Le petit a pris des affaires ; il a fait emporter des coffres fermés à clé, mais j'ignore ce qu'il y a dedans. J'ai agi selon ce qui me semblait dans l'intérêt de l'enfant, et en accord avec la promesse solennelle que j'ai faite à son père.

— Pourtant, vous n'auriez pas dû emporter quoi que ce soit. L'homme qui repose ici était un conspirateur bien connu.

— Comment le savez-vous, monsieur ? s'exclama Edward. L'avez-vous reconnu ?

— Je n'ai pas dit ça, répliqua le commissaire.

— Soit vous l'avez reconnu, monsieur, répliqua Edward, soit vous saviez qu'il habitait ici. Il n'y a pas d'autre explication.

Les enfants de la forêt nouvelle

— Vous êtes effronté, jeune homme, répliqua le commissaire. J'ai reconnu cet homme lorsque j'ai vu son visage. Je savais que c'était un condamné à mort, échappé de prison quelques jours avant la date de son exécution. Je savais aussi qu'on l'avait recherché en vain et qu'on le supposait en fuite outre-Atlantique. J'ai été surpris de vous entendre dire que le Major Ratcliffe habitait ici avec son fils. Il doit y avoir une erreur ou alors ce garçon est un imposteur. Le Major n'avait qu'une fille, comme moi. Il n'a jamais eu de fils.

— C'est une erreur que j'ai faite malgré moi, monsieur. J'ai bien trouvé un garçon ici, comme je vous l'ai déjà dit. Et je n'avais pas de raison de douter que c'était un garçon jusqu'à ce que je le ramène à la maison. Là *elle* a révélé à mes sœurs qu'elle avait mis des habits de garçon. Je ne vous avais pas expliqué ce point-là, car je n'en voyais pas la nécessité.

— Je ne me suis pas trompé, alors. Il est de mon devoir de vous délivrer de cette responsabilité, Edward Armitage. Elle sera comme ma fille, car j'étais un grand ami de son père et c'est ce qu'il aurait voulu. Sans vouloir vous blesser, vous conviendrez, j'espère, que ma maison sera pour elle une résidence plus adaptée que votre cottage.

Histoires pour les filles

– Je ne l'empêcherai pas de partir si elle le désire, Mr Heatherstone.
– Alors allons-y, jeune homme, murmura le commissaire.

Ils traversèrent de nouveau le bois, puis le commissaire se mit en selle et ils prirent le chemin du cottage, où ils arrivèrent à environ deux heures de l'après-midi.

La légende de la tsarevna et des sept géants

Adaptation de Fiona Waters

Introduction

Jacob et Wilhelm Grimm ont été les premiers à écrire la légende de Blanche Neige. *Plus tard, le grand poète russe, Alexandre Sergueïevitch Pouchkine (1799-1837) a rédigé en vers un recueil de contes de fées, où il reprend l'histoire de* Blanche Neige *en remplaçant les nains par des géants.*

La légende de la tsarevna et des sept géants

Un jour, le tsar partit pour un long voyage, laissant la tsarine dans leur grand palais resplendissant et glacé. Or la tsarine attendait leur premier enfant, et c'est le cœur bien triste qu'elle regarda le groupe de cavaliers s'éloigner sur la steppe enneigée. Dès cet instant, elle resta assise à sa fenêtre, scrutant le paysage enveloppé d'un épais manteau blanc. Du matin au soir, elle attendait, ainsi postée, mais elle avait beau regarder, elle ne voyait que la neige tourbillonnante qui s'amassait de plus en plus au fur et à mesure que s'écoulaient ces longues et froides journées.

Neuf mois s'écoulèrent ainsi. La veille de Noël, la tsarine donna naissance à une petite fille. À l'instant où sonna minuit, la porte du palais s'ouvrit, et le tsar entra dans un tourbillon de vent. Il frappa le sol de ses pieds chaussés de grandes bottes et secoua la neige de ses vêtements en peau de loup. Puis il se précipita dans l'escalier pour gagner la chambre où la tsarine et son nouveau-né étaient étendus, chaudement enveloppés dans des fourrures devant un grand feu de bois. La tsarine sourit tristement à son époux, puis

Histoires pour les filles

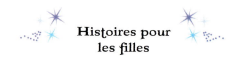

ferma les yeux et ne les rouvrit jamais plus. La naissance de sa fille, jointe à l'attente épuisante du retour du tsar, avaient eu raison de ses forces et elle mourut le matin même.

Le tsar en eut le cœur brisé. Durant des mois, il erra sans but dans le palais, oublieux de tout ce qui se passait autour de lui. Et pendant ce temps, sa petite fille, la tsarevna, enchantait tous ceux qui la rencontraient. Elle était si souriante, ses cheveux étaient d'un blond si blond et ses yeux d'un bleu si bleu que c'était un ravissement de la voir. Quant à son teint, il était aussi blanc que la neige de la steppe où sa mère avait si longuement guetté le retour de son époux.

Une année passa et le tsar se laissa persuader de prendre une nouvelle épouse. Elle était grande et belle, et ses longs cheveux noirs étaient coiffés en deux grandes tresses qui lui tombaient sur les reins. Elle avait des yeux d'un vert profond et portait toujours des robes de velours noir gansées d'argent, et entourées, au cou et aux poignets, de fourrure de renard argenté. Une couronne d'argent scintillait sur sa tête et elle se chaussait de bottines d'argent. En apparence, c'était

La légende de la tsarevna et des sept géants

donc une tsarine de la tête au pied et jusqu'au bout des ongles, mais son cœur était aussi froid que la steppe glacée. Elle était orgueilleuse, vaniteuse, et détestait la petite tsarevna.

Dans ses nombreuses malles remplies de vêtements, de parfums et de fanfreluches, la nouvelle tsarine avait apporté un miroir très spécial. En effet, ce miroir parlait, et chaque fois que la tsarine s'y regardait (ce qu'elle faisait plusieurs fois par jour), elle lui demandait si elle était belle. Alors le miroir ronronnait doucement et disait : « Votre beauté est stupéfiante, madame. Personne au monde ne peut se comparer à vous », et d'autres flatteries tout aussi ridicules que la tsarine écoutait avidement en riant de joie. Alors elle était heureuse, pendant un moment du moins.

Des années passèrent et la tsarevna devint une charmante jeune femme, adorée par son père. Il lui achetait de somptueuses robes de brocart, et des châles faits de la laine la plus douce dans les plus beaux cachemires. Finalement, il arrangea pour elle un mariage avec Nikolaï, le fils d'un marchand fabuleusement riche. Le jeune homme aimait la tsarevna, et elle lui rendait son amour, si bien qu'on arrangea leurs noces. Le matin du mariage, la tsarine posa sa question habituelle à son miroir, et la réponse ne fut pas du tout ce qu'elle attendait.

Histoires pour les filles

— Votre beauté est stupéfiante, madame, mais la tsarevna est beaucoup plus belle encore, dit le miroir en ricanant doucement.

La tsarine, folle de colère, jeta sa brosse à cheveux dans le miroir, mais ce dernier insista : « La tsarevna est beaucoup plus belle encore », répéta-t-il.

La tsarine était hors d'elle. Jamais jusqu'à présent le miroir n'avait nié sa beauté, et en plus, c'était sa belle-fille détestée qui avait usurpé la première place ! D'une voix rageuse, elle appela sa servante, Chernavka. Lorsque celle-ci apparut, les yeux craintivement rivés au sol tant la rage de sa maîtresse était grande, la tsarine lui donna ses instructions d'une voix vibrante de colère.

— Saisis-toi de la tsarevna et emmène-la au plus profond de la forêt, où tu l'attacheras à un arbre pour que les loups la dévorent.

Chernavka était horrifiée et cela dut se voir sur son visage.

— Obéis ! Et vite, sinon ça ira mal pour toi, lança la tsarine d'un ton hargneux. Si tu me trahis, je te ferai enfermer dans un tonneau et rouler sur la pente de la montagne.

La légende de la tsarevna et des sept géants

Le cœur lourd, Chernavka alla chercher la tsarevna, l'enveloppa de châles et de fourrures, la chaussa de bottes épaisses, puis la prit par la main et la conduisit bien loin du palais, au plus profond de la forêt.

Si au début, la tsarevna était perplexe, maintenant, elle avait peur et elle demanda en pleurant à Chernavka où elles allaient. Chernavka se mit à pleurer à son tour et raconta à la tsarevna les terribles instructions de sa belle-mère. La jeune fille comprit alors que ses pleurs ne changeraient rien. Elle sécha ses larmes, renvoya Chernavka au palais et marcha résolument, aussi vite qu'elle le pouvait, dans la direction opposée. Car elle devinait que rien n'arrêterait la méchante tsarine pour s'assurer que personne ne viendrait rivaliser avec sa beauté.

Chernavka regagna le palais et, haletante, croisant les doigts derrière son dos, déclara qu'à l'heure qu'il était, la tsarevna était probablement livrée aux loups sans pitié. La tsarine questionna le miroir, et ce dernier minauda : « Votre beauté est stupéfiante, madame. »

La tsarine était tellement ravie qu'elle ne remarqua pas que le miroir toussota après avoir parlé, comme s'il avait voulu ajouter quelque chose. Elle se pomponna donc complaisamment pendant un moment, puis rejoignit le tsar dans la salle de bal bleue et argent

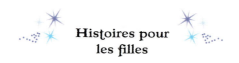

Histoires pour les filles

pour célébrer le mariage de Nikolaï et de la tsarevna. Mais, bien entendu cette dernière n'arrivait pas. On fouilla le palais de fond en comble, et comme on ne la trouvait toujours pas, il fallut se résoudre à l'idée qu'elle avait été enlevée. Nikolaï ne perdit pas une seconde. Il fit seller son grand cheval noir et s'élança au galop pour aller consulter la vieille magicienne qui vivait dans le village voisin. Elle seule pourrait lui indiquer l'endroit où ses ravisseurs l'avaient emmenée…

Pendant ce temps, la tsarevna avançait d'un pas lourd dans la forêt. La nuit tombait et il lui fallait trouver un endroit où s'abriter. Il lui semblait déjà entendre les loups hurler au loin, et la fatigue la gagnait. Mais soudain, c'est un chien qu'elle entendit aboyer. « Là où il y a un chien, il doit aussi y avoir des gens », se dit-elle en hâtant le pas vers le bruit. Elle déboucha rapidement dans une clairière. Devant elle se dressait une maison qui aurait semblé tout à fait ordinaire si ce n'était sa taille. En effet les fenêtres étaient immenses, la porte d'entrée était immense, et le banc devant la porte était immense. Le chien fut très content de l'arrivée de la jeune fille. Il bondit et lui lécha la main, puis alla se poster sur le seuil de l'immense porte restée entrebâillée en se tournant vers elle, comme pour l'encourager à entrer à son tour, ce que la tsarevna fit avec circonspection.

La légende de la tsarevna et des sept géants

À l'intérieur, tout aurait pu sembler très ordinaire si les proportions n'avaient pas été gigantesques. Autour de l'immense table couverte de vaisselle sale étaient éparpillés sept immenses tabourets, et sept immenses fauteuils étaient alignés autour du poêle éteint. Le chien dansait aux pieds de la jeune fille et semblait l'inviter à monter l'immense escalier où elle trouva sept immenses lits défaits. La tsarevna n'avait pas peur, car cette maison avait quelque chose de très hospitalier.

Ensuite, elle regagna le rez-de-chaussée et entreprit de ranger la maison. Elle disposa les immenses tabourets bien en ordre autour de l'immense table, lava les sept immenses bols, les sept immenses gobelets, les sept immenses couteaux et fourchettes, puis remplit l'immense poêle de grosses bûches et bientôt, un bon feu y flamba. En haut, elle fit les sept immenses lits. Ensuite, elle alluma la bougie devant l'icône, dans la niche de l'immense porte, puis le petit chien et elle se pelotonnèrent ensemble sur l'immense tapis devant le poêle et s'endormirent. Au bout d'un moment, un chant joyeux se fit entendre au-dehors, accompagné du bruit d'immenses pas et la porte s'ouvrit brusquement, laissant passer sept jeunes géants qui

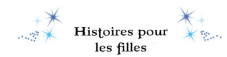

Histoires pour les filles

se bousculaient et chahutaient. Ils firent un tel vacarme que le chien et la tsarevna se réveillèrent en sursaut. Pendant un instant, les géants, qui étaient tous frères, restèrent figés dans un silence total, puis ils se mirent à parler tous en même temps tandis que le chien s'élançait vers eux

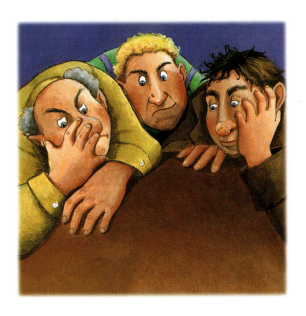

en jappant de joie. Ils étaient ravis de trouver leur maison bien en ordre, et la tsarevna était ravie de trouver sept protecteurs, car, bien sûr, ils furent très en colère lorsque la jeune fille leur expliqua pourquoi et comment elle était arrivée jusque chez eux.

Chacun courut çà et là et bientôt le dîner fut servi. La tsarevna refusa tout net de boire de la vodka mais accepta une toute petite tranche de l'immense pâté de gibier que les géants posèrent sur la table. Après le repas, l'un des géants fabriqua un petit lit avec des

La légende de la tsarevna et des sept géants

bûches et des fourrures, et le plaça derrière le poêle de sorte que la tsarevna eût un petit coin bien à elle. Et pour la première fois de ce qui avait été une bien sombre journée, la jeune fille sourit.

Le lendemain, le surlendemain, et le lendemain du surlendemain, les sept géants et la tsarevna s'installèrent dans une joyeuse routine. Le matin, les géants partaient patrouiller la forêt. Quelquefois ils tombaient sur une bande de féroces Tartares et le soir, la tsarevna devait panser leurs blessures et soigner leurs bosses. Mais la plupart du temps, les sept frères rentraient chez eux les bras chargés de fruits et de légumes, de lapins et parfois même d'un sanglier sauvage, et la tsarevna en faisait des plats succulents. Elle pensait souvent à son cher Nikolaï, car elle était certaine qu'il tenterait de la retrouver, mais sachant que sa terrible belle-mère ne supporterait pas son retour, elle se résignait à sa nouvelle vie.

Mais au fait, que devenait la tsarine ? Tout le monde, au palais, s'inquiétait beaucoup de la disparition de la tsarevna. Personne n'avait de nouvelles de Nikolaï, et le tsar pleurait chaque jour la perte de sa fille bien-aimée. Désormais certaine que nulle autre femme au monde ne pouvait égaler sa beauté, la tsarine n'interrogeait plus son miroir depuis très longtemps. Mais un après-midi où elle s'ennuyait, elle s'avança vers lui et minauda :

Histoires pour les filles

– Ne suis-je pas la plus belle femme du monde ?

– Votre beauté est stupéfiante, madame, répondit le miroir mais plus belle encore est la tsarevna.

La tsarine entra dans une rage abominable. Elle appela Chernavka en hurlant et la gifla jusqu'à lui faire voir mille étoiles.

– Perfide ! Comment as-tu pu me trahir à ce point ? Où se cache la tsarevna ?

À force de menaces, elle eut raison du secret de Chernavka, qui avoua que la tsarevna était vivante lorsqu'elle l'avait laissée dans la forêt, et avait certainement échappé aux loups. L'épouse du tsar comprit qu'elle devrait aller elle-même à la recherche de sa rivale. Chassant Chernavka de sa chambre, elle réfléchit aussitôt aux possibilités qui s'offraient à elles, toutes plus cruelles les unes que les autres.

Quelques jours plus tard, alors que la tsarevna était installée à l'une des immenses fenêtres de la maison des géants, elle vit arriver dans la clairière une vieille mendiante toute vêtue de noir. La tsarevna alla aussitôt chercher un morceau de pain et ouvrit l'immense porte pour accueillir la nouvelle venue. Mais le petit chien s'élança dans la clairière en montrant les dents et en grognant pour empêcher la vieille femme d'entrer.

La légende de la tsarevna et des sept géants

— Je suis désolée, je ne sais pas ce qu'il lui prend, s'excusa la tsarevna. Permettez-moi de vous lancer ce morceau de pain…

— Merci et que Dieu vous bénisse ! marmonna la vieille en attrapant le pain. Vous êtes très bonne. Je n'ai que cette pomme à vous donner, mais c'est de grand cœur !

Elle posa la pomme dans les mains tendues de la tsarevna, puis déguerpit dans la forêt. Le petit chien gémit et tenta de faire tomber la pomme des mains de la jeune fille, mais celle-ci crut qu'il jouait et mordit à belles dents dans le fruit. Aussitôt, elle s'écroula sur le sol, inanimée. Lorsque les sept géants rentrèrent chez eux le soir, ils trouvèrent leur amie étendue sans vie sur le sol, avec le petit chien qui hurlait à ses pieds. Ils tentèrent en vain de la ranimer.

— C'est l'œuvre de la méchante tsarine, j'en suis certain, dit l'un d'eux.

Ses frères hochèrent la tête, car qui d'autre pouvait vouloir du mal à la douce tsarevna ? Ils veillèrent la jeune fille toute la nuit. Le lendemain matin, il fallut décider de son enterrement. Mais elle semblait endormie, et aussi belle que lorsqu'elle était vivante. Les géants répugnaient beaucoup à l'enfermer dans un sombre cercueil où on ne la verrait plus. Alors ils fabriquèrent un cercueil en cristal, et y placèrent la tsarevna. Puis ils portèrent leur amie sur la rive du

Histoires pour les filles

cours d'eau bordée de fleurs, derrière la maison, où la jeune fille s'était souvent promenée. Ensuite, ils prirent des tours de garde pour que la tsarevna ne soit jamais seule, et une grande tristesse s'abattit sur l'immense maison dans la clairière de la forêt.

Pendant ce temps, dans le palais, la tsarine interrogeait son miroir.

– Votre beauté est stupéfiante, madame, dit le miroir. Et il n'y a au monde aucune beauté qui puisse se comparer à la vôtre…

Mais c'était sans compter sur Nikolaï. Il avait cherché sa fiancée dans tout le pays, franchissant montagnes, vallées et rivières, traversant les forêts, sans jamais trouver la moindre trace de sa fiancée. Il avait interrogé toutes les vieilles babouchkas qu'il avait rencontrées, toutes les rusalkas, ces nymphes d'eau qui nageaient dans les rivières, tous les loups et même tous les féroces ours bruns qu'il avait croisés, mais personne ne l'avait vue. Il avait demandé à la lune de regarder derrière les nuages, mais la lune ne l'y vit pas non plus. Vint alors le jour où Nikolaï, désespéré et complètement épuisé, s'assit sur l'herbe, la tête dans les mains, ne sachant plus où chercher sa bien-aimée. À cet instant, un petit oiseau gazouilla à son oreille.

La légende de la tsarevna et des sept géants

– Lève-toi, courageux Nikolaï! Je sais où repose la tsarevna. Elle est dans un cercueil de cristal, près d'une immense maison à côté d'un cours d'eau aux rives fleuries. Un jeune et bon géant monte la garde près d'elle.

Nikolaï releva les yeux, et le petit oiseau pencha la tête comme pour dire: «Suis-moi!». Nikolaï n'hésita pas un instant. Il se remit debout tant bien que mal et suivit le petit oiseau, ce qui prit un certain temps, jusqu'à ce qu'ils aperçoivent le géant montant la garde près du cercueil de cristal. Lorsqu'il vit la tsarevna allongée à l'intérieur, Nikolaï retint son souffle, stupéfait et émerveillé.

– On dirait qu'elle dort! s'écria-t-il en posant tendrement la main sur le cercueil de cristal.

Soudain, on entendit un grand craquement et le cercueil se rompit en mille morceaux. Aussitôt, la tsarevna ouvrit les yeux et regarda avec étonnement son Nikolaï bien-aimé et les sept géants qui avaient accouru en entendant le cercueil se briser. «La tsarevna est vivante!» criaient-ils, fous de joie.

Sans perdre un instant, tout le monde se mit en route pour regagner le palais. Les géants

Histoires pour les filles

chantaient à gorge déployée, mais Nikolaï et la tsarevna se contentaient de se regarder, sans dire un mot. Ils étaient bien trop heureux d'être de nouveau réunis, et n'arrivaient pas à croire à leur bonheur.

Pendant ce temps, dans le palais, la tsarine tressait ses cheveux devant le miroir. Celui-ci prit soudain la parole, sans qu'elle ne lui demande rien, ce qui n'était pas dans ses habitudes.

– Ah! Ah! Méchante dame! dit-il. Voici venir la tsarevna. Sa beauté est stupéfiante. Aucune beauté au monde ne peut se comparer à la sienne…

La tsarine devint aussi pâle que la neige et dans sa rage lança le poing dans le miroir, qui se brisa en éclats minuscules, répandant sur elle une poussière si fine qu'elle pénétra dans ses narines et l'étouffa. Et ce fut sa triste fin, mais personne n'en eut du chagrin…

Nikolaï et la tsarevna se marièrent dès le lendemain. Les géants firent une haie d'honneur à la sortie de la chapelle royale, fermée d'un côté par le chien et de l'autre par le petit oiseau, perché sur l'épaule du dernier d'entre eux. Le tsar était fou de bonheur. Non seulement il avait retrouvé sa fille chérie, mais aussi le jeune et fort Nikolaï qui l'aiderait à gouverner. Ils vécurent tous très heureux, pendant très longtemps, si bien qu'on parle encore d'eux aujourd'hui…

Le vent dans les saules

Kenneth Grahame

Traduction de Gérard Joulié

© Éditions Phébus

Introduction

Kenneth Grahame (1859-1932) est né à Édimbourg, en Écosse. Il eut une enfance assez mouvementée par la mort de sa mère quand il avait cinq ans, et l'abandon du père qui confia alors les enfants à leur grand-mère. Il n'eut pas la chance de faire des longues études et trouva un poste d'employé dans une banque d'Angleterre. Il écrivit Le vent dans les saules *pour son fils. Cette histoire pleine de malice est considérée comme un chef-d'œuvre de la littérature enfantine.*

Le vent dans les saules

La berge

Mr Taupe avait travaillé très dur toute la matinée pour le grand nettoyage de printemps de son petit logis. D'abord avec des balais et des torchons ; puis, grimpé sur des escabeaux, des marches et des chaises, avec une brosse et un seau rempli de blanc de chaux, tant et si bien qu'il avait de la poussière plein les yeux et la gorge, des éclaboussures de blanc de chaux sur son pelage noir, les bras rompus de fatigue et le dos douloureux. Le printemps se répandait, dans l'air au-dessus de lui, dans les entrailles de la terre et tout autour de lui, introduisant dans son humble et sombre petite demeure le génie de la rébellion et de la nostalgie. Aussi n'y eut-il rien d'étonnant à voir Mr Taupe jeter soudain sa brosse à terre en s'écriant : « Ah ! et puis zut et flûte ! Au diable le nettoyage ! » et décamper de chez lui sans même se soucier d'enfiler son manteau. Il se sentait appelé au-dehors par une force irrésistible. Il s'engagea dans une galerie, elle était étroite et petite, à la différence de la grande allée gravillonnée dont jouissaient les bêtes gîtant plus près du soleil et du grand air. Il se mit donc à gratter, à racler, à creuser et à ronger, puis il rerongea, regratta, reracla et recreusa, faisant travailler activement ses petites pattes tout en se marmonnant à lui-même : « On monte ! on monte ! » jusqu'à ce que

Histoires pour les filles

tout d'un coup, hop! voilà son museau en plein soleil, Mr Taupe se retrouva roulant sur l'herbe chaude d'une vaste prairie.

« Ah, comme c'est bon! se dit-il. C'est tout de même plus agréable que de badigeonner des murs! » Une brise légère caressait son front brûlant, mais les rayons du soleil lui cuisaient le pelage et le joyeux gazouillis des oiseaux résonnait à ses oreilles engourdies par des mois de vie souterraine comme un horrible tintamarre. Gambadant aussitôt sur ses quatre pattes, tout à la joie de vivre et au ravissement d'un printemps qui ne s'accompagnait pas d'un nettoyage, il poursuivit son chemin à travers la prairie jusqu'à la haie qui la bordait.

– Halte-là! s'écria un lapin d'âge respectable qui en gardait l'une des brèches. C'est six pence pour le privilège d'emprunter un sentier privé.

En un clin d'œil, l'impatient Mr Taupe culbuta cet individu négligeable et continua sa route en trottinant le long de la haie tout en toisant d'un air narquois les autres lapins qui s'étaient précipités hors de leurs trous pour voir de quoi il retournait.

– Sauce chasseur! Sauce chasseur! leur cria-t-il d'un air moqueur, avant de filer sans leur laisser le temps de trouver une repartie. Et tous de grommeler: « Quel idiot tu fais! Pourquoi n'avoir rien dit? – Et toi? Pourquoi n'avoir pipé mot? – Tu aurais pu lui rappeler… », et ainsi de suite. Mais bien sûr il était déjà trop tard, il aurait fallu partir à point.

Le vent dans les saules

Cela semblait presque trop beau pour être vrai. Mr Taupe, tout à son affaire, déambulait dans les prés, le long des haies, à travers les bosquets, découvrait partout des oiseaux nichant, des fleurs à peine écloses, des feuilles qui poussent. Tout renaissait, tout respirait la joie et l'entrain. Et au lieu d'être tourmenté par sa mauvaise conscience qui lui soufflerait : « Badigeon », il ne pouvait s'empêcher de se dire combien il avait de la chance d'être le seul flâneur au milieu de tous ces êtres affairés. Après tout ce qu'il y a de plus agréable quand on est en congé, ce n'est pas tant de se reposer soi-même que de regarder les autres travailler.

Il n'imaginait pas de bonheur plus complet que celui d'errer comme cela à l'aventure quand tout à coup il s'arrêta devant une rivière. Il n'avait de sa vie jamais vu de rivière – espèce de gros animal luisant et sinueux toujours en fuite, gloussant, se saisissant de choses avec un glouglou et les recrachant un peu plus loin dans un gargouillis, pour se jeter aussitôt sur d'autres camarades de jeu qui se libéraient en s'ébrouant de son emprise pour se retrouver de nouveau captifs. Là, tout n'était que tremblements et frissonnements, lueurs et étincelles, bruissements et remous, chuchotements et bouillonnements. Mr Taupe en resta ensorcelé, transporté, fasciné. Il se mit à trotter le long de la rivière comme un enfant trottine aux côtés d'un adulte

Histoires pour
les filles

qui l'envoûte par des histoires passionnantes ; et quand, enfin, las, il s'assit sur la berge, la rivière continua de lui susurrer les plus belles histoires du monde, venues des entrailles mêmes de la terre et qu'elle irait ensuite répéter à la mer insatiable.

Tandis qu'il était assis sur l'herbe, il aperçut sur la rive opposée un trou sombre, juste au-dessus du niveau de l'eau et il se surprit à rêver au douillet abri que cela pourrait faire pour un animal aux goûts simples comme les siens et sachant apprécier un coquet pied-à-terre au bord de l'eau, à l'abri des inondations et qui est loin du bruit et de la poussière. Il remarqua alors tout au fond du trou quelque chose de minuscule qui semblait scintiller puis s'évanouissait avant de jeter de nouveaux éclats comme une toute petite étoile. Une étoile en un tel endroit, c'était invraisemblable, et elle était trop brillante et trop petite pour qu'il pût s'agir d'un vers luisant. Alors, comme il y fixait son regard, elle se mit à clignoter et se révéla être un œil. Et une petite figure commença à se dessiner autour de cet œil un peu comme un cadre entoure un tableau.

Une petite figure brunâtre avec des moustaches. Une figure ronde et grave avec le même clignotement dans l'œil qui avait d'abord attiré son attention.

Le vent dans les saules

De jolies petites oreilles et des poils drus et soyeux.

C'était Mr Rat d'eau !

Les deux animaux se dressèrent alors sur leur séant et s'examinèrent avec circonspection.

– Bonjour, Taupe ! dit Mr Rat d'eau.

– Bonjour, Rat ! dit Mr Taupe.

– Voudriez-vous venir jusqu'à moi ? demanda Mr Rat.

– Ce n'est pas aussi simple que vous le dites, maugréa Mr Taupe, peu familier de la rivière et de la vie qu'on mène dans son courant et sur ses berges.

Mr Rat se baissa, dénoua une corde et s'en saisit sans dire un mot ; puis il sauta avec souplesse dans une petite barque que Mr Taupe n'avait pas remarquée. Elle était peinte en bleu à l'extérieur et en blanc à l'intérieur, et pouvait juste contenir deux animaux. Mr Taupe la trouva immédiatement à son goût bien qu'il ne sût pas encore très bien à quoi elle pouvait servir.

Mr Rat traversa promptement la rivière avec la barque et l'amarra à l'autre rive, puis il tendit sa patte de devant à Mr Taupe, qui avançait vers lui avec précaution.

– Tenez-vous bien à moi, n'ayez pas peur, dit-il. Et maintenant, sautez !

Histoires pour les filles

Et Mr Taupe, ravi et surpris, se retrouva assis à l'arrière d'un vrai bateau.

– Quelle journée splendide! s'écria-t-il tandis que Mr Rat s'éloignait de la rive à coups d'avirons. Savez-vous que c'est la première fois de ma vie que je monte dans un bateau?

– Comment! s'exclama Mr Rat, bouche bée. Vous n'avez jamais… Comment donc est-ce possible? Ça alors, mais d'où sortez-vous?

– Est-ce donc si merveilleux? interrogea timidement Mr Taupe qui, renversé sur son siège, bercé par les mouvements de la barque, tout à la contemplation des coussins, des avirons, des toletières et autres accessoires qui le fascinaient, ne demandait qu'à le croire.

– Merveilleux? Mais je ne connais rien de tel, dit Mr Rat d'un ton solennel, tout en se penchant sur ses avirons. Croyez-moi, mon jeune ami, il n'y a rien de plus délicieux au monde, mais absolument rien, vous m'entendez, que de traînasser de cette façon dans une barque, ajouta-t-il en rêvassant, simplement de traînasser dans une barque… de traînasser…

– Regardez devant vous, Rat! s'écria brusquement Mr Taupe.

Trop tard. La barque heurta la berge de front, et le rêvasseur, le joyeux rameur, se retrouva les quatre pattes en l'air à l'arrière du bateau.

– ... De traînasser dans un bateau ou de faire l'imbécile avec les bateaux, reprit Mr Rat avec un calme imperturbable en se relevant et en riant avec bonne humeur. À l'intérieur ou à l'extérieur du bateau, peu importe. Ce qu'il y a de bien avec ça, c'est que rien ne prête à conséquence. Qu'on s'éloigne ou qu'on reste ; qu'on arrive à destination ou qu'on se retrouve ailleurs ; ou même qu'on arrive nulle part, peu importe, on est toujours occupé et pourtant on ne fait rien de précis ; et quand on en a fini avec une chose, il y a toujours autre chose à faire, qu'on peut faire si on veut, mais autant s'abstenir. Tenez, si vous n'avez rien prévu ce matin, est-ce que ça vous dirait de descendre la rivière avec moi et comme ça de nous en payer une bonne tranche, hein ?

Mr Taupe frétilla des orteils de pur bonheur, gonfla sa poitrine d'un soupir d'aise et se renversa en arrière comme un bienheureux sur les coussins moelleux.

– C'est une journée à marquer d'une pierre blanche pour moi ! s'exclama-t-il. Partons tout de suite.

– Attendez-moi là un instant et tenez-vous bien, recommanda

Histoires pour les filles

Mr Rat qui amarra sa barque à l'anneau de son débarcadère, grimpa jusqu'à son abri, et reparut au bout d'un moment, vacillant sous le poids d'un énorme panier de pique-nique.

– Fourrez-ça sous vos pieds, dit-il à Mr Taupe en le lui tendant.

Puis il détacha la corde d'amarrage et reprit les avirons.

– Qu'y a-t-il à l'intérieur? demanda Mr Taupe en se tortillant de curiosité.

– Il y a du poulet froid de la langue froide du bœuf froid des cornichons au vinaigre de la salade des petits pains du cresson des sandwichs du pâté de la boisson au gingembre de la limonade de l'eau gazeuse etc.

– Arrêtez! Arrêtez! s'écria Mr Taupe au comble de l'extase. C'est trop, c'est trop!

– Le croyez-vous vraiment? demanda Mr Rat d'un air sérieux. C'est ce que j'emporte habituellement pour ce genre d'excursion; et tout le monde me dit que je suis pingre et que je ne prends pas plus qu'il ne faut.

Mr Taupe n'avait rien entendu de ce qu'on lui avait dit. Absorbé par la nouvelle vie qui s'ouvrait devant lui, enivré par le clapotis et le chatoiement du courant, par les bruits, les senteurs de la nature et la lumière du soleil, il laissait traîner une patte dans l'eau, en

Le vent dans les saules

bon camarade qu'il était, continuait de ramer sans le déranger.

– Votre costume me botte vraiment, mon vieux, lui dit-il au bout d'une demi-heure. J'ai l'intention de m'acheter un smoking en velours noir dès que je pourrai me l'offrir.

– Plaît-il ? demanda Mr Taupe en tentant de retrouver ses esprits. Vous devez me trouver bien grossier, mais je vis une expérience inédite. C'est donc ça une rivière ?

– C'est La Rivière !

– Et vous vivez donc au bord de La Rivière ? Ce doit être drôlement bien !

– Près d'elle, avec elle, sur elle, et en elle, dit Mr Rat. Elle me tient lieu de frères et de sœurs, de tantes et d'invités, de nourriture et de boisson, et puis, bien entendu, j'y fais mes ablutions et j'y lave mon linge. C'est mon univers et je n'en veux point d'autre. Ce qui ne s'y trouve pas ne vaut pas qu'on le recherche, et ce qu'elle ignore, on ne peut l'oublier. Mon Dieu, ce qu'on s'est amusé ensemble ! Quelle que soit la saison, été, hiver, printemps, automne, on ne s'ennuie pas avec elle : toujours drôle, toujours passionnante. Au moment des inondations en février, quand mes caves et mon sous-sol regorgent de boissons dont je ne sais que faire, quand l'eau brunâtre monte jusqu'à hauteur de la fenêtre de ma chambre à coucher, ou bien quand les eaux se retirent en laissant derrière elles des plaques de boue qui ont l'odeur de cakes au raisin, ou encore quand les roseaux et les mauvaises herbes obstruent les canaux, et que je puis me balader à pied sec sur la majeure partie de son lit et trouver quelque chose de frais à manger sans compter tout ce que les gens négligents laissent tomber de leurs bateaux !

— Mais il y a bien des moments où vous devez trouver le temps long, non ? se risqua à demander Mr Taupe. Juste vous et la rivière sans personne d'autre avec qui parler ?

— Sans personne d'autre ? Je ne veux pas vous blâmer : vous êtes en terrain inconnu, et bien sûr, vous n'en savez rien, dit Mr Rat d'un ton indulgent. La berge est maintenant tellement surpeuplée que nombre de ses anciens habitants ont dû déménager. Ah, pour sûr, ce n'est plus comme avant. Loutres, martins-pêcheurs, grèbes, poules d'eau, on ne voit plus que ça à longueur de journée, et en plus ils ont toujours quelque chose à vous demander, comme si on n'avait rien d'autre à faire.

Le vent dans les saules

— Et là-bas, qu'est-ce que c'est? demanda Mr Taupe en montrant de la patte un terrain boisé d'aspect plutôt sombre, qui encadrait les prairies sur un côté de la rivière.

— Là-bas? C'est comme qui dirait la Forêt sauvage, répondit brièvement Mr Rat. Ce n'est pas un endroit que nous fréquentons énormément, nous autres riverains.

— Pourquoi? Les gens qui l'habitent ne sont-ils pas des gens bien? demanda Mr Taupe avec un air d'appréhension.

— Laissez-moi réfléchir, répondit Mr Rat. Pour les écureuils, il n'y a trop rien à redire. Quant aux lapins, mon Dieu, il y en a quelques-uns de très bien, mais dans l'ensemble c'est plutôt mélangé. N'oublions pas, bien sûr, Blaireau. Lui, il habite au cœur de la forêt; il ne vivrait pas ailleurs pour tout l'or du monde. Cher vieux Blaireau! Ah ça, il n'aime pas être dérangé. Gare à celui qui s'y frotte, ajouta-t-il en soulignant ses propos d'un regard.

— Mais aussi qui voudrait s'y frotter?

— Qui? Mais c'est qu'il y a les autres, tous les autres, les belettes, les hermines, les renards, etc. Ce ne sont pas de mauvais bougres. Moi je m'entends bien avec eux, on taille une petite bavette de temps en temps quand on se rencontre, mais il faut bien admettre qu'ils sont un peu bizarres, on ne peut pas vraiment se fier à eux, ça c'est vrai.

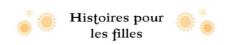

Histoires pour les filles

Mr Taupe savait fort bien que c'est déroger à l'étiquette de la gent animale que d'insister sur ce qui peut être source d'ennui, ou simplement même d'y faire allusion. Il changea donc de sujet.

– Et derrière la Forêt sauvage, qu'y a-t-il? demanda-t-il. Là où c'est tout bleu et un peu flou, on aperçoit

ce qui pourrait bien être des collines, ou peut-être pas. Et là, on dirait la fumée des villes ou tout simplement des nuages.

– Derrière la Forêt sauvage, il y a le Vaste Monde, dit Mr Rat. Nous n'avons rien à y faire, ni vous ni moi. Je n'y suis jamais allé et je n'irai jamais et si vous avez deux sous de cervelle, vous ferez comme moi. Je vous prie de ne plus jamais m'en reparler. Ah, voici notre petit plan d'eau où nous allons pouvoir déjeuner!

S'écartant du courant principal, ils entrèrent dans ce qui semblait être à première vue un petit lac, bordé de pentes gazonnées. Sous l'eau calme et limpide luisaient de grosses racines d'arbres brunâtres, pareilles à des serpents, tandis que devant eux la roue d'un moulin à pignon gris qui s'égouttait, appuyée contre l'épaule d'un barrage écumeux, emplissait l'air d'un murmure apaisant quoiqu'un peu monotone, d'où fusait par moments un chapelet de notes cristallines. Devant tant de beauté Mr Taupe ne pouvait que joindre ses pattes avant dans un geste d'adoration et s'écrier d'une voix haletante : « Oh, mon Dieu! oh, mon Dieu! »

Mr Rat approcha la barque de la rive, l'amarra solidement, aida le toujours balourd Mr Taupe à descendre et lui balança le panier de provisions, que Mr Taupe demanda à Mr Rat la permission de déballer, permission que celui-ci lui accorda bien volontiers, trop

Histoires pour les filles

heureux qu'il était de pouvoir s'étendre de tout son long sur le gazon, pendant que son ami s'affairait fébrilement, secouait la nappe et l'étendait, y sortait un par un tous ces mystérieux paquets et en disposait méthodiquement les contenus, en s'exclamant d'une voix émue : « Ça par exemple ! Ça par exemple ! » à chaque nouvelle découverte. Quand tout fut prêt, Mr Rat se tourna vers Mr Taupe et lui dit :

– Et maintenant servez-vous, mon vieux !

Mr Taupe ne se le fit pas dire deux fois car il avait commencé son nettoyage de printemps de très bonne heure ce matin-là, comme c'est l'usage, et ne s'était même pas arrêter pour grignoter quelque chose ; et depuis lors il avait vécu tant d'événements qu'il lui semblait qu'il s'était écoulé des jours et des jours.

– Que regardez-vous là ? demanda Mr Rat au bout d'un moment, quand ils furent quelque peu rassasiés et que Mr Taupe parvint à détacher ses yeux de la nappe.

– J'étais en train de regarder cette traînée de bulles d'air qui flotte à la surface de l'eau. Quelle chose curieuse c'est là !

Le vent dans les saules

– Des bulles d'air ? Oh, je vois ce que vous voulez dire, dit Mr Rat qui se mit à chantonner d'un air guilleret comme s'il hélait un ami. Oh ! Oh !

À cette invitation un gros museau tout luisant s'appuya contre le bord de la berge, et Mr Loutre sortit de l'eau en s'ébrouant.

– Ah, les gloutons ! dit-il en se dirigeant vers les provisions. Je suis l'oublié de la fête, n'est-ce pas, Raton ?

– Oh ! ça s'est décidé au dernier moment, expliqua Mr Rat. Mais laissez-moi d'abord vous présenter Mr Taupe, mon ami.

– Ravi de faire votre connaissance, dit Mr Loutre.

Et à l'instant même, ils devinrent amis.

– Quel remue-ménage aujourd'hui ! On dirait que tout le monde s'est donné rendez-vous sur la rivière, reprit Mr Loutre. J'avais justement choisi ce petit plan d'eau dans l'espoir de pouvoir m'y ébattre tout à mon aise, et voilà que je tombe sur vous deux, mes gaillards, soit dit sans vous offenser.

Un bruissement se fit entendre derrière une haie épaisse, où l'on comptait encore les feuilles de l'année précédente, et des yeux, dans une tête zébrée qui surmontait deux hautes épaules, les scrutèrent.

– Amenez donc votre fraise, vieux Blaireau, cria Mr Rat.

Mr Blaireau fit un pas ou deux en trottinant dans leur direction, puis il s'arrêta, grommelant : « Oh, il y a de la compagnie ! » Il fit demi-tour et disparut.

– C'est tout lui, ça, fit remarquer Mr Rat dépité. Il déteste le monde. Nous ne le reverrons plus de la journée, vous pouvez me croire. Et à part ça, dites-nous un peu ce qu'il y a sur la rivière.

– Eh bien, il y a d'abord Crapaud dans son costume flambant neuf, répondit Mr Loutre, et pas seulement le costume, le bateau, tout le saint-frusquin : tout est pimpant.

Et les deux compères éclatèrent de rire en se regardant.

– Autrefois il ne jurait que par la navigation à voile, et puis il s'était lassé et il s'était mis au canotage, dit Mr Rat. Il ne faisait que canoter du matin au soir et tous les jours de la semaine, et il fallait voir comment il avait saboté ça ! L'an dernier il avait acheté une péniche de plaisance, nous avons dû tous y monter, rester avec lui, et même faire semblant d'aimer ça. Il devait, paraît-il, finir ses jours dans sa péniche. C'est toujours la même chose avec tout ce qu'il entreprend ; il s'en lasse aussitôt et s'entiche d'une nouvelle toquade.

— C'est un brave type, conclut Mr Loutre d'un air songeur. Mais trop instable, surtout dans une périssoire.

(…) Le soleil de l'après-midi déclinait déjà quand Mr Rat prit lentement le chemin du retour ; il était d'humeur rêveuse et se murmurait à lui-même tout un tas de choses poétiques sans trop se préoccuper de la présence de Mr Taupe. Or celui-ci, rassasié, tout content de soi et tout fier, se disant qu'il était comme chez lui sur un bateau, commençait de s'impatienter. Aussi exprima-t-il ce souhait :

— Raton, s'il vous plaît, j'aimerais ramer maintenant.

Mr Rat secoua la tête en souriant et lui répondit :

— Non, pas encore, mon jeune ami. Attendez d'avoir pris quelques leçons. Ce n'est pas aussi facile que ça en a l'air.

Mr Taupe demeura tranquille quelque temps. Puis il se sentit de plus en plus jaloux de Mr Rat, qui ramait avec tant de force et d'aisance que son orgueil lui chuchota qu'il pourrait en faire tout autant. Il bondit et s'empara des rames avec une telle brusquerie

Histoires pour les filles

que Mr Rat, qui continuait à se raconter de jolies choses toutes poétiques, sans quitter l'eau des yeux, fut pris par surprise et tomba à la renverse pour la seconde fois, tandis que Mr Taupe, l'écartant de sa place, empoigna les avirons avec une entière confiance en ses moyens.

– Arrêtez, espèce de nigaud ! cria Mr Rat du fond du bateau. Vous n'y connaissez rien et vous allez nous faire chavirer.

Mr Taupe rejeta ses rames en arrière avec panache, en voulant sabrer l'eau. Manque de chance, il ne sabra rien du tout et il se retrouva cul par-dessus tête, étendu de tout son long sur Mr Rat. Pris de panique, il chercha à s'agripper au rebord de la barque, qui bascula comme de bien entendu et flop, tout le monde à l'eau.

Oh, comme elle était froide, l'eau de la rivière, et comme il se sentit trempé jusqu'aux os ! Comme elle lui bourdonnait dans ses oreilles chaque fois qu'il s'enfonçait un peu plus ! Et comme le soleil lui paraissait bon et chaud, chaque fois qu'il remontait à la surface, crachant et toussotant ! Et comme était noir son désespoir quand il se sentait couler ! C'est alors qu'une patte le saisit fermement par la peau du cou. C'était Mr Rat qui de toute évidence se tordait de rire. Mr Taupe le sentait bien à la façon dont cette patte le maintenait tout en le secouant.

Le vent dans les saules

Mr Rat s'empara d'un aviron, qu'il glissa sous l'un des bras de Mr Taupe, puis fit de même avec l'autre, et nageant derrière lui, tout en poussant l'infortunée bestiole jusqu'à la berge, il la hissa sur le bord comme une pauvre chose toute détrempée et toute raplapla !

– Trottez un bon coup le long du chemin de halage, mon vieux, lui suggéra Mr Rat après qu'il l'eut frotté et essuyé de son mieux. Cela vous réchauffera et vous séchera du même coup. Pendant ce temps-là, moi je vais essayer de repêcher le panier à provisions.

Et le pauvre Mr Taupe, mouillé au-dehors et honteux au-dedans, trotta jusqu'à être à peu près sec, tandis que Mr Rat, replongeant dans l'eau, récupérait la barque, la redressait et l'amarrait à la berge, avant d'aller repêcher un à un tous les biens épars qui flottaient sur l'eau ; il réussit à attraper le panier à provisions et tant bien que mal le ramena à terre.

Quand vint le moment de repartir, Mr Taupe, sans force et abattu, prit place à l'arrière du bateau et dit d'une voix basse brisée par l'émotion :

– Raton, mon généreux ami, je me suis conduit comme un idiot et comme un ingrat. Quand je songe que par ma faute nous aurions pu perdre ce magnifique panier à provisions, j'en suis tout retourné. J'ai été un parfait crétin, j'en ai bien conscience. Pourrez-

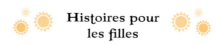

Histoires pour les filles

vous fermer les yeux pour cette fois, m'accorder votre pardon et me conserver votre amitié ?

– Ne vous en faites pas pour ça, mon vieux, répondit Mr Rat sans se départir de sa bonne humeur. Qu'est-ce qu'un petit bain pour un rat d'eau comme moi ? Je passe plus de temps dans l'eau que hors de l'eau. Oublions tout cela. Tenez, j'ai une proposition à vous faire. Si vous veniez passer quelques jours chez moi ? Mon logis n'a rien de bien luxueux, comme celui de Crapaud, que d'ailleurs vous n'avez pas encore vu, mais je vous recevrai à la bonne franquette, et vous y serez bien. Je vous apprendrai à ramer et à nager, et vous serez bientôt aussi habile sur l'eau que n'importe lequel d'entre nous.

Mr Taupe fut si touché par tant de bonté qu'il en resta muet, et il dut essuyer une larme ou deux du revers de sa patte. Mais Mr Rat eut la délicatesse de détourner les yeux, et Mr Taupe, retrouvant bientôt tout son allant, put dire leur fait à deux poules d'eau qui gloussaient de le voir en si piteux état.

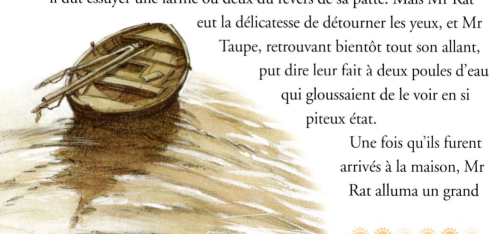

Une fois qu'ils furent arrivés à la maison, Mr Rat alluma un grand feu au salon et installa Mr Taupe dans un fauteuil juste devant la cheminée, après lui avoir fait enfiler une robe de chambre et des pantoufles à lui, puis il le régala d'histoires de rivière jusqu'au dîner. Et des histoires propres à ravir un simple habitant des régions souterraines comme Mr Taupe! Des histoires où il était question de barrages et d'inondations subites, de brochets qui faisaient des bonds et de steamers qui lançaient des bouteilles, du moins les bouteilles étaient-elles lancées des steamers; histoires de hérons, qui étaient très difficiles quant au choix de leurs interlocuteurs; d'aventures dans des drains; de nuits de pêche en compagnie de Mr Loutre ou de randonnées avec Mr Blaireau.

Le dîner fut très gai; mais à peine fut-il terminé que Mr Rat en hôte plein d'égards, dut soutenir Mr Taupe à demi endormi pour le mener jusque dans la chambre d'ami. Là, Mr Taupe enfouit sa tête dans l'oreiller et aussitôt se sentit envahi par un sentiment de paix et de bien-être en entendant sa nouvelle amie La Rivière clapoter sur le rebord de la fenêtre.

Mr Taupe devait passer bien d'autres journées encore plus remplies et plus intéressantes que celle-ci à mesure que l'été avançait. Il apprit à nager, et à ramer, et à batifoler avec l'eau; et quelquefois, l'oreille dressée, il surprenait quelques bribes de ce que la brise chuchotait aux roseaux.

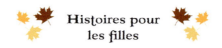

Histoires pour les filles

La Forêt sauvage

Mr Taupe désirait depuis longtemps faire la connaissance de Mr Blaireau. À en croire la rumeur, ce devait être un personnage très important qu'on ne voyait que très rarement mais qui exerçait une influence souterraine partout dans les environs. Or chaque fois que Mr Taupe faisait part de son désir à Mr Rat d'eau, celui-ci lui conseillait toujours de ne pas brusquer les choses.

– Blaireau finira bien par se montrer, il débarque toujours comme ça et alors je vous le présenterai. Un type épatant, vous verrez, mais qu'il faut prendre comme il est et quand il se présente.

– Ne pourriez-vous pas l'inviter un soir à dîner, par exemple ? suggéra Mr Taupe.

– Il ne viendrait pas, répondit simplement Mr Rat. Blaireau a horreur des mondanités, des invitations, des dîners et de tout ce tralala.

– Mais si c'était nous qui allions lui rendre visite ?

– Oh, alors, ce genre d'initiative ne lui plairait pas du tout ! rétorqua Mr Rat d'un ton alarmé. C'est quelqu'un de très timide et il trouverait cela choquant. Moi-même qui le connais pourtant très bien, je ne me suis jamais risqué sur son terrain. En plus c'est impossible. Et pourquoi ? Parce qu'il habite dans la Forêt sauvage.

– Mais vous m'avez bien dit que la Forêt sauvage ne présentait aucun danger ?

– Je sais, je sais, répondit Mr Rat d'une manière évasive. Mais mon opinion est qu'il ne faut pas y aller maintenant. Pas tout de suite. C'est très loin d'ici, et à cette époque de l'année vous n'auriez aucune chance de le trouver chez lui. Mais prenez patience, il finira bien par venir.

Mr Taupe dut se contenter de ces paroles, mais Mr Blaireau ne vint jamais. L'été passa avec son cortège de plaisirs ; puis l'hiver, avec ses frimas, ses gelées, ses chemins bourbeux, qui les confina à la maison une bonne partie du temps, et, tandis que la rivière roulait sous leurs fenêtres ses eaux tumultueuses à une allure qui rendait impossible toute espèce de canotage, la pensée de Mr Taupe s'attarda de nouveau sur Mr Blaireau, le solitaire Blaireau gris qui vivait tout seul dans son trou au beau milieu de la Forêt sauvage.

Durant l'hiver, Mr Rat dormit tout son soûl, se couchant de bonne heure et faisant la grasse matinée. Le temps qui lui restait, il le consacrait parfois à griffonner des poèmes, quand il ne vaquait pas à quelques tâches ménagères ; et bien sûr il y avait toujours des voisins qui venaient bavarder un moment ; on se racontait des

Histoires pour les filles

histoires, on échangeait ses impressions sur l'été et sur la manière dont on en avait joui.

(…) Les bêtes ensommeillées, douillettement nichées au fond de leurs trous tandis que le vent et la pluie ébranlaient leurs portes, se rappelaient les matinées encore fraîches quand, une heure avant le lever du soleil, une brume blanchâtre s'attardait à la surface de l'eau ; puis le choc du premier plongeon, la galopade le long de la rive, et la transfiguration de la terre, de l'air et de l'eau, quand le soleil dardait de nouveau ses rayons, que le gris se changeait en or et que des couleurs revivifiées jaillissaient une fois de plus de la terre. Ils se remémoraient aussi les langoureuses méridiennes dans les sous-bois verdoyants que le soleil perçait et parsemait

Le vent dans les saules

de petites flèches et de taches d'or, les baignades et les parties de canot de l'après-midi, les randonnées le long des sentiers poudreux et à travers les champs de blé aux épis blonds, sans oublier les longues soirées durant lesquelles tant de liens se renouaient, tant d'amitiés prenaient une nouvelle tournure, tant de projets d'aventure étaient conçus pour le lendemain.

Et ce n'était pas non plus les sujets de conversation qui manquaient durant les courtes journées hivernales, quand on se réunissait au coin du feu ; il restait cependant beaucoup de temps libre à Mr Taupe, qui ne savait comment l'employer. Aussi un après-midi, alors que Mr Rat somnolait dans son fauteuil devant la cheminée en tâchant de trouver des rimes qui ne venaient pas,

Histoires pour les filles

Mr Taupe prit-il la résolution de partir tout seul dans la Forêt sauvage et, pourquoi pas, d'y faire la connaissance de Mr Blaireau.

Quand il sortit de son petit salon bien chauffé, cet après-midi-là, un froid vif le saisit. Sous un ciel gris plombé, une campagne toute dénudée, toute défeuillée, s'offrait à lui, et il lui sembla qu'il n'avait jamais pénétré aussi profondément au cœur même des choses qu'en ce jour d'hiver où la nature, plongée dans son sommeil annuel, s'était dépouillée de tous ses vêtements. Bosquets, vallons, carrières et tous les endroits cachés, qui avaient offert des lieux d'exploration mystérieux durant la saison verdoyante, se mettaient à découvert et dévoilaient pitoyablement leurs secrets; ils semblaient demander d'oublier leur dénuement passager, jusqu'à ce qu'ils pussent, comme avant, se montrer dans une riche parure, le dupant et le séduisant grâce à leurs charmes trompeurs. Dans cette tristesse perçait cependant une joie, une griserie même. Et cette campagne dénuée d'ornements, dépouillée de tout ce qui faisait son charme, il était heureux de la chérir. Il n'en voyait plus que la carcasse, qui était simple, belle et forte. Il n'avait que faire du trèfle tiède et des herbes folâtres; l'absence de rideaux d'aubépines et des draperies ondoyantes du hêtre et de l'orme lui semblait préférable; et c'est d'un cœur joyeux et plein d'entrain qu'il reprit le chemin de la Forêt sauvage

Le vent dans les saules

qui s'étendait désormais devant lui, basse et menaçante comme un noir récif au milieu d'une paisible mer australe.

Rien, de prime abord, ne lui parut effrayant. Les brindilles craquaient sous ses pas, il heurtait des bûches, et des champignons sur des souches, semblables à des caricatures, le faisaient tressaillir et lui rappelaient quelque chose de lointain et néanmoins de familier ; mais tout cela, c'était plutôt amusant et même excitant. Il s'engagea dans une partie de la forêt où la lumière du jour était chiche et où des arbres se pressaient en cercle, tandis que des trous creusés dans le sol le menaçaient de leurs gueules grimaçantes.

Un silence absolu régnait autour de lui. Le crépuscule descendait rapidement de tous côtés et la lumière semblait se retirer comme l'eau se retire après une inondation.

C'est alors que les visages apparurent.

Il crut d'abord voir apparaître indistinctement au-dessus de son épaule une petite figure pointue à l'air méchant qui l'épiait d'un trou. Quand il se retourna pour lui faire face, elle avait déjà disparu.

Il accéléra le pas en riant de ses craintes et en se disant que, s'il se mettait maintenant à se faire des idées, il n'en sortirait plus. Il passa devant un autre trou, et puis encore devant un autre et un autre, et là, oui, non, oui, une petite figure étroite, au regard dur, avait jailli

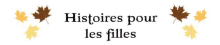

Histoires pour les filles

comme un éclair d'un trou, avant de disparaître aussitôt. Il hésita un moment, s'arma de courage et reprit sa marche. Alors, tout à coup, de chaque trou – et il y en avait des centaines – semblait surgir, pour s'effacer aussitôt, un visage pointu, mauvais, percé de petits yeux durs qui fixaient sur lui des regards emplis de haine et de méchanceté.

Si seulement il parvenait à s'éloigner de ces trous, il ne verrait plus ces visages, pensait-il. Il s'écarta donc du sentier qu'il suivait et s'enfonça dans les fourrés impénétrables.

C'est alors que les sifflements commencèrent.

C'étaient des sifflements très faibles, aigus et lointains, mais qui lui firent hâter le pas. Puis tout en demeurant très faibles et aigus, ils venaient soudain de devant lui. Il s'arrêta, hésita à rebrousser chemin. C'est alors que les sifflements reprirent de plus belle, tout autour de lui, et semblaient se répondre et se faire écho des autres coins du bois, jusqu'en ses extrémités les plus reculées. Ils étaient là comme qui dirait sur le pied de guerre – quels qu'ils fussent – et lui, pauvre de lui, il errait seul sans défense, loin de tout secours tandis que la nuit était presque tombée.

Alors il entendit un bruissement.

Il crut d'abord à une chute de feuilles, tant le son en était doux et délicat. Mais à mesure qu'il se rapprochait à un rythme soutenu,

Le vent dans les saules

il reconnut en lui un bruit de pas, un trottinement de petits pas dans le lointain. Cela venait-il de devant ? De derrière ? Comment savoir ? Le bruit s'amplifiait, arrivant de tous côtés, et, à force d'écouter avec inquiétude, il avait l'impression qu'il se rapprochait de plus en plus. Comme il restait là, immobile, à tendre l'oreille, il vit un lapin qui courait droit sur lui. Mais l'animal, passant en trombe, le frôla presque et lui lança l'air farouche et l'œil hagard : « Allez-vous-en d'ici, insensé que vous êtes, allez-vous-en ! » avant de contourner une souche et de disparaître dans un terrier familier.

Le bruit de pas s'accentua tant et si bien qu'on eût dit une averse de grêle tombant sur le tapis de feuilles mortes qui l'environnait. Le bois tout entier semblait maintenant lancé sur des jambes, courant, chassant, talonnant, traquant quelque chose sans savoir dans quelle direction. Il y avait partout des choses autour de lui contre lesquelles il se heurtait, ou se prenait les pattes, tombait à la renverse par-dessus, glissait par-dessous, passait à côté pour les éviter. Il finit par se réfugier au fond d'un vieux hêtre qui lui offrit un abri, une cachette et peut-être même le salut. Quoi qu'il en fût, il était bien trop

Histoires pour les filles

fatigué pour continuer de courir. Il avait juste assez de forces pour se blottir dans le lit de feuilles sèches au creux de l'arbre en espérant que, pour l'instant, tout danger était écarté. Et tandis qu'il gisait là, haletant et tremblant, écoutant les sifflements et les bruissements autour de lui, il connut alors dans toute son horreur cette chose épouvantable que redoutent tous les autres petits habitants des champs et des haies, et que Mr Rat avait vainement tenté de lui épargner : la Terreur de la Forêt sauvage !

Pendant ce temps-là, Mr Rat somnolait assis bien confortablement devant sa cheminée. Son cahier de vers à demi achevés glissa de ses genoux, il renversa la tête en arrière, ouvrit la bouche et se mit à rêver de balades sur des berges verdoyantes.

Un morceau de braise tomba, le feu crépita et se mit à flamber. Mr Rat s'éveilla en sursaut. Se ressouvenant de ce qu'il était en train de faire au moment où il s'était endormi, il se pencha en avant pour ramasser son cahier, le parcourut un instant, puis chercha du regard Mr Taupe, qui pouvait l'aider, pourquoi pas, à trouver une bonne rime pour l'un ou l'autre de ses vers.

Mais Mr Taupe n'était pas là.

Il tendit l'oreille un bon moment. La maison était parfaitement silencieuse.

Le vent dans les saules

Il appela Mr Taupe à plusieurs reprises, et, ne recevant aucune réponse, il se leva et passa dans le vestibule.

La casquette de Mr Taupe n'était pas accrochée à sa place habituelle à la patère, et ses caoutchoucs, qui étaient toujours posés près du porte-parapluies, avaient également disparu.

Mr Rat sortit de la maison et examina attentivement le sol autour de lui en espérant y découvrir la trace de pas de son ami. Il ne tarda d'ailleurs pas à les reconnaître. Les caoutchoucs étaient tout neufs ; Mr Taupe les avait achetés pour l'hiver et les empreintes de semelles se dessinaient nettement dans la boue. Elles menaient, comme son enquête le lui révéla, tout droit et résolument à la Forêt sauvage.

Le visage de Mr Rat prit une expression grave, et il se mit à réfléchir pendant une minute ou deux. Puis il rentra dans son logis, boucla une ceinture autour de sa taille, y glissa une paire de pistolets, ramassa un gourdin qui traînait dans un coin du vestibule et se dirigea d'un pas décidé vers la Forêt sauvage.

Il faisait déjà sombre quand il atteignit la lisière du bois et s'y enfonça sans hésiter en scrutant anxieusement autour de lui, à la recherche d'un indice lui signalant la présence de son ami.

Çà et là de méchantes petites figures jaillissaient de leurs trous, puis disparaissaient tout aussitôt à la vue de l'intrépide animal

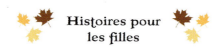
Histoires pour
les filles

armé de ses pistolets et de son gourdin. Les sifflements et les bruissements qu'il avait entendus en entrant dans le bois s'éteignirent peu à peu, et un grand silence s'installa. Il traversa hardiment le bois dans toute sa longueur, puis, abandonnant les sentiers, il se mit à appeler d'une voix pleine d'entrain : « Taupe, Taupe, Taupe, où êtes-vous ? C'est moi, c'est Rat, votre ami ! »

Il y avait plus d'une heure qu'il parcourait ainsi le bois quand tout à coup, à sa grande joie, il entendit enfin un petit cri qui lui répondait. S'élançant dans la direction d'où venait le son, il se fraya difficilement, à travers l'obscurité croissante, un chemin qui le mena jusqu'au pied d'un vieux hêtre. Là, du fond d'un trou creusé dans le tronc, lui parvenait un murmure : « Rat, est-ce bien vous ? »

Mr Rat se laissa glisser dans le trou, il y trouva Mr Taupe, épuisé et tremblant de tous ses membres.

– Oh, Rat ! s'écria-t-il, si vous saviez comme j'ai eu peur !

– Oh, je peux très bien m'imaginer, dit Mr Rat d'une voix consolante. Vous n'auriez jamais dû vous lancer dans une pareille aventure, Taupe. Je vous avais pourtant mis en garde. Nous autres les riverains nous ne nous y risquons jamais tout seuls. S'il le faut, nous venons toujours à deux au moins. Comme ça, on arrive généralement à s'en tirer. Et puis, il y a tant de choses qu'il est utile de savoir

Le vent dans les saules

et qui vous échappent encore : les mots de passe, les signes, les formules cabalistiques, les plantes spéciales dont on se munit, les vers qu'on doit répéter, les trucs et les tours qu'il faut connaître. Quand on sait tout ça, c'est presque un jeu d'enfant, mais ce sont des choses qu'on apprend tout petit, sans quoi il peut vous arriver malheur. Ah, si vous vous appeliez Loutre ou Blaireau, ce serait une autre histoire !

– Le vaillant Crapaud, ça ne lui ferait sûrement rien de s'aventurer ici tout seul ?

– Crapaud ! s'exclama Mr Rat en riant de bon cœur. Il n'y montrerait pas le bout de son museau pour tout un sac rempli de guinées.

Mr Taupe, se sentant grandement réconforté par les éclats de rire insouciants de Mr Rat ainsi que par la vue de son gourdin et de ses pistolets brillants, cessa de trembler et retrouva son sang-froid.

— Et maintenant, dit Mr Rat au bout d'un moment, il faut songer à rentrer avant qu'il ne fasse tout à fait sombre. Nous ne pouvons pas passer la nuit ici, vous comprenez bien. D'abord, il y fait beaucoup trop froid.

— Rat, mon bon ami, dit Mr Taupe. Je suis affreusement désolé de vous dire ça, mais le fait est que je suis complètement épuisé. Il faut me laisser me reposer un moment ici afin de récupérer un peu de force si je veux arriver jusque chez nous.

— Eh bien, soit ! répondit Mr Rat avec bonhomie. Reposez-vous. Il fait déjà presque aussi noir que dans un four et plus tard la lune devrait se lever.

Mr Taupe s'arrangea une petite couchette au creux des feuilles sèches, dans laquelle il s'étendit et s'endormit aussitôt d'un sommeil intermittent et agité, tandis que Mr Rat de son côté, s'étant couvert du mieux qu'il put, attendit patiemment, le pistolet à la patte.

Quand Mr Taupe finit par se réveiller, il était requinqué.

— Je vais juste jeter un coup d'œil à l'extérieur pour voir si tout est normal, dit Mr Rat, et puis nous pourrons partir.

Il gagna l'entrée de leur cachette et mit la tête dehors, et Mr Taupe l'entendit qui se disait à lui-même : « Ça alors ! »

Le vent dans les saules

– Qu'y a-t-il ? demanda Mr Taupe.
– Il y a que là-haut, il neige.
Ou plutôt il tombe de la neige. Et c'est une neige dure.

Mr Taupe vint s'accroupir près de son ami et vit le bois qui l'avait tellement effrayé sous un aspect entièrement différent. Les trous, les creux, les flaques, les pièges, et autres noires embûches pour le voyageur imprudent disparaissaient  rapidement, tandis qu'un étincelant et féerique tapis, trop délicat pour être foulé par des pieds grossiers, s'étendait partout. Une fine poudre emplissait l'air et leur picotait la joue. Les trous noirs au creux des arbres semblaient éclairés par une lumière venue d'en bas.

– Ma foi, il faudra bien s'en accommoder, dit Mr Rat après avoir réfléchi un moment. Nous devons nous mettre en route et tenter notre chance. L'ennui, c'est que je ne sais pas trop où nous sommes. Le paysage a complètement changé sous cette neige.

Effectivement, Mr Taupe n'aurait pas cru qu'il s'agissait du même bois. Ils se mirent cependant vaillamment en route, suivant la direction qu'ils jugèrent la meilleure, marchant agrippés l'un à l'autre,

Histoires pour les filles

prétendant, avec une bonne humeur que rien ne pouvait entamer, qu'ils reconnaissaient un vieil ami dans chaque arbre nouveau qui les saluait sur un air farouche et taciturne, ou une vieille connaissance dans telle ou telle clairière, tel ou tel sentier, alors qu'ils cheminaient au milieu d'une vaste étendue uniforme et toute blanche plantée de troncs noirs qui se ressemblaient tous.

Au bout d'une heure ou deux – ils avaient perdu la notion du temps –, ils s'arrêtèrent, épuisés, découragés et tout déroutés. Ils s'assirent sur un tronc couché pour reprendre haleine et réfléchir à la marche à suivre. Ils étaient rompus de fatigue et endoloris par toutes leurs chutes : ils étaient tombés à diverses reprises dans des trous et étaient trempés jusqu'aux os ; la couche de neige était si profonde qu'ils pouvaient à peine s'y frayer un chemin en traînant leurs petites pattes, les arbres étaient de plus en plus touffus et se ressemblaient toujours davantage. Ce bois semblait n'avoir ni commencement ni fin ; il présentait partout le même aspect et, pis que tout, n'offrait aucune issue.

– Nous ne pouvons pas rester assis ici indéfiniment, dit Mr Rat. Il faut absolument tenter quelque chose, mais quoi ? Ce froid est par trop glacial et bientôt il y aura tellement de neige que nous ne pourrons plus avancer – il jeta un regard autour de lui et poursuivit : J'aperçois là-bas une sorte de vallon où le terrain paraît plein de bosses et de trous. Nous y trouverons peut-être un refuge, un abri ou une grotte dont le sol serait du moins sec, protégé de la neige et du vent ; là, nous pourrions nous reposer avant de tenter à nouveau notre chance, car nous sommes morts de fatigue. La neige cessera peut-être de tomber ou une occasion se présentera.

Ils se remirent en marche et descendirent clopin-clopant en direction du vallon où, une fois arrivés, ils se mirent à chercher

Histoires pour les filles

une grotte ou un coin sec à l'abri des morsures du vent et des tourbillons de neige. Ils étaient en train d'inspecter l'un de ces monticules dont Mr Rat avait parlé quand Mr Taupe trébucha et s'étendit de tout son long face contre terre en poussant un grand cri.

– Oh, ma jambe ! Oh, mon pauvre tibia ! gémissait-il, assis dans la neige, en se frottant la jambe avec ses deux pattes de devant.

– Mon pauvre ami, la chance ne nous sourit pas aujourd'hui, dit Mr Rat avec bienveillance. Examinons un peu cette jambe. En effet, poursuivit-il en s'agenouillant pour mieux voir, vous vous êtes bien entaillé le tibia, ça pour sûr. Attendez que je vous le bande avec mon mouchoir.

– J'ai dû trébucher sur une branche cachée ou sur une souche, dit Mr Taupe. Oh là là !...

– La coupure est franche, dit Mr Rat en l'examinant de nouveau attentivement. Ce n'est pas une branche ou une souche la coupable. On dirait plutôt que ça a été fait par le tranchant d'un instrument en métal. C'est drôle, ça.

Et tout en réfléchissant, il se mit à examiner les bosses et les creux dont était parsemé le terrain alentour.

– Peu importe avec quoi je me suis *coupu*, dit Mr Taupe qui en oubliait sa grammaire. La douleur est la même.

Le vent dans les saules

Après lui avoir soigneusement bandé la jambe avec son mouchoir, Mr Rat s'éloigna de Mr Taupe pour aller racler la neige. Il gratta, remua, explora, y allant de ses quatre pattes, tandis que Mr Taupe, qui commençait à s'impatienter, lançait de temps à autre : « Rat, revenez ! »

Tout à coup Mr Rat s'écria : « Hourra, hourra, hourra ! » puis il se mit à danser la gigue dans la neige.

– Qu'avez-vous trouvé Rat ? interrogea Mr Taupe tout en se frottant toujours la jambe.

– Venez donc voir, lui répondit Mr Rat, sans pour autant cesser de gesticuler.

Mr Taupe boitilla jusqu'à lui et regarda.

– Eh bien, quoi ? finit-il par dire. Je vois bien ce que c'est. J'ai déjà vu ça des tas de fois. C'est tout ce qu'il y a de plus ordinaire. Un décrottoir ! Et puis alors ? Toute cette gesticulation pour un simple décrottoir !

– Mais vous ne comprenez donc pas ce que ça signifie pour nous, gros bêta ! s'écria Mr Rat.

– Bien sûr que je comprends. Cela veut tout simplement dire qu'un individu oublieux et très étourdi a laissé traîner son décrottoir au milieu de la Forêt sauvage exprès pour faire trébucher quelqu'un. C'est très négligent de sa part. Quand nous serons rentrés, j'irai me plaindre à qui de droit. Ah ça, oui!

– Mon Dieu! Mon Dieu! s'écria Mr Rat que tant de stupidité mettait au désespoir. Ne discutons plus. Venez plutôt me donner un coup de main.

Et il se mit à racler, faisant voler la neige tout autour de lui.

Au bout de quelque temps, ses efforts finirent par être récompensés: un misérable vieux paillasson fut le résultat des fouilles.

– Là, qu'est-ce que je vous avais dit? s'exclama Mr Rat d'un air triomphal.

– Mais rien, vous ne m'avez rien dit, répondit Mr Taupe en s'en tenant à la vérité. Et maintenant que vous semblez avoir trouvé un autre article de ménage, bien usagé et tout juste bon à jeter, je suppose que vous êtes content. Alors dansez votre gigue un bon coup et qu'on en parle plus. Combien de temps va-t-on encore perdre à remuer des vieilleries? Est-ce que ça se mange un paillasson? Est-ce que ça peut servir de couverture? Est-ce que ça peut ramener chez soi si on l'utilise comme une luge pour glisser dessus? Qu'en pensez-vous, espèce de rongeur exaspérant?

– Comment! Vous voulez me dire que vous n'avez toujours pas compris? Ce paillasson ne vous parle vraiment pas?

Le vent dans les saules

— Vraiment, Raton, fit Mr Taupe avec mauvaise humeur. Cessez vos sornettes. Avez-vous déjà vu un paillasson qui parle à quelqu'un ? Les paillassons ne font pas ce genre de chose. Ce n'est pas leur genre, ils restent à leur place.

— Écoutez-moi, tête d'œuf, répliqua Mr Rat qui sentait la moutarde lui monter au nez. Ça suffit. Grattez ! Grattez, creusez, fouillez, surtout du côté des petits monticules, si vous voulez dormir au chaud ce soir, c'est notre dernière chance.

Mr Rat, armé de son gourdin, s'attaqua avec acharnement à une congère, puis se mit à creuser avec la même ardeur, et Mr Taupe racla activement aussi, mais plus pour faire plaisir à son ami qu'autre chose, car il pensait que Mr Rat n'avait plus toute sa tête.

Après dix minutes de dur labeur, la pointe du gourdin de Mr Rat heurta quelque chose qui sonnait creux. Il creusa encore de manière à élargir le trou et à y insérer sa patte pour mieux se rendre compte, puis il appela Mr Taupe. Et les deux animaux de creuser de concert avec une ardeur renouvelée jusqu'à ce qu'enfin le fruit de leurs efforts apparût aux yeux étonnés de l'incrédule Mr Taupe.

Au flanc de ce qu'ils avaient pris pour une congère se trouvait

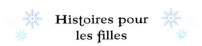

Histoires pour les filles

une petite porte massive peinte en vert foncé. À côté était suspendue une sonnette en fer. Dessous, on pouvait lire au clair de lune l'inscription suivante, joliment gravée en lettres capitales et sur une petite plaque en cuivre :

MR BLAIREAU

Les bébés de la mer

Charles Kingsley

Introduction

En écrivant Les bébés de la mer *en 1863 pour le plus jeune de ses enfants, Charles Kingsley (1819-1875) s'inspira d'un rapport du gouvernement sur le travail des enfants, où l'on dénonçait l'utilisation que faisaient les ramoneurs de « garçons grimpeurs ». Dans cet extrait, un de ces très jeunes « grimpeurs », Tom, est envoyé un matin à Harthover, un immense manoir doté de très nombreuses cheminées. Tom se perd dans leur sombre dédale et se retrouve dans la chambre d'Ellie, la fille du châtelain.*

Les bébés
de la mer

Combien Tom en avait ramonées, je ne saurais le dire, mais il était très fatigué, et perplexe aussi, car ces cheminées-là n'avaient rien à voir avec les conduits de ville auxquels il était habitué. Elles étaient toutes de travers parce qu'on les avait remaniées des milliers de fois et qu'elles rentraient les unes dans les autres. Tom finit donc par se perdre dans leur dédale. Cela ne l'inquiétait pas beaucoup, car il était aussi à l'aise dans une cheminée qu'une taupe sous la terre, mais en redescendant, alors qu'il se croyait dans la cheminée de droite, il se retrouva dans celle de gauche, et atterrit dans l'âtre de la cheminée d'une chambre absolument stupéfiante.

Il n'était jamais entré dans les maisons des riches, sauf quand les tapis étaient roulés, les rideaux tirés, les meubles recouverts d'un drap, et les cadres protégés sous des chiffons à poussière ; et il s'était souvent demandé à quoi ressemblaient ces pièces lorsqu'elles étaient prêtes à recevoir leurs occupants. Eh bien, il avait la réponse maintenant et il trouvait cela très joli.

La pièce était entièrement décorée de blanc : les rideaux des fenêtres et du lit étaient blancs, les meubles aussi, et les murs avaient juste un peu de rose par ci par là. Le tapis était parsemé de jolies petites fleurs et les tableaux avaient des cadres dorés,

Histoires pour les filles

ce qui plaisait beaucoup à Tom. Les peintures représentaient de belles dames et de beaux messieurs, et aussi des chevaux et des chiens. Il aimait bien celles avec les chevaux, mais les chiens ne l'intéressaient guère, car il n'y avait pas de bouledogue, pas même un terrier. Mais les deux tableaux qu'il préférait, c'était celui d'un homme vêtu de longs habits, avec des petits enfants et leur mère tout autour, et qui posait la main sur les têtes des enfants. « C'est un très joli tableau », se dit Tom, « pour mettre dans une chambre de dame ». Car il voyait bien que c'était une chambre de dame à cause des robes qu'il y avait un peu partout.

L'autre peinture montrait un homme cloué à une croix, ce que Tom trouvait très étonnant. « Le pauvre homme, songea-t-il, il a l'air drôlement gentil et tranquille, avec ça. Mais pourquoi la dame met-elle une image aussi triste dans sa chambre ? Peut-être

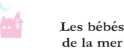

Les bébés de la mer

bien que c'était un parent à elle, qui s'est fait assassiner par des sauvages dans un pays lointain, et qu'elle le garde ici en souvenir. » Tom se sentit si triste qu'il se détourna pour regarder ailleurs.

Il vit alors – ce qui le remplit d'une perplexité plus grande encore – une table de toilette avec tout un assortiment de brocs et de cuvettes, de savons et de brosses, une pile de serviettes et une grande baignoire pleine d'eau propre. « Cette dame doit être très sale pour avoir besoin de se frotter comme ça, songea-t-il. Mais elle doit être drôlement maligne pour enlever la saleté après, car il n'y a pas la moindre tache nulle part, pas même sur les serviettes. »

Il regarda le lit et vit alors la dame en question. Il fut tellement étonné qu'il en eut le souffle coupé.

Sous le couvre-lit d'un blanc neigeux, ses cheveux éparpillés comme des fils d'or sur l'oreiller, était étendue la plus belle petite fille que Tom ait jamais vue. Elle devait avoir le même âge que lui ou peut-être un an ou deux de plus, mais Tom ne pensait qu'à sa peau délicate et à ses cheveux dorés, et se demandait si c'était une personne vivante ou bien une poupée de cire comme il en avait vue dans une vitrine. Mais elle respirait. Ainsi, elle était vivante… Il restait immobile, fasciné comme devant un ange tombé du ciel.

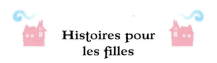
Histoires pour les filles

« Évidemment, elle n'a jamais été sale, c'est impossible », se dit Tom. Puis une autre pensée lui traversa l'esprit : « Est-ce que tout le monde est comme ça quand on est lavé ? » Il regarda alors son propre poignet et tenta d'en enlever la suie, en se demandant s'il y arriverait jamais. « Sûrement, je serais beaucoup plus beau, se dit-il, si je devenais tout pareil qu'elle. »

Il regarda autour de lui et aperçut, face à lui, une vilaine silhouette noire en haillons, avec des yeux charbonneux et un sourire d'un blanc éclatant. Furieux, il se tourna vers l'intrus. Que faisait ce singe dégoûtant dans la chambre de la belle demoiselle ? Soudain, il comprit que c'était son propre reflet, et qu'il se trouvait devant le plus grand miroir qu'il ait jamais vu.

Pour la première fois de sa vie, Tom découvrait qu'il était sale. Il éclata en sanglots, et honteux, plein de rage, fila vers la cheminée. Il allait s'y engouffrer lorsqu'il renversa le pare-feu et fit tomber les pinces et les pelles dans un vacarme assourdissant.

La petite demoiselle blanche s'éveilla, aperçut Tom et poussa un cri aussi aigu que celui d'un paon. Une vieille nounou, grande et forte, accourut de la pièce voisine. En voyant Tom, elle décida sur-le-champ qu'il était venu pour les voler et se précipita sur le pauvre garçon étendu par-dessus le pare-feu. Elle l'attrapa par la veste, mais pas pour

Les bébés de la mer

longtemps. Tom s'était retrouvé plus d'une fois dans les mains d'un policier, et il en était sorti tout aussi fréquemment. Et puis, il aurait eu perdu la face devant ses amis, s'il avait été assez stupide pour se faire attraper par une vieille femme. Il se glissa donc prestement sous le bras de la bonne dame, traversa la pièce et enjamba le rebord de la fenêtre.

Il n'eut pas besoin de sauter, bien qu'il n'eût pas hésité à le faire, ni même de se laisser tomber d'une gouttière, ce qui eût été pour lui un jeu d'enfant. Une fois, en effet, il avait grimpé une gouttière jusqu'au toit de l'église pour ramasser des œufs de choucas. Mais le policier avait affirmé que c'était pour voler du plomb, et il avait dû redescendre par une autre gouttière, si bien que les policiers étaient rentrés déjeuner au commissariat.

En fait, il y avait un arbre juste en dessous de la fenêtre, avec de grandes feuilles et de superbes fleurs blanches. C'était un

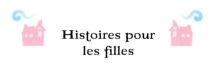

Histoires pour les filles

magnolia, je crois, mais Tom n'en savait rien, et il s'en moquait. Il descendit le tronc comme un chat, traversa la pelouse du jardin, sauta par-dessus les grilles de fer et s'élança dans le parc en direction du bois, tandis que la vieille nounou criait : « À l'assassin ! » et « Au feu ! » par la fenêtre ouverte.

L'aide-jardinier vit Tom courir dans le parc, jeta sa faux, s'y prit le pied et se coupa le jarret, ce qui l'obligea à garder le lit pendant une semaine ; mais dans sa hâte, il ne s'en aperçut pas et s'élança à la poursuite de ce pauvre Tom. La fille de laiterie, entendant ces cris, lâcha la baratte et trébucha par-dessus, renversant toute la crème ; pourtant, elle se releva d'un bond et s'élança à la poursuite de ce pauvre Tom. Un palefrenier, en train de brosser le cheval de Sir John dans l'écurie, les vit passer, laissa partir le cheval sans ses rênes, ce qui lui valut de s'arracher les cheveux cinq minutes plus tard mais ne l'empêcha pas de sortir en courant à la poursuite de ce pauvre Tom. Grimes renversa le sac de suie dans la cour au beau gravier tout neuf, qui devint tout noir, mais au lieu de ramasser la suie, il s'élança aussitôt à la poursuite de ce pauvre Tom. Le vieux régisseur ouvrit la grille du parc avec tant de hâte qu'il y resta suspendu par la barbichette et, pour autant que je sache, la barbichette y est toujours accrochée. Mais il s'arracha de suite de

Les bébés de la mer

la grille et s'élança à la poursuite de ce pauvre Tom. Le laboureur abandonna ses chevaux dans son champ, et l'un d'eux en profita pour sauter par-dessus la clôture, entraînant l'autre dans le fossé, avec la charrue. Mais le laboureur continua à courir à la poursuite de ce pauvre Tom. Le garde-chasse, qui était en train de tirer une hermine d'un piège, laissa sa proie s'échapper et se prit un doigt dans le piège. Mais il se redressa sans perdre de temps et courut après ce pauvre Tom avec des propos que je n'oserais répéter. Sir John regarda par la fenêtre de son bureau, et au moment où il sortit la tête pour regarder la nounou qui criait au-dessus de lui, il reçut quelque chose dans l'œil de sorte qu'il dut faire chercher le docteur; pourtant, il se précipita au-dehors et s'élança lui aussi à la poursuite de ce pauvre Tom. La cuisinière, qui venait de mettre un rôti au four, lissa son tablier, lâcha sa cuillère de bois et s'élança à la poursuite de ce pauvre Tom. Seule madame ne sortait pas,

Histoires pour les filles

car en mettant la tête par la fenêtre, sa perruque de nuit était tombée dans le jardin. Elle avait donc sonné sa femme de chambre et l'envoya récupérer la perruque, ce qui la mettait hors course, de sorte qu'on eut plus besoin d'en parler.

Bref, jamais encore on n'avait entendu à Hall Place – pas même lorsqu'on avait tué un renard dans la serre, qu'il y avait eu des hectares de verre brisé et des tonnes de pots de fleurs cassés – un tel bruit, un tel vacarme, un tel tohu-bohu, un tel brouhaha, un tel tapage, un tel raffut, un tel boucan, un tel charivari… que ce jour-là, lorsque Grimes, le jardinier, le palefrenier, la fille de la laiterie, Sir John, le régisseur, le laboureur, le garde-chasse et l'Irlandaise s'étaient élancés dans le parc en criant : « Au voleur ! », persuadés que Tom avait pour au moins mille livres sterling de joyaux dans ses poches vides. Les pies et les geais s'élancèrent aussi à la poursuite de ce pauvre Tom, en poussant des cris perçants, comme s'il s'agissait d'un renard pourchassé, dont les forces commençaient sérieusement à baisser.

Qu'as-tu fait, Katy ?

Susan Coolidge

Introduction

Sarah Chauncy Woolsey (1945-1905) a écrit *Qu'as-tu fait, Katy?* sous le pseudonyme de Susan Coolidge. Elle s'est inspirée de son enfance auprès de ses sœurs et de son frère William pour créer les personnages de la famille Carr. Katy ne cesse de faire des bêtises, au grand désespoir de tante Izzie, une dame très collet monté. La seule personne qui a de l'influence sur Katy est sa cousine Hélène, et c'est elle qui l'aide à traverser de bien pénibles moments.

Qu'as-tu fait, Katy ?

Katy s'appelait Katy Carr et vivait dans la ville de Burnet, qui n'était pas encore une très grande ville. Elle habitait à la sortie de la ville, dans une grande maison carrée, blanche, aux volets verts, ornée d'une marquise où les roses et les clématites formaient une épaisse tonnelle. Quatre grands caroubiers donnaient de l'ombre au sentier de gravier qui menait au portail principal. Sur un côté, il y avait un verger, et de l'autre un bûcher, des granges et une glacière. Derrière, il y avait un potager qui descendait en pente vers le sud, et bordait une prairie traversée par un ruisseau où quatre vaches paissaient entre les noyers : deux vaches rousses, une vache jaune avec des cornes pointues aux bouts recouverts de métal, et une adorable petite vache blanche qui s'appelait Daisy.

Il y avait six enfants Carr – quatre filles et deux garçons. Katy, l'aînée, avait douze ans ; le plus jeune, Phil, avait quatre ans, et le reste s'échelonnait entre ces deux âges.

Le docteur Carr, leur père, était un homme charmant, aimable et très occupé, qui passait ses journées dehors pour soigner les malades. Les enfants n'avaient pas de mère. Elle était morte lorsque Phil était bébé, quatre ans avant le début de mon histoire. Katy se souvenait assez bien d'elle ; pour les autres enfants, elle n'évoquait qu'un nom triste et doux, qu'on prononçait le dimanche et au

Histoires pour les filles

moment des prières ou lorsque leur père était particulièrement gentil et grave.

Pour remplacer cette mère dont ils se souvenaient si vaguement, il y avait tante Izzie, la sœur du père, venue s'occuper d'eux lorsque la mère était partie pour ce long voyage dont, pendant tant de mois, les petits avaient espéré qu'elle reviendrait. Tante Izzie était une petite femme maigre au visage aigu, très soignée et très exigeante, un peu vieillotte. Elle voulait être aimable avec les enfants, mais ils étaient vraiment très différents de ce qu'elle était lorsqu'elle était enfant. Tante Izzie avait été une gentille petite chose bien propre, qui aimait coudre longuement dans le petit salon, se faire caresser distraitement la tête par les gens plus âgés, et s'entendre dire que c'était une bonne petite. Or Katy déchirait sa robe tous les jours, détestait coudre, et se fichait comme d'une guigne qu'on lui dise qu'elle était « une bonne petite ». Et Clover et Elsie s'enfuyaient comme des poneys effarouchés dès que quiconque tentait de leur caresser la tête. Cela laissait tante Izzie très perplexe, et elle trouvait très difficile de pardonner aux enfants d'être aussi « irresponsables », et de ressembler si peu aux garçons et aux filles des livres d'images, qu'elle préférait de beaucoup parce qu'ils étaient irréprochables et qu'elle les comprenait parfaitement.

Qu'as-tu fait, Katy ?

Le Dr Carr la préoccupait aussi. Il voulait que les enfants soient intrépides, et les encourageait à pratiquer des jeux rudes et audacieux, en dépit des bosses et des vêtements en haillons qui en résultaient. En fait, il n'y avait guère qu'une demi-heure par jour où tante Izzie était vraiment satisfaite des enfants dont elle avait la charge. C'était la demi-heure avant le petit déjeuner, qu'elle avait instituée comme obligatoire, et où ils s'asseyaient sur leurs petites chaises et apprenaient les versets de la Bible. À ce moment-là, elle les regardait d'un regard satisfait, car ils étaient tous impeccables, avec leurs vestes bien brossées et leurs cheveux bien peignés. Mais dès l'instant où la cloche sonnait, c'en était fini de sa satisfaction. Dès cette minute, ils étaient ce qu'elle appelait « indignes à voir ». Les voisins la plaignaient beaucoup. Ils comptaient les soixante jambes des longues culottes accrochées au fil d'étendage tous les lundis matins, et se lamentaient sur la lessive qu'occasionnaient ces enfants. Quelle corvée cela devait être pour la pauvre Miss Carr de les tenir si propres… Mais la pauvre Miss Carr ne les trouvait pas propres du tout, justement. C'était ça, le pire !

– Clover, monte te laver les mains ! Dorry, ramasse ton chapeau et accroche-le au clou ! Non, pas celui-ci, le troisième clou en partant de la droite !

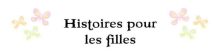

Histoires pour les filles

Voilà le genre de choses que tante Izzie répétait toute la journée. Les enfants la supportaient relativement bien, mais on ne pouvait pas vraiment dire qu'ils l'aimaient. Ils l'appelaient toujours « tante Izzie », jamais « tatie », et l'on devine pourquoi.

Pour vous présenter les petits Carr, je ne vois pas de meilleure occasion que le jour où cinq d'entre eux étaient perchés sur le toit de la glacière, comme des poulets sur un perchoir. Cette glacière

était un de leurs endroits favoris. C'était un long toit posé sur un trou au milieu de la cour, il semblait toujours aux enfants que c'était plus court de grimper sur ce toit et de redescendre de l'autre côté pour aller où que ce soit.

Ils aimaient aussi monter sur la poutre de faîte, s'asseoir et se laisser glisser jusqu'au sol sur les bardeaux chauffés par le soleil. Ce n'était bon ni pour leurs souliers ni pour leurs pantalons, bien sûr. Mais les souliers, les pantalons et les vêtements en général, c'était l'affaire de tante Izzie ; la leur, c'était de s'amuser !

Clover, qui venait juste après Katy, était assise à un bout de la poutre. C'était une fillette replète et douce, au teint pâle, avec deux épaisses nattes brunes et des yeux bleus et myopes qui semblaient toujours pleins de larmes. À cause de ses yeux et de sa voix douce et roucoulante, les gens avaient toujours envie de la chouchouter et de prendre son parti. Une fois, lorsqu'elle était toute petite, elle s'était enfuie avec la poupée de Katy, et lorsque Katy l'avait poursuivie pour la lui reprendre, Clover avait refusé de la lâcher. Le Dr Carr, qui n'avait pas suivi toute la scène, n'entendit que le ton pathétique de la voix de Clover qui disait : « Moi veux pas ! Moi veux Poupée ! » et, sans chercher à comprendre, il déclara d'un ton sec : « Katy, tu n'as pas honte ? Donne sa poupée à ta

Histoires pour les filles

sœur ! » Katy fut tellement étonnée qu'elle obéit sans discuter, et Clover ronronna triomphante, comme une chatte satisfaite. Cette enfant enjouée et aimable était un peu indolente et très modeste, aussi, car elle était très adroite dans toutes sortes de jeux, et extrêmement drôle à sa façon. Tout le monde l'aimait, et elle aimait tout le monde, surtout Katy, qu'elle considérait comme l'une des personnes les plus intelligentes qui soient.

Le petit Phil était assis à l'autre bout du toit. Elsie, une enfant maigre et brune de huit ans, aux beaux yeux sombres, était assise au milieu. Avec ses courtes boucles serrées sur sa petite tête, la pauvre petite Elsie était « le vilain petit canard » des enfants Carr. Elle était très différente, et ce qu'elle désirait le plus au monde, c'était qu'on lui permette de se promener avec Katy, Clover et Cecy Hall, de connaître leurs secrets et d'avoir le droit de glisser des petits papiers dans des boîtes à lettres qu'elles installaient dans toutes sortes de cachettes. Mais les grandes ne voulaient pas d'Elsie, et lui disaient toujours de « déguerpir et d'aller jouer avec les enfants », ce qui lui faisait beaucoup de peine. Lorsqu'elle refusait de déguerpir, c'étaient elles qui s'enfuyaient, et comme elles avaient de plus longues jambes, cela leur était facile. La pauvre Elsie pleurait alors des larmes amères, et comme elle était

Qu'as-tu fait, Katy ?

trop fière pour jouer souvent avec Dorry et John, sa principale consolation était de suivre les grandes et de découvrir leurs mystères. Katy, qui rêvait d'être une « héroïne » utile, ne vit jamais, dans son insouciance, que cette petite sœur solitaire était justement l'occasion qu'elle cherchait pour réconforter quelqu'un qui en avait grand besoin. Elle ne le comprit jamais, et le cœur d'Elsie demeura inconsolé.

Sur la poutre, Dorry et Joanna étaient assis de part et d'autre d'Elsie. Dorry avait six ans. C'était un petit garçon pâle et grassouillet au visage plutôt grave, et il avait des taches de mélasse sur la manche de sa veste. Joanna, que les enfants appelaient John ou Johnnie, était une splendide et forte fillette d'un an plus âgée que Dorry. Elle avait de grands yeux courageux et une grande bouche rose qui semblait toujours prête à rire. Ces deux-là s'entendaient très bien, même si Dorry avait l'air d'être une fille qui portait par erreur des vêtements de garçon, et Johnnie d'un garçon qui avait emprunté la robe de sa sœur pour se déguiser.

Tandis qu'ils étaient tous assis là à bavarder et à pouffer de rire, une fenêtre de la maison s'ouvrit au-dessus d'eux. Il y eut un cri de joie et la tête de Katy apparut, puis son bras, au bout duquel elle agitait triomphalement un de ses bas.

– Hourrah ! s'écria-t-elle. C'est fini, et tante Izzie dit que nous pouvons y aller. Vous n'êtes pas fatigués d'attendre ? Je n'ai pas pu faire mieux, les trous étaient tellement gros, ça m'a pris longtemps. Dépêche-toi de prendre les affaires, Clover !

Aussitôt, les enfants glissèrent joyeusement du toit. Clover alla chercher des paniers dans le bûcher, Elsie courut chercher la chatte, et Dorry et John se chargèrent de deux grands fagots de branches vertes. Au moment même où ils étaient prêts, la porte de côté s'ouvrit et Katy et Cecy Hall entrèrent dans la cour.

Cecy était une grande amie des enfants, et elle habitait dans la maison voisine. Les cours des maisons n'étaient séparées que par une haie, de sorte que Cecy passait les deux tiers de son temps chez le Dr Carrr et faisait partie de la famille. C'était une fillette toute rose et blanche, très soignée et très bien élevée, avec de beaux cheveux blonds bien peignés, et des mains fines qui semblaient toujours propres. Quelle différence avec ma pauvre Katy ! Les cheveux de

Qu'as-tu fait, Katy ?

Katy étaient toujours enchevêtrés, ses robes s'accrochaient toujours aux clous et se déchiraient « toutes seules » et – en dépit de son âge et de sa taille – elle était aussi étourdie, insouciante et innocente qu'une enfant de six ans. Katy était d'une taille nettement supérieure à la moyenne. Ce qu'elle faisait pour grandir ainsi, personne n'aurait pu le dire, mais elle arrivait à la hauteur des yeux de papa et dépassait la pauvre tante Izzie d'une tête et demie. Chaque fois qu'elle songeait à sa taille, Katy devenait très maladroite et avait l'impression qu'elle n'était que jambes, coudes, angles et articulations. Heureusement, sa tête était tellement pleine d'autres choses – de plans, de projets et de fantaisies de toutes sortes – qu'elle ne prenait pas souvent le temps de réfléchir à cette particularité. C'était une enfant aimante et adorable, malgré toute son insouciance, et chaque semaine elle prenait des tas de bonnes résolutions. Mais hélas elle n'en tenait jamais aucune ! Elle s'estimait souvent responsable de ses frères et sœurs, et désirait vivement leur donner le bon exemple, mais lorsque l'occasion se présentait, elle oubliait généralement de le faire. Les journées de Katy filaient comme le vent, car lorsqu'elle n'étudiait pas ses leçons, ou cousait et reprisait avec tante Izzie (ce qu'elle détestait par-dessus tout), il y avait toujours tellement de projets

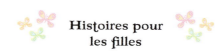

Histoires pour les filles

formidables qui se pressaient dans sa tête qu'il lui aurait fallu dix paires de mains pour les mener à bien. Cette activité mentale lui attirait perpétuellement des ennuis. Elle aimait bâtir des châteaux en Espagne, et rêvait de faire quelque chose qui la rendrait célèbre, afin que tout le monde entende parler d'elle et veuille la rencontrer. Je ne pense pas qu'elle ait eu une idée précise de ce qui aurait pu la rendre célèbre ; mais pendant qu'elle rêvait ainsi, elle oubliait souvent d'apprendre une leçon, ou d'attacher ses lacets, et alors elle avait une mauvaise note ou se faisait gronder par tante Izzie. Elle se consolait en pensant que bientôt elle serait belle et adulée. Mais avant ce « bientôt », beaucoup de choses devaient arriver à Katy. Ses yeux, qui étaient noirs, deviendraient bleus ; son nez idéal s'allongerait et deviendrait très droit, et sa bouche – beaucoup trop grande pour une héroïne, se changerait en une sorte de bouton de rose.

En attendant ces changements charmants, Katy oubliait ses traits autant que possible. Mais je pense qu'elle aurait donner cher pour ressembler aux dames dessinées sur les étiquettes des bouteilles de shampoing, avec de longs et merveilleux cheveux qui tombaient jusqu'au sol.

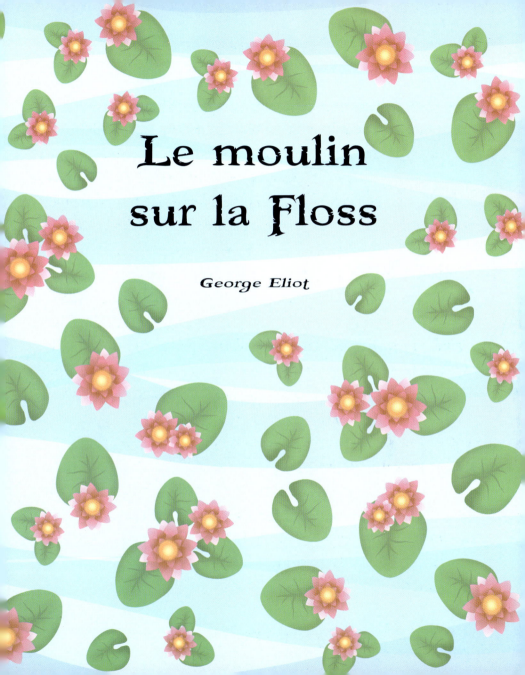

Le moulin sur la Floss

George Eliot

Introduction

George Eliot (1819-1880) fait partie des femmes qui signaient leurs romans sous un pseudonyme masculin; son vrai nom était Mary Ann Evans. Dans Le moulin sur la Floss, *Tom et Maggie sont les enfants d'un meunier honnête mais sans instruction. Tom est comme son père, mais Maggie, intelligente et passionnée, se rebelle devant les frustrations de la vie. Cet extrait souligne le conflit qui oppose Tom et son sens des convenances, à Maggie, avide de liberté.*

Le moulin sur la Floss

Lucy, toute sa petite personne mouillée et maculée de boue (depuis ses petits pieds jusqu'au sommet de son bonnet), tendit deux petites mains noircies en faisant piteuse mine. Pour expliquer cette apparition sans précédent dans le petit salon de Tante Pullet, il nous faut retourner au moment où les trois enfants jouaient dehors et où les démons qui avaient possédé l'âme de Maggie un peu plus tôt dans la journée, réapparurent avec une énergie redoublée après une absence passagère. Tous les pénibles souvenirs de la matinée lui pesaient ; Tom, dont le mécontentement à son égard avait été considérablement ravivé par la maladresse qu'elle avait eue de lui faire tourner son « vin de primevères », avait lancé : « Allez Lucy, tu viens avec moi », et s'était éloigné vers le carré aux crapauds, comme si Maggie n'existait plus.

Voyant cela, Maggie était restée en arrière, ressemblant à une petite Méduse dont on aurait écourté les serpents. Naturellement, Lucy était heureuse que son cousin Tom se montre si gentil envers elle et il était très amusant de le voir chatouiller un gros crapaud avec un bout de ficelle quand l'animal se trouvait à une distance respectueuse, sous une grille de fer.

Histoires pour les filles

Mais Lucy aurait aimé que Maggie profite elle aussi du spectacle, surtout parce qu'elle baptiserait sans doute le crapaud de quelque nom et raconterait ce qu'avait été son histoire ; car Lucy se plaisait à croire à moitié aux histoires de Maggie sur les petits êtres vivants qui croisaient leur route. L'envie de connaître l'histoire d'un crapaud bien replet, à laquelle se mêlait sa tendresse habituelle, la fit courir vers Maggie en disant : « Oh, il y a un drôle de gros crapaud, Maggie ! Viens voir ! »

Maggie ne dit rien mais se détourna en fronçant les sourcils de plus belle. Tant que Tom lui préférerait Lucy, celle-ci était associée à sa cruauté. Encore récemment, Maggie n'aurait jamais pensé pouvoir être fâchée contre la jolie petite Lucy, pas plus qu'elle n'aurait pu se montrer cruelle envers une blanche petite souris. Mais il fallait avouer que Tom n'avait jamais prêté grande attention à Lucy, et on avait laissé à Maggie le soin de la câliner et de s'occuper d'elle. Aujourd'hui, elle commençait à penser qu'elle aimerait faire pleurer Lucy en la giflant ou en la pinçant, surtout parce que cela risquait de contrarier Tom, qu'il ne servait à rien de gifler, même si elle l'avait osé, car il s'en moquait bien. Et si Lucy n'avait pas été là, Maggie était sûre qu'ils se seraient déjà réconciliés.

Chatouiller un gros crapaud qui n'est pas particulièrement

Le moulin sur la Floss

sensible est un amusement que l'on peut rapidement épuiser ; Tom se mit donc à chercher autour de lui une autre façon de passer le temps. Mais dans un jardin si soigné, où l'on ne devait pas s'écarter des allées pavées, le choix des distractions était bien mince. Le seul plaisir qu'offrait une telle restriction était le plaisir de la braver, et Tom se mit à concocter une visite dérogatoire à l'étang, situé au-delà du champ derrière le jardin.

— Dis-moi, Lucy, lança-t-il, hochant la tête d'un air entendu et en enroulant sa ficelle, que crois-tu que j'ai l'intention de faire ?

— Quoi, Tom ? demanda Lucy piquée par la curiosité.

— J'ai l'intention d'aller à l'étang voir le brochet. Tu peux m'accompagner si tu veux, déclara le jeune sultan.

— Oh Tom, tu oserais ? demanda Lucy. Tante dit que nous n'avons pas le droit de sortir du jardin.

— Oh, mais je sortirai par l'autre côté du jardin. Personne ne nous verra. D'ailleurs, je m'en moque… si on nous voit, je m'enfuirai de la maison.

— Mais je ne pourrai pas te suivre, dit Lucy qui n'avait jamais été confrontée à une si grave tentation.

— Oh, ne t'inquiète pas. Ils ne seront pas fâchés contre toi. Tu diras que je t'ai emmenée.

Histoires pour les filles

Maggie, les voyant quitter le jardin, ne put résister à l'envie de les suivre. La colère et la jalousie, pas plus que l'amour, ne peuvent supporter de perdre leur objet de vue, et l'idée que Tom et Lucy puissent faire ou voir quelque chose qu'elle ignorait lui était insupportable. Elle se tint donc à quelques mètres derrière eux, sans que Tom la remarque, car il se consacrait tout entier à guetter le brochet, un monstre particulièrement intéressant. On disait de lui qu'il était très vieux, très grand, et qu'il avait un appétit considérable. Le brochet, comme d'autres célébrités, ne se montrait pas quand on l'attendait, mais Tom aperçut quelque chose qui filait dans l'eau, ce qui l'attira vers un autre endroit du bord de l'étang.

– Viens, Lucy! murmura-t-il un peu fort. Viens voir! Fais attention! Reste sur l'herbe… ne marche pas dans les pas des vaches! ajouta-t-il, en désignant une péninsule d'herbe sèche entourée de part et d'autre de boue piétinée; car la conception méprisante que Tom avait d'une fille incluait l'incapacité de celle-ci à marcher dans des endroits sales.

Le moulin sur la Floss

Lucy s'approcha aussi prudemment qu'on le lui avait indiqué puis se pencha pour regarder ce qui ressemblait à la pointe dorée d'une flèche qui fendait l'eau. « C'est un serpent d'eau », lui dit Tom ; et Lucy finit par voir l'onde serpentine que traçait son corps, s'émerveillant devant le fait qu'un serpent pût nager. Maggie s'était approchée de plus en plus près… Il fallait qu'elle le vît elle aussi, bien que cela lui coûtât autant que le reste, puisque Tom ne se souciait pas qu'elle le vît ou non. Elle se retrouva finalement à côté de Lucy ; et Tom, qui avait remarqué son approche mais n'en avait rien laissé paraître tant qu'il n'y était pas obligé, se retourna et dit :

– Va-t'en, Maggie. Il n'y a pas de place pour toi sur l'herbe. Personne ne t'a demandé de venir.

La rage s'empara alors de Maggie et de toute la force de son petit bras brun, elle poussa la pauvre petite Lucy, blanche et rose, dans la boue que les vaches avaient piétinée.

Tom ne put se retenir et donna à Maggie deux petites tapes cinglantes sur le bras avant de courir relever Lucy, qui, désemparée, était étendue en pleurs. Maggie recula jusqu'aux racines d'un arbre, à quelques mètres de là, et les regarda sans aucun repentir. D'habitude, celui-ci se manifestait rapidement après qu'elle ait commis un acte

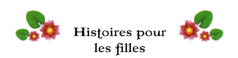

Histoires pour les filles

irréfléchi, mais là, Tom et Lucy l'avaient rendue si malheureuse qu'elle était ravie de gâcher leur plaisir. De quoi serait-elle désolée ? Elle avait eu beau éprouver les plus vifs regrets, Tom ne l'avait toujours pas pardonnée.

– Je vais le dire à maman, tu sais, Miss Mag, dit Tom d'un ton haut et péremptoire dès que Lucy fut sur pied et prête à repartir.

Celle-ci était bien trop absorbée par le malheur qui venait de lui arriver (ses plus jolis habits étaient souillés, et il était très inconfortable d'être sale et toute mouillée) pour se demander quelle en était la cause, qui restait pour elle un mystère entier. Elle n'avait pas la moindre idée de ce qu'elle avait bien pu faire pour que Maggie lui en veuille. Mais elle trouvait que Maggie était très méchante et très désagréable, et elle n'intervint pas auprès de Tom pour qu'il ne « dise » rien, se contentant de courir à son côté en pleurant piteusement tandis que Maggie, assise sur les racines, les suivait du regard, son petit visage crispé de colère.

– Sally ! dit Tom quand ils parvinrent sur le seuil de la cuisine – Sally les regarda muette de stupéfaction, un morceau de pain beurré dans la bouche et une fourchette à griller à la main – Sally, dites à maman que Maggie a poussé Lucy dans la boue.

– Mais, Seigneur Dieu, où avez-vous trouvé autant de boue ? dit

Le moulin sur la Floss

Sally en se penchant pour examiner la petite Lucy toute salie.

L'imagination de Tom n'avait pas été suffisamment rapide ni développée pour inclure cette question parmi les conséquences envisagées, mais aussitôt posée, il comprit où elle menait, c'est-à-dire que Maggie ne serait plus considérée comme la seule coupable dans cette affaire. Il s'éloigna d'un pas tranquille de la porte de la cuisine, laissant à Sally le plaisir de deviner, ce que  les esprits vifs, c'est bien connu, préfèrent mille fois aux nouvelles toutes faites.

Sally, vous l'aurez compris, ne perdit pas une minute et conduisit immédiatement Lucy à la porte du petit salon, car l'intrusion d'un sujet aussi sale dans la maison des Sapins de Garum était un poids bien trop lourd pour être porté par un seul esprit.

– Bonté divine ! s'écria Tante Pullet après avoir poussé, en prélude,

Histoires pour les filles

un cri inarticulé. Ne la faites pas entrer, Sally !

— Eh bien, elle a dû tomber dans un vilain bain de boue, dit Mrs Tulliver en s'approchant de Lucy pour mieux évaluer l'étendue des dégâts infligés aux habits, dont elle se sentait responsable devant sa sœur Deane.

— Avec votre permission, M'dame, c'est Miss Maggie qui l'y a poussée, dit Sally ; M'sieur Tom était là, c'est lui qui le dit. Ils ont dû aller à l'étang, car y a que là qu'ils ont pu se mettre dans un état pareil.

— Et voilà, Bessy ; c'est bien ce que je disais, dit Mrs Pullet sur un ton de prophétesse attristée. Ah ! tes enfants… Dieu sait ce qu'il en sortira !

Mrs Tulliver, silencieuse, avait l'impression d'être une mère bien malheureuse. Bientôt, la cuisinière apporterait le thé, et les deux vilains enfants prendraient le leur de façon ignominieuse : à la cuisine. Mrs Tulliver sortit parler à ces mauvais enfants car elle supposait qu'ils se trouvaient non loin de là. Mais ce ne fut qu'après quelques recherches qu'elle découvrit Tom appuyé d'un air ferme et dégagé contre la palissade blanche du poulailler, derrière laquelle il faisait pendre son bout de ficelle pour exaspérer le dindon.

— Tom, vilain garçon, où est ta sœur ? demanda Mrs Tulliver.

— Je ne sais pas, dit Tom. Sa soif de justice envers Maggie s'était

Le moulin sur la Floss

atténuée depuis qu'il avait compris que la chose ne se ferait probablement pas sans qu'un quelconque et injuste blâme ne sanctionne sa propre conduite.

– Pourquoi, où l'as-tu laissée ? demanda sa mère en regardant autour d'elle.

– Assise sous l'arbre près de l'étang, répondit Tom, apparemment indifférent à tout sauf au dindon.

– Alors va la chercher tout de suite, vilain garçon ! Et comment as-tu pu imaginer aller à l'étang et emmener ta sœur dans un endroit plein de boue ?

Imaginer Maggie assise seule près de l'étang fit naître une peur habituelle dans le cœur de Mrs Tulliver et elle grimpa sur le montoir pour apercevoir cette enfant terrible tandis que Tom cheminait – sans hâte – vers elle.

« Ils aiment tellement l'eau ces enfants, dit-elle tout haut sans penser au fait qu'il n'y avait personne pour l'entendre. Un jour on me les ramènera noyés. J'aimerais tant que cette rivière soit plus loin. »

Mais quand non seulement elle ne parvint pas à discerner Maggie, mais qu'ensuite elle vit Tom s'en retourner seul, cette peur latente s'empara tout à coup d'elle et elle courut à sa rencontre :

– Maggie n'est nulle part près de l'étang, maman, dit Tom.

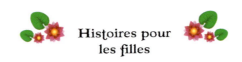
Histoires pour les filles

Vous pouvez imaginer dans quelle angoisse on partit à la recherche de Maggie. Mr Pullet, déconcerté et accablé par cette soudaine révolution (le thé remis à plus tard et les volailles alarmées par les inhabituels allers et venues) attrapa sa bêche en guise d'instrument de recherche et prit la clé qui ouvrait l'enclos des oies, l'endroit lui semblant propice à abriter Maggie si elle s'y cachait.

Tom émit l'idée que Maggie était rentrée à la maison, et cette suggestion fut accueillie par sa mère comme un grand soulagement.

– Ma sœur, pour l'amour de Dieu, fais atteler le cheval à la carriole. Nous la trouverons peut-être sur la route. Lucy ne peut pas marcher avec ses vêtements sales, dit-elle en regardant l'innocente victime enveloppée dans un châle, assise pieds nus sur le sofa.

En un rien de temps, Mrs Tulliver était assise dans le cabriolet, scrutant avec inquiétude l'horizon devant elle. Que dirait le père de Maggie si celle-ci était perdue ? Cette question prédominait sur toutes les autres.

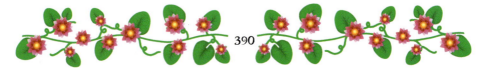

Rebecca de la clairefontaine

Kate Douglas Wiggin

Introduction

Kate Douglas Wiggin (1856-1923) était professeur mais son premier livre eut tant de succès qu'elle décida de se consacrer à l'écriture. Rebecca de la clairefontaine *fut publié en 1903. La mère de Rebecca a confié la fillette à ses deux tantes célibataires. Dans cet extrait, elle vient de vendre des savonnettes avec ses amies, dans l'espoir de gagner la magnifique « lampe de table » que l'usine de savons a promise en récompense.*

Rebecca de la clairefontaine

Pour l'abondant repas de Thanksgiving servi à une heure dans la maison de briques, on avait invité les sœurs Burnham, qui habitaient entre North Riverboro et Shaker Village et qui, depuis plus d'un quart de siècle, célébraient tous les ans cette fête chez les Sawyer. Une fois la vaisselle terminée, Rebecca lut en silence sur une chaise et lorsqu'il fut presque cinq heures, elle demanda si elle pouvait aller chez les Simpson.

– Pourquoi irais-tu traîner avec ces petits vauriens un jour de Thanksgiving ? s'écria Miss Miranda. Ne peux-tu pas rester tranquille, pour une fois, et écouter la conversation édifiante de tes aînées ? Tu ne tiens jamais en place !

– Les Simpson ont une nouvelle lampe. Emma Jane et moi, on a promis d'y monter quand ils vont l'allumer. Il y aura une petite fête.

– Qu'ont-ils à faire d'une nouvelle lampe, je vous demande un peu ? dit Miss Miranda. Et où ont-ils trouvé l'argent pour la payer ? Si Abner était là, je pourrais croire que c'est encore un de ses trocs…

– Les enfants l'ont gagné en vendant du savon, répliqua Rebecca. Ils ont travaillé toute une année. Vous savez bien qu'Emma Jane et moi, on les a aidés le samedi après-midi où vous étiez à Portland.

Histoires pour les filles

— Je n'ai pas fait attention, je suppose. Pour ma part, c'est la première fois que j'entends parler de cette lampe. Bon, tu peux y aller mais pour une heure, pas plus. Souviens-toi qu'à six heures, il fait aussi sombre qu'à minuit. Veux-tu leur apporter quelques pommes ? Qu'est-ce que tu as dans la poche de ta robe neuve ?

— C'est mes noisettes et mes raisins du déjeuner, répliqua Rebecca, dont l'action la plus innocente n'échappait jamais à l'œil vigilant de tante Miranda.

— Pourquoi ne les as-tu pas mangés ?

— Parce que je n'avais plus faim, et je pensais que si je les gardais, ça serait mieux pour la fête des Simpson, bégaya Rebecca, qui détestait se faire gronder devant des invités.

— Ils sont à toi, Rebecca, s'interposa tante Jane. Et si tu as décidé de les garder pour les donner, c'est très bien. Il faut toujours penser à nos voisins, au lieu de nous complaire dans notre bien-être.

Rebecca de la clairefontaine

Les sœurs Burnham approuvèrent d'un hochement de tête en regardant Rebecca sortir, et décrétèrent qu'elles n'avaient jamais vu une enfant se développer si bien et si vite.

— Elle a encore beaucoup de progrès à faire, et vous le sauriez si vous habitiez avec elle, répliqua Miranda. Il faut qu'elle s'occupe de tout ce qui se passe dans le quartier, surtout quand ce sont des bêtises. Et de toutes les sottises que j'ai entendues, cette lampe a le pompon. Ça ne m'étonne pas des Simpson, remarquez, mais je ne pensais pas que leurs enfants soient assez intelligents pour vendre quoi que ce soit.

— Si j'en crois Adam Ladd, dit Miss Ellen Burnham, la fillette qui leur a vendu des savonnettes à North Riverboro est l'enfant la plus remarquable et la plus adorable qu'il lui ait été donné de rencontrer.

— Ce devait être Clara Belle, et elle n'a rien de remarquable, répondit Miss Miranda. Adam est donc rentré?

— Oui, il vient de passer quelques jours chez sa tante. Il gagne un argent fou, paraît-il, et il apporte toujours des cadeaux à ses voisins. Cette fois, Mrs Ladd a eu droit à tout un assortiment de fourrures — et dire qu'il n'y a pas si longtemps encore, il allait pieds nus, sans même une chemise de rechange! C'est curieux qu'il ne se soit pas marié, avec tout cet argent, lui qui aime tellement les enfants et qui en a toujours une ribambelle sur les talons.

— Tout n'est pas perdu, dit Miss Jane en souriant. Je ne crois pas qu'il ait plus de trente ans.

— Il n'aurait aucun mal à trouver une femme à Riverboro même s'il avait cent ans de plus, remarqua Miss Miranda.

— D'après sa tante, Adam a été tellement impressionné par la petite fille qui vendait le savon – elle s'appelle Clara Belle, c'est bien ça? – qu'il a décidé de lui apporter un cadeau de Noël, poursuivit Miss Ellen.

— Eh bien, tous les goûts sont dans la nature! s'exclama Miss Miranda. Clara Belle louche et elle a les cheveux roux, mais je serais bien la dernière à lui plaindre un cadeau de Noël – ce sera toujours ça d'économisé pour la mairie.

— Les Simpson ont-ils une autre fille? demanda Miss Lydia Burnham. Car celle dont je parle ne louche pas. Mrs Ladd a mentionné que selon Adam, cette fillette avait des yeux magnifiques. Il a même dit que c'était à cause de ses yeux qu'il avait acheté les trois cents savonnettes. Mrs Ladd les a empilées dans son garde-manger.

Rebecca de la clairefontaine

— Trois cents savonnettes ! répéta Miranda. Eh bien, il y a une chose dont on n'est pas prêt de manquer, à Riverboro !
— Laquelle ? demanda poliment Miss Lydia.
— De fieffés idiots, répondit Miranda, avant de changer de sujet, au grand soulagement de Jane qui se sentait mal à l'aise depuis un bon quart d'heure.

À Riverboro, il n'y avait que Rebeccca qu'on puisse décrire comme une enfant remarquable. C'était aussi la seule dont on pouvait dire qu'elle avait des yeux merveilleux. Et qui d'autre,

Histoires pour les filles

à part Rebecca, pouvait inciter un homme à acheter des savonnettes par centaines ?

Pendant ce temps, l'enfant « remarquable » était sortie dans le crépuscule. Au bout de quelques mètres, elle entendit un bruit de pas pressés et aperçut une silhouette familière venant dans sa direction. Un instant plus tard, elle retrouvait Emma Jane et les fillettes s'étreignaient, essoufflées.

– Quelque chose de terrible est arrivé, dit Emma Jane en haletant.

– Ne me dis pas qu'elle s'est cassée ! s'exclama Rebecca.

– Oh, non, ce n'est pas ça ! Elle était empaquetée dans de la paille, et toutes les pièces sont restées entières. Et puis, je n'ai pas dit que c'est toi qui avais vendu les trois cents savonnettes qui nous ont permis de gagner la lampe, pour qu'on soit ensemble quand tu leur dirais.

– Nous avons vendu les trois cents savonnettes, corrigea Rebecca. Tu en as vendus autant que moi.

– Non, ce n'est pas vrai, Rebecca Randall. Je me suis contentée de m'asseoir sur la barrière et de tenir le cheval.

– Oui, mais c'est le cheval de qui, qui nous a emmenées à North Riverboro ? Et puis, c'est par hasard que c'était mon tour de vendre, c'est tout. Si ça avait été toi, Mr Aladin t'aurait donné la lampe. Mais dis-moi, que se passe-t-il de si terrible ?

Rebecca de la clairefontaine

— Les Simpson n'ont plus de pétrole ni de mèches. Je pense qu'ils croyaient qu'une grande lampe de table était quelque chose qui s'allumait tout seul. Seesaw est partie chez le docteur pour lui emprunter une mèche, et maman m'a donné un demi-litre de pétrole, mais elle ne veut pas m'en donner d'autre. Nous n'avons jamais pensé que ça coûterait de l'argent d'allumer cette lampe, Rebecca.

— Nous y penserons après la fête. J'ai une poignée de noisettes et de raisins, et des pommes aussi.

— Moi j'ai des pastilles de menthe et du sucre d'érable, dit Emma Jane. Ils ont eu un vrai repas de Thanksgiving, tu sais. Le docteur leur a donné des patates douces, des canneberges et des navets ; papa a envoyé un travers de porc et Mrs Cobb un poulet et un pot de hachis.

À cinq heures et demie, si on avait regardé par la fenêtre des Simpson, on aurait vu une fête battant son plein. Mrs Simpson avait laissé s'éteindre le feu de la cuisine, et avait amené le bébé pour ajouter encore à l'ambiance festive. On aurait dit que c'était la lampe qui recevait des invités. Les enfants avaient placé l'unique petite table de la maison dans le coin le plus éloigné de la pièce pour servir de piédestal et y poser l'objet sacré, l'objet adoré si

Histoires pour les filles

longtemps convoité, qui était presque aussi beau et pratiquement moitié moins grand que sur la publicité. Le cuivre brillait comme de l'or, et l'abat-jour en papier cramoisi luisait comme un gigantesque rubis. Les Simpson étaient assis dans la vaste flaque de lumière, plongés dans un silence solennel et déférent ; Emma Jane se tenait derrière eux, debout, main dans la main avec Rebecca. Personne ne semblait avoir le moindre désir de tenir une conversation – la circonstance étant bien trop extraordinaire pour parler. Tout le monde sentait que la lampe donnait de la dignité à l'assemblée, et que sa simple présence était déjà une distraction en soi, aussi intéressante qu'un piano mécanique ou un orchestre à cordes.

– Je regrette que papa ne soit pas là pour la voir, dit Clara Belle.

– S'il la foyait, y foudrait tout de suite l'éfanzer, murmura Susan avec sagacité.

À l'heure dite, Rebecca s'arracha à contrecœur de la scène enchanteresse.

– J'éteindrai la lampe dès l'instant où je penserai qu'Emma Jane et toi serez rentrées, dit Clara Belle. Je suis tellement contente que vous habitiez assez près pour la voir briller de loin, toutes les deux. Je me demande combien de temps elle peut durer sans qu'on la

Rebecca de la clairefontaine

remplisse, si on ne l'allume qu'une heure tous les soirs ?

– Ce n'est pas la peine de l'éteindre pour économiser le pétrole, dit Seesaw en sortant de la resserre, parce qu'il y en a un grand baril. Mr Tubbs l'a rapporté de North Riverboro et a dit que quelqu'un l'avait commandé par la poste.

Rebecca serra le bras d'Emma Jane, et Emma Jane lui rendit sa pression avec ravissement.

– C'est Mr Aladin qui nous l'envoie, chuchota Rebecca, tandis qu'elles couraient vers le portail.

Seesaw les suivit et leur proposa généreusement de faire « un bout » de route avec elles, mais Rebecca déclina son offre avec une telle fermeté qu'il n'insista pas, et alla se coucher pour rêver d'elle. Dans ses rêves, les yeux de Rebecca lançaient de véritables éclairs, et elle tenait dans chaque main une épée en flammes.

Toute joyeuse, Rebecca pénétra dans la salle à manger

de ses tantes. Les sœurs Burnham étaient parties et les deux demoiselles tricotaient.

– C'était merveilleux, s'écria-t-elle, en ôtant son chapeau et sa pèlerine.

– Reviens dans l'entrée et vérifie que tu as bien fermé la porte. Tu peux tirer le verrou, dit Miss Miranda avec sa sévérité habituelle.

– C'était merveilleux, répéta Rebecca, une fois sa tâche accomplie. Oh! Tante Jane, tante Miranda, vous devriez venir regarder par la fenêtre de la cuisine. La lampe brille tellement fort… Elle est toute rouge, on dirait que la maison des Simpson est en feu!

– Nul doute qu'elle brûlera d'ici peu, remarqua Miranda. Je n'ai aucune patience pour ce genre d'idiotie.

Jane se leva et suivit Rebecca dans la cuisine. La faible lueur qu'elle apercevait de loin n'avait vraiment rien d'éblouissant, mais elle tenta d'être aussi enthousiaste que possible.

– Rebecca, qui a vendu ces trois cents savonnettes à Mr Ladd?

– Mr qui? s'exclama Rebecca.

– Mr Ladd, à North Riverboro.

– C'est son vrai nom? s'enquit Rebecca avec étonnement. « Je ne m'étais pas tellement trompée, se dit-elle, en riant sous cape. »

— Je t'ai demandé qui a vendu le savon à Adam Ladd ? reprit Miss Jane.

— Adam Ladd ! Alors ça commence par A. Et après, il y a aussi Ladd… Ce que c'est drôle !

— Réponds-moi, Rebecca.

— Oh, excuse-moi, tante Jane, j'étais occupée à réfléchir. C'est Emma Jane et moi qui avons vendu le savon à Mr Ladd.

— L'avez-vous importuné ? L'avez-vous obligé à l'acheter ?

— Voyons, tante Jane, comment pourrait-on obliger un adulte à acheter quoi que ce soit ? Il avait absolument besoin du savon pour faire un cadeau à sa tante.

Miss Jane ne semblait toujours pas convaincue, mais elle se contenta de dire :

— J'espère que ta tante Miranda ne s'en offusquera pas, Rebecca, mais tu sais comme elle est exigeante. Je tiens à ce que tu ne fasses rien d'extraordinaire sans lui en parler d'abord.

— Il n'y aura aucun problème, cette fois, répondit Rebecca avec confiance. Emma Jane a vendu ses savonnettes à des membres de sa famille et à oncle Jerry Cobb. Et moi, je suis d'abord passée dans les maisons neuves près de la scierie, puis chez les Ladd. Mr Ladd a acheté tout ce que nous avions et nous a fait promettre de garder le secret jusqu'à ce qu'on ait reçu la récompense, et depuis, je me promène comme si la lampe était allumée à l'intérieur de moi, pour que tout le monde la voit !

Les cheveux de Rebecca s'étaient défaits et retombaient en boucles moussues sur son front, ses yeux brillaient, ses joues étaient empourprées, et le visage de la fillette exprimait tout l'éventail possible des émotions. On y lisait de la sensibilité, de la délicatesse, de l'ardeur, la douceur des fleurs du printemps, la force du jeune chêne, mais on pouvait aussi deviner sans peine qu'elle était une de ses âmes exaltées dans le bonheur comme dans la souffrance.

— Si, par extraordinaire, tu avais vraiment une lampe qui brûlait à l'intérieur de toi, tu aurais exactement ce visage, soupira tante Jane. Oh ! Rebecca ! Rebecca ! J'aimerais que tu prennes les choses plus à la légère, mon enfant. Parfois, je me fais du souci pour toi.

Les grandes espérances

Charles Dickens

Introduction

Charles Dickens (1812-1870) était le fils d'un clerc. Son père fut emprisonné à cause de lourdes dettes et Charles Dickens, alors âgé de douze ans, dut travailler dans une fabrique de cirage. Cette expérience le marqua profondément et lui inspira la plupart de ses récits. *Les grandes espérances* est raconté par Pip. La scène qui suit s'ouvre quand Pip est convoqué dans la maison de la fortunée miss Havisham qui vit dans la solitude depuis qu'elle a été abandonnée le jour de son mariage.

Les grandes espérances

J'avais entendu parler de miss Havisham. Qui n'avait pas entendu parler de miss Havisham à plusieurs milles à la ronde comme d'une dame immensément riche et morose, habitant une vaste maison, à l'aspect terrible, fortifiée contre les voleurs, et qui vivait d'une manière fort retirée ?

– Assurément ! dit Joe étonné. Mais je me demande comment elle a connu mon petit Pip !

– Imbécile ! dit ma sœur, qui t'a dit qu'elle le connût ?

– Quelqu'un, reprit Joe avec beaucoup d'égards, a dit qu'elle le demandait et qu'elle avait besoin de lui.

– Et n'a-t-elle pas pu demander à l'oncle Pumblechook, s'il ne connaissait pas un garçon qui pût la distraire ? Ne se peut-il pas que l'oncle Pumblechook soit un de ses locataires et qu'il aille quelquefois payer son loyer ? Et n'a-t-elle pas pu demander à l'oncle Pumblechook s'il connaissait quelqu'un qui pût lui convenir ? Et l'oncle Pumblechook, qui pense à nous sans cesse, quoique tu croies peut-être tout le contraire, Joseph – ajouta-t-elle d'un ton de reproche, comme si Joe eût été le plus endurci de ses neveux – n'a-t-il pas bien pu parler de ce garçon, de cette mauvaise tête-là ? Je déclare solennellement que moi, je ne l'aurais pas fait !

– Très bien ! s'écria l'oncle Pumblechook, voilà qui est parfaitement

Histoires pour les filles

clair et précis, très bien! très bien! Maintenant Joseph, tu sais tout.
— Non, Joseph, reprit ma sœur, toujours d'un ton de reproche tandis que Joe passait et repassait le revers de sa main sous son nez, tu ne sais pas encore tout, quoi que tu puisses penser, car tu ne sais pas que l'oncle Pumblechook, prenant à cœur tout ce qui nous concerne, et voyant que l'entrée de ce garçon chez miss Havisham était un premier pas vers la fortune, m'a offert de l'emmener ce soir même dans sa voiture, de le garder la nuit chez lui, et de le présenter lui-même à miss Havisham demain matin. Eh! mon Dieu, qu'est ce que je fais là? s'écria ma sœur tout à coup, en rejetant son chapeau en arrière par un mouvement de désespoir. Je reste là à causer avec des imbéciles, des bêtes brutes, pendant que l'oncle Pumblechook attend, que la jument s'enrhume à la porte, et que ce mauvais sujet-là est encore tout couvert de crottes et de saletés, depuis le bout des cheveux jusqu'à la semelle de ses souliers!

Sur ce, elle fondit sur moi comme un aigle sur un agneau. Elle me saisit la tête, me la plongea à plusieurs reprises dans un baquet plein d'eau, me savonna, m'essuya, me bourra, m'égratigna, et me ratissa jusqu'à ce que je ne fusse plus moi-même.

Quand mes ablutions furent terminées, on me fit entrer dans du linge neuf, de l'espèce la plus rude, comme un jeune pénitent dans son cilice. On m'empaqueta dans mes habits les plus étroits, mes terribles habits! Puis on me remit entre les mains de M. Pumblechook, qui me reçut officiellement comme s'il eût été le shériff, et qui débita le speech suivant:

– Mon garçon, sois toujours reconnaissant envers tes parents et tes amis, mais surtout envers ceux qui t'ont élevé!

– Adieu Joe!

– Dieu te bénisse, mon petit Pip!

Je ne l'avais jamais quitté jusqu'alors, et, grâce à mon émotion, mêlée à mon eau de savon, je ne pus tout d'abord voir les étoiles en montant dans la carriole; bientôt cependant, elles se détachèrent une à une sur le velours du ciel, mais sans jeter aucune lumière sur ce que j'allais faire chez miss Havisham.

La maison de M. Pumblechook, située dans la Grande-Rue, était poudreuse, comme doit l'être toute maison de blatier et de grainetier. Je pensais qu'il devait être un homme bienheureux, avec une telle quantité de petits tiroirs dans sa boutique; et je me demandais, en regardant dans l'un des tiroirs inférieurs, et en considérant les petits parquets de papier qui y étaient entassés, si les graines et les oignons qu'ils contenaient étaient essentiellement désireux de sortir un jour de leur prison pour aller germer en plein champ.

Histoires pour les filles

M. Pumblechook et moi déjeunâmes à huit heures dans l'arrière-boutique, tandis que le garçon de magasin, assis sur un sac de pois dans la boutique même, savourait une tasse de thé et un énorme morceau de pain et de beurre. Je considérais M. Pumblechook comme une pauvre société. Sans compter qu'ayant été prévenu par ma sœur que mes repas devaient avoir un certain caractère de diète mortifiante et pénitentielle, il me donna le plus de mie possible, combinée avec une parcelle inappréciable de beurre, et mit dans mon lait une telle quantité d'eau chaude, qu'il eût autant valu me retrancher le lait tout à fait; de plus, sa conversation roulait toujours sur l'arithmétique.

Le matin, quand je lui dis poliment bonjour, il me répondit:
– Sept fois neuf mon garçon?

Comment aurais-je pu répondre, interrogé de cette manière, dans un pareil lieu et l'estomac creux! J'avais faim, mais avant que j'eusse le temps d'avaler une seule bouchée, il commença une addition qui dura pendant tout le déjeuner.

– Sept?… et quatre?… et huit?… et six?… et deux?… et dix?…

Et ainsi de suite. Après chaque nombre, j'avais à peine le temps de mordre une bouchée ou de boire une gorgée, pendant qu'étalé dans son fauteuil et ne songeant à rien, il mangeait du jambon frit et un petit pain chaud, de la manière la plus gloutonne, si j'ose me servir de cette expression irrévérencieuse.

On comprendra que je vis arriver avec bonheur le moment de nous rendre chez miss Havisham ; quoique je ne fusse pas parfaitement rassuré sur la manière dont j'allais être reçu sous le toit de cette dame. En moins d'un quart d'heure, nous arrivâmes à la maison de miss Havisham qui était construite en vieilles briques, d'un aspect lugubre, et avait une grande grille en fer. Quelques-unes des fenêtres avaient été murées ; le bas de toutes celles qui restaient avait été grillé. Il y avait une cour devant la maison, elle était également grillée, de sorte qu'après avoir sonné, nous dûmes attendre qu'on vînt nous ouvrir. En attendant, je jetai un coup d'œil à l'intérieur, bien que M. Pumblechook m'eût dit :

– Cinq et quatorze ?

Mais je fis semblant de ne pas l'entendre. Je vis que d'un côté de la maison, il y avait une brasserie. On n'y travaillait pas et elle paraissait n'avoir pas servi depuis longtemps.

On ouvrit une fenêtre, et une voix claire demanda :

– Qui est là ?

À quoi mon compagnon répondit :

– Pumblechook.

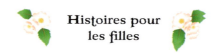

Histoires pour les filles

– Très bien, répondit la voix.

Puis la fenêtre se referma, et une jeune femme traversa la cour avec un trousseau de clés à la main.

– Voici Pip, dit M. Pumblechook.

– Ah! vraiment, répondit la jeune femme, qui était fort jolie et paraissait très fière. Entre Pip.

M. Pumblechook allait entrer lui aussi quand elle l'arrêta avec la porte :

– Oh! dit-elle, est-ce que vous voulez voir miss Havisham?

– Oui, si miss Havisham désire me voir, répondit M. Pumblechook désappointé.

– Ah! dit la jeune femme, vous voyez bien qu'elle ne le désire pas.

Elle dit ces paroles d'une façon qui admettait si peu d'insistance que, malgré sa dignité offensée, M. Pumblechook ne put protester, mais il me lança un coup d'œil sévère, comme si je lui avais fait quelque chose. Et il partit en m'adressant ces paroles de reproche :

– Mon garçon, que ta conduite ici fasse honneur à ceux qui t'ont élevé!

Je craignais qu'il ne revint pour me crier à travers la grille :

– Et seize?…

Mais il n'en fit rien.

Les grandes espérances

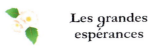

Ma jeune introductrice ferma la grille, et nous traversâmes la cour. Elle était pavée et très propre, mais l'herbe poussait entre chaque pavé. Un petit passage conduisait à la brasserie, dont les portes étaient ouvertes. La brasserie était vide et hors service. Le vent semblait plus froid que dans la rue, et il faisait entendre en s'engouffrant dans les ouvertures de la brasserie, un sifflement aigu, semblable au bruit de la tempête battant les agrès d'un navire.

Elle vit que je regardais du côté de la brasserie, et elle me dit :

— Tu pourrais boire tout ce qui se brasse de bière là-dedans, aujourd'hui, sans te faire de mal, mon garçon.

— Je le crois bien, mademoiselle, répondis-je d'un air rusé.

— Il vaut mieux ne pas essayer de brasser de la bière dans ce lieu, elle surirait bientôt, n'est-ce pas mon garçon ?

Histoires pour les filles

— Je le crois, mademoiselle.

— Ce n'est pas que personne soit tenté de l'essayer, ajouta-t-elle, et la brasserie ne servira plus guère. Quant à la bière, il y en a assez dans les caves pour noyer Manor House tout entier.

— Est-ce que c'est là le nom de la maison, mademoiselle ?

— C'est un de ses noms, mon garçon.

— Elle en a donc plusieurs, mademoiselle ?

— Elle en avait encore un autre, l'autre nom était Satis qui, en grec, en latin ou en hébreu, je ne sais lequel des trois et cela m'est égal, veut dire : Assez.

— Maison Assez ? dis-je. Quel drôle de nom, mademoiselle.

— Oui, répondit-elle. Cela signifie que celui qui la possédait n'avait besoin de rien d'autre. Je trouve que, dans ce temps-là, on était facile à contenter. Mais dépêchons, mon garçon.

Bien qu'elle m'appelât à chaque instant « Mon garçon », avec un sans-gêne qui n'était pas très flatteur, elle était de mon âge, à très peu de choses près. Elle paraissait cependant plus âgée que moi, parce qu'elle était fille, belle et bien mise, et elle avait avec moi un petit air de protection, comme si elle eût vingt et un ans et qu'elle eût été reine.

Nous entrâmes dans la maison par une porte de côté. La grande porte d'entrée avait deux chaînes, et la première chose que je remar-

Les grandes espérances

quai, c'est que les corridors étaient entièrement noirs, et que ma conductrice y avait laissé une chandelle allumée. Mon introductrice prit la chandelle ; nous passâmes à travers de nombreux corridors ; nous montâmes un escalier : tout cela était toujours tout noir, et nous n'avions que la chandelle pour nous éclairer.

Nous arrivâmes enfin à la porte d'une chambre ; là, elle me dit :
– Entre…
– Après vous, mademoiselle, lui répondis-je d'un ton plus moqueur que poli.

À cela, elle me répliqua :
– Voyons pas de niaiseries, mon garçon, c'est ridicule, je n'entre pas.
Et elle s'éloigna avec un air de dédain, et ce qui était pire, elle emporta la chandelle.

Je n'étais pas fort rassuré. Cependant je n'avais qu'une chose à faire, c'était de frapper à la porte. Je frappai. De l'intérieur, quelqu'un me cria d'entrer. J'entrai donc, et je me trouvai dans une chambre assez vaste, éclairée par des bougies, car pas le moindre rayon de soleil n'y pénétrait. C'était un cabinet de toilette, à en juger par les meubles, quoique la forme et l'usage de la plupart d'entre eux me fussent inconnus mais je remarquai surtout une table drapée, surmontée d'un miroir doré, que je pensai, à première vue devoir être la toilette d'une grande dame.

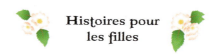
Histoires pour les filles

Je n'aurais peut-être pas fait cette réflexion sitôt si, en entrant, je n'avais vu, en effet, une belle dame assise à cette toilette, mais je ne saurais le dire. Dans un fauteuil, le coude appuyé sur cette table et la tête penchée sur sa main, était assise la femme la plus singulière que j'eusse jamais vue et que je verrai jamais.

Elle portait de riches atours, dentelles, satins et soies, le tout blanc ;

Les grandes espérances

ses souliers mêmes étaient blancs. Un long voile blanc tombait de ses cheveux ; elle avait sur la tête une couronne de mariée, mais ses cheveux étaient tout blancs. De beaux diamants étincelaient à ses mains et autour de son cou et quelques autres étaient restés sur la table. Des habits moins somptueux que ceux qu'elle portait étaient à demi sortis d'un coffre et éparpillés alentour. Mais je vis bien vite que tout ce qui me paraissait d'une blancheur extrême, ne l'était plus depuis longtemps ; cela avait perdu tout son lustre, et était fané et jauni. Je vis que dans sa robe nuptiale, la fiancée était flétrie, comme ses vêtements, comme ses fleurs, et qu'elle n'avait conservé rien de brillant que ses yeux caves. On voyait que ces vêtements avaient autrefois recouvert les formes gracieuses d'une jeune femme, et que le corps sur lequel ils flottaient maintenant s'était réduit, et n'avait plus que la peau et les os.

– Qui est là ? demanda la dame assise à la table de toilette.

– Pip, madame.

– Pip ?

– Le jeune homme de M. Pumblechook, madame, qui vient… pour jouer.

– Approche, que je te voie… approche… plus près… plus près…

Ce fut lorsque je me trouvai devant elle et que je tâchai d'éviter son regard, que je pris une note détaillée des objets qui l'entouraient.

Histoires pour les filles

Je remarquai que sa montre était arrêtée à neuf heures moins vingt minutes, et que la pendule de la chambre était aussi arrêtée à la même heure.

– Regarde-moi, dit miss Havisham, tu n'as pas peur d'une femme qui n'a pas vu la lumière du soleil depuis que tu es au monde ?

Je regrette d'être obligé de constater que je ne reculai pas devant l'énorme mensonge, contenu dans ma réponse négative.

– Sais-tu ce que je touche là, dit-elle en appuyant ses deux mains sur son côté gauche.

– Oui, madame.

Cela me fit penser au jeune homme qui avait dû me manger le cœur.

– Qu'est-ce ?

– Votre cœur.

– Oui, il est mort !

Elle murmura ces mots avec un regard étrange et un sourire de Parque, qui renfermait une espèce de vanité. Puis, ayant tenu ses mains sur son cœur pendant quelques moments, elle les ôta lentement, comme si elles eussent pressé trop fortement sa poitrine.

– Je suis fatiguée, dit miss Havisham, j'ai besoin de distraction… je suis lasse des hommes et des femmes… Joue.

Les grandes
espérances

Je pense que le lecteur le plus exigeant voudra bien convenir que, dans les circonstances présentes, il eût été difficile de me donner un ordre plus embarrassant à remplir.

– J'ai de singulières idées quelquefois, continua-t-elle, et j'ai aujourd'hui la fantaisie de voir quelqu'un jouer. Là! là! fit-elle en agitant avec impatience les doigts de sa main droite. Joue! joue! joue!

Un moment la crainte de voir venir ma sœur m'aider, comme elle l'avait promis, me donna l'idée de courir tout autour de la chambre, en galopant comme la jument de M. Pumblechook, mais je sentis mon incapacité de remplir convenablement ce rôle, et je n'en fis rien. Je continuai à regarder miss Havisham d'une façon qu'elle trouva sans doute peu aimable, car elle me dit :

– Es-tu donc maussade et obstiné?

– Non, madame, je suis fâché de ne pouvoir jouer en ce moment. Oui, très fâché pour vous. Si vous vous plaignez de moi, j'aurai des désagréments avec ma sœur, et je jouerais, je vous l'assure, si je le pouvais, mais tout ici est si nouveau, si étrange, si beau… si triste!

Je m'arrêtai, craignant d'en dire trop, si ce n'était déjà fait, et nous nous regardâmes encore tous les deux.

Avant de me parler, elle jeta un coup d'œil sur les habits qu'elle portait, sur la table de toilette, et enfin sur elle-même dans la glace.

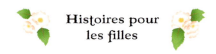

Histoires pour les filles

« Si nouveau pour lui, murmura-t-elle; si vieux pour moi; si étrange pour lui; si familier pour moi; si triste pour tous les deux! Appelle Estelle. »

Comme elle continuait à se regarder dans la glace, je pensai qu'elle se parlait à elle-même et je me tins tranquille.

– Appelle Estelle, répéta-t-elle en lançant sur moi un éclair de ses yeux. Tu peux bien faire cela, j'espère? Vas à la porte et appelle Estelle.

Aller dans le sombre et mystérieux couloir d'une maison inconnue, crier: « Estelle! » à une jeune et méprisante petite créature que je ne pouvais ni voir ni entendre, et avoir le sentiment de la terrible liberté que j'allais prendre, en lui criant son nom, était presque aussi effrayant que de jouer par ordre. Mais elle répondit enfin, une étoile brilla au fond du long et sombre corridor… et Estelle s'avança, une chandelle à la main.

Miss Havisham la pria d'approcher, et prenant un bijou sur la table, elle l'essaya sur son joli cou et sur ses beaux cheveux bruns.

– Ce sera pour vous un jour, dit-elle, et vous en ferez bon usage. Jouez aux cartes avec ce garçon.

– Avec ce garçon! Pourquoi?… Ce n'est qu'un simple ouvrier!

Il me sembla entendre miss Havisham répondre, mais cela me paraissait si peu vraisemblable:

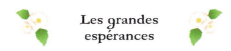

Les grandes espérances

– Eh bien ! vous pouvez lui briser le cœur !

– À quoi sais-tu jouer, mon garçon ? me demanda Estelle avec le plus grand dédain.

– Je ne joue qu'à la bataille, mademoiselle.

– Eh bien ! battez-le, dit miss Havisham à Estelle.

Nous nous assîmes donc en face l'un de l'autre.

C'est alors que je commençai à comprendre que tout, dans cette chambre, s'était arrêté depuis longtemps, comme la montre et la pendule. Je remarquai que miss Havisham remit le bijou exactement à la place où elle l'avait pris. Pendant qu'Estelle battait les cartes, je regardai de nouveau sur la table de toilette et vis que le soulier, autrefois blanc, aujourd'hui jauni, n'avait jamais été porté. Je baissai les yeux sur le pied non chaussé, et je vis que le bas de soie, autrefois blanc et jaune à présent, était complètement usé. Sans cet arrêt dans toutes choses, sans la durée de tous ces pâles objets à moitié détruits, cette toilette nuptiale sur ce corps affaissé m'eût semblé un vêtement de mort, et ce long voile un suaire.

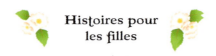

Histoires pour les filles

Miss Havisham se tenait immobile comme un cadavre pendant que nous jouions aux cartes ; et les garnitures et les dentelles de ses habits de fiancée semblaient pétrifiées. Je n'avais encore jamais entendu parler des découvertes qu'on fait de temps à autre de corps enterrés dans l'antiquité, et qui tombent en poussière dès qu'on y touche, mais j'ai souvent pensé depuis que la lumière du soleil l'eût réduite en poudre.

– Il appelle les valets Jeannots, ce garçon, dit Estelle avec dédain, avant que nous eussions terminé notre première partie. Et quelles mains il a !… et quels gros souliers !

Je n'avais jamais pensé à avoir honte de mes mains, mais je commençai à les trouver assez médiocres. Son mépris de ma personne fut si violent qu'il devint contagieux et s'empara de moi.

Elle gagna la partie, et je donnai les cartes pour la seconde. Je me trompai, justement parce que je ne voyais qu'elle, et que la jeune espiègle me surveillait pour me prendre en faute. Pendant que j'essayais de faire de mon mieux, elle me traita de maladroit, de stupide et de malotru.

– Tu ne me dis rien d'elle ? me fit remarquer miss Havisham. Elle te dit cependant des choses très dures et tu ne réponds rien. Que penses-tu d'elle ?

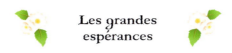

Les grandes espérances

– Je n'ai pas besoin de le dire.

– Dis-le-moi tout bas à l'oreille, continua miss Havisham, en se penchant vers moi.

– Je pense qu'elle est très fière, lui dis-je tout bas.

– Après?

– Je pense qu'elle est très jolie.

– Après?

– Je pense qu'elle a l'air très insolent.

Elle me regardait alors avec une aversion très marquée.

– Après?

– Je pense que je voudrais retourner chez nous.

– Et ne plus jamais la voir, quoiqu'elle soit si jolie?

– Je ne sais pas si je voudrais ne plus jamais la voir, mais je voudrais bien m'en aller à la maison tout de suite.

– Tu iras bientôt, dit miss Havisham à haute voix. Continuez à jouer ensemble.

Si je n'avais déjà vu une fois son sourire de Parque, je n'aurais jamais cru que le visage de miss Havisham pût sourire. Elle paraissait plongée dans une méditation active et incessante, comme si elle avait le pouvoir de transpercer toutes les choses qui l'entouraient et il semblait que rien ne pourrait jamais l'en tirer. Sa poitrine était

Histoires pour les filles

affaissée, de sorte qu'elle était toute courbée ; sa voix était brisée, de sorte qu'elle parlait bas ; un sommeil de mort s'appesantissait peu à peu sur elle. Enfin, elle paraissait avoir le corps et l'âme, le dehors et le dedans, également brisés, sous le poids d'un coup écrasant.

Je continuai la partie avec Estelle, et elle me battit. Elle rejeta les cartes sur la table, après me les avoir gagnées, comme si elle les méprisait pour avoir été touchées par moi.

– Quand reviendras-tu ici ? dit miss Havisham. Voyons…

J'allais lui faire observer que ce jour-là était un mercredi, quand elle m'interrompit avec son premier mouvement d'impatience, c'est-à-dire en agitant les doigts de sa main droite :

– Là ! là !… je ne sais rien des jours de la semaine… ni des mois… ni des années… Viens dans six jours. Tu entends ?

– Oui, madame.

– Estelle, conduisez-le en bas. Donnez-lui quelque chose à manger, et laissez-le aller et venir pendant qu'il mangera. Allons, Pip, va !

Je suivis la chandelle pour descendre, comme je l'avais suivie pour monter. Estelle la déposa à l'endroit où nous l'avions trouvée. Jusqu'au moment où elle ouvrit la porte d'entrée, je m'étais imaginé qu'il faisait tout à fait nuit, sans y avoir réfléchi. La clarté subite du jour me confondit. Il me sembla que j'étais resté pendant de longues heures dans cette étrange chambre, qui ne recevait jamais d'autre clarté que celle des chandelles.

– Tu vas attendre ici, entends-tu, mon garçon ? dit Estelle.

Et elle disparut en fermant la porte.

Je profitai de ce que j'étais seul dans la cour pour jeter un coup d'œil sur mes mains et sur mes souliers. Mon opinion sur ces accessoires ne fut pas des plus favorables. Jamais, jusqu'ici, je ne m'en étais préoccupé, mais je commençais à ressentir tout le désagrément de ces vulgarités. Je résolus de demander à Joe pourquoi il m'avait appris à appeler Jeannots les valets des cartes. J'aurais désiré que Joe eût été élevé plus délicatement, au moins, j'y aurais gagné quelque chose.

Estelle revint avec du pain, de la viande et un pot de bière. Elle déposa la bière sur une des pierres de la cour, et me donna le pain et la viande sans me regarder, aussi insolemment qu'on eût fait à un chien en pénitence. J'étais si humilié, si blessé, si piqué, si offensé, si fâché, si vexé, je ne puis trouver le vrai mot pour exprimer cette douleur – Dieu seul sait que je souffris – que les larmes me remplirent les yeux. À leur vue, la jeune fille eut l'air d'éprouver un vif plaisir à en être la cause. Ceci me donna la force de les rentrer et de la regarder en face ; elle fit un signe de la tête méprisant, ce qui signifiait qu'elle était bien certaine de m'avoir blessé ; puis elle se retira.

Histoires pour les filles

Quand elle fut partie, je cherchai un endroit pour cacher mon visage et pleurer à mon aise. En pleurant, je me donnais de grands coups contre les murs, et je m'arrachai une poignée de cheveux. Telle était l'amertume de mes émotions, et si cruelle était cette douleur sans nom, qu'elles avaient besoin d'être contrecarrées.

Ma sœur, en m'élevant comme elle l'avait fait, m'avait rendu excessivement sensible. Dans le petit monde où vivent les enfants, n'importe qui les élève, rien n'est plus délicatement perçu, rien n'est plus délicatement senti que l'injustice. L'enfant ne peut être exposé, il est vrai, qu'à une injustice minime, mais l'enfant est petit et son monde est petit ; son cheval à bascule ne s'élève qu'à quelques pouces de terre pour être en proportion avec lui, de même que les chevaux d'Irlande sont faits pour les Irlandais. Dès mon enfance, j'avais eu à soutenir une guerre perpétuelle contre l'injustice : je m'étais aperçu, depuis le jour où j'avais pu parler, que ma sœur, dans ses capricieuses et violentes corrections, était injuste pour moi. J'avais acquis la conviction profonde qu'il ne s'ensuivait pas, de ce qu'elle m'élevait, qu'elle eût le droit de m'élever à coups de fouet. Dans toutes mes punitions, mes jeûnes, mes veilles et autres pénitences, j'avais nourri cette idée, et, à force d'y penser dans mon enfance solitaire et sans protection,

Les grandes espérances

j'avais fini par me persuader que j'étais moralement timide et très sensible.

À force de me heurter contre le mur de la brasserie et de m'arracher les cheveux, je parvins à calmer mon émotion. Je passai alors ma manche sur mon visage et je quittai le mur où je m'étais appuyé. Le pain et la viande étaient assez acceptables, la bière forte et pétillante, et je fus bientôt d'assez belle humeur pour regarder autour de moi.

Assurément c'était un lieu abandonné. Le pigeonnier de la cour de la brasserie était désert, la girouette avait été ébranlée et tordue par quelque grand vent, qui aurait fait songer les pigeons à la mer, s'il y avait eu quelques pigeons pour s'y balancer. Mais il n'y avait plus de pigeons dans le pigeonnier, plus de chevaux dans les écuries, plus de cochons dans l'étable, plus de bière dans les tonneaux. Les caves ne sentaient ni le grain ni la bière ; toutes les odeurs avaient été évaporées par la dernière bouffée de vapeur. Dans une ancienne cour, on voyait un désert de fûts vides, répandant une certaine odeur âcre, qui rappelait les meilleurs jours, mais la fermentation était un peu trop avancée pour qu'on pût accepter ces résidus comme échantillons de la bière qui n'y était plus, et, sous ce rapport, ces abandonnés n'étaient pas plus heureux que les autres.

Histoires pour les filles

À l'autre bout de la brasserie, il y avait un jardin protégé par un vieux mur qui, cependant, n'était pas assez élevé pour m'empêcher d'y grimper, de regarder par-dessus, et de voir que ce jardin était le jardin de la maison. Il était couvert de broussailles et d'herbes sauvages, mais il y avait des traces de pas sur la pelouse et dans les allées jaunes, comme si quelqu'un s'y promenait quelquefois. J'aperçus Estelle qui s'éloignait de moi ; mais elle me semblait être partout, car lorsque je cédai à la tentation que m'offraient les fûts et que je commençai à me promener sur la ligne qu'ils formaient à la suite les uns des autres, je la vis se livrant au même exercice à l'autre bout de la cour. Elle me tournait le dos, et soutenait dans ses deux mains ses beaux cheveux bruns ; jamais elle ne se retourna et disparut au même instant. Il en fut de même dans la brasserie. Lorsque j'entrai dans une grande pièce pavée, haute de plafond, où l'on faisait autrefois la bière et où se trouvaient encore les ustensiles des brasseurs. Un peu oppressé par l'obscurité, je me tins à l'entrée, et je la vis passer au milieu des feux éteints, monter un petit escalier en fer, puis disparaître dans une galerie supérieure, comme dans les nuages.

Ce fut dans cet endroit et à ce moment qu'une chose très étrange se présenta à mon imagination. Si je la trouvai étrange alors, plus tard je l'ai considérée comme bien plus étrange encore. Je portai mes yeux un peu éblouis par la lumière du jour sur une grosse poutre placée à ma droite, dans un coin, et j'y vis un corps pendu par le cou. Ce corps était habillé tout en blanc jauni, et n'avait qu'un seul soulier aux pieds. Il me sembla que toutes les garnitures fanées de ses vêtements étaient en papier, et je crus reconnaître le visage de miss Havisham, se balançant en faisant des efforts pour m'appeler. Dans ma terreur de voir cette figure que j'étais certain de ne pas avoir vue un moment auparavant, je m'en éloignai d'abord, puis je m'en rapprochai ensuite, et ma terreur s'accrut au plus haut degré, quand je vis qu'il n'y avait pas de figure du tout.

Il ne fallut rien moins, pour me rappeler à moi, que l'air frais et la lumière bienfaisante du jour, la vue des personnes passant derrière les barreaux de la grille et l'influence fortifiante du pain, de la viande et de la bière qui me restaient. Et encore, malgré cela, ne serais-je peut-être pas revenu à moi aussitôt que je le fis, sans l'approche d'Estelle, qui, ses clés à la main, venait de me faire sortir. Je pensai qu'elle serait enchantée, si elle s'apercevait que j'avais eu peur, et je résolus de ne pas lui procurer ce plaisir.

Elle me lança un regard triomphant en passant à côté de moi, comme si elle se fût réjouie de ce que mes mains étaient si rudes

Histoires pour les filles

et mes chaussures si grossières, et elle m'ouvrit la porte et se tint de façon à ce que je devais passer devant elle. J'allais sortir sans lever les yeux sur elle, quand elle me toucha à l'épaule :

— Pourquoi ne pleures-tu pas ?

— Parce que je n'en ai pas envie.

— Mais si, dit-elle, tu as pleuré ; tu as les yeux bouffis, et tu es sur le point de pleurer encore.

Elle se mit à rire d'une façon tout à fait méprisante, me poussa dehors et ferma la porte sur moi. Je me rendis tout droit chez M. Pumblechook. J'éprouvai un immense soulagement en ne le trouvant pas chez lui.

Après avoir dit au garçon de boutique quel jour je reviendrais chez miss Havisham, je me mis en route pour regagner notre forge, songeant en marchant à tout ce que j'avais vu, et repassant dans mon esprit que je n'étais qu'un vulgaire ouvrier, que mes mains étaient rudes et mes souliers épais, que j'avais contracté la déplorable habitude d'appeler les valets des Jeannots, que j'étais bien plus ignorant que je ne l'avais cru la veille, et qu'en général, je ne valais pas grand chose.

Pollyanna

Eleanor H. Porter

Introduction

Pollyanna *est le plus célèbre des romans d'Eleanor Hodgman Porter (1868-1920). Après la mort de son père, Pollyanna doit aller vivre chez sa tante Polly, une dame acariâtre qui cherche toujours à discipliner la fillette. Mais celle-ci demeure d'un optimisme inébranlable, ne voyant toujours que le côté positif des choses. Dans cet extrait, l'ingénieuse Pollyanna trouve un moyen de se rafraîchir par une chaude nuit d'été.*

Pollyanna

À 8 h 30, Pollyanna alla se coucher. Les volets n'avaient toujours pas été livrés et il régnait une chaleur de four dans la petite pièce, mais Pollyanna n'ouvrit pas les deux fenêtres pour autant. Elle se déshabilla, plia soigneusement ses affaires, dit ses prières, souffla sa bougie et grimpa dans son lit.

Elle n'aurait pu dire combien de temps elle resta à tourner et se retourner dans son petit lit brûlant, mais il lui sembla que plusieurs heures venaient de s'écouler lorsqu'elle finit par se lever, traverser la pièce à tâtons et ouvrir la porte.

Le grenier était baigné d'une obscurité veloutée. Seule la lune traçait un sentier d'argent depuis la lucarne. Ignorant résolument les ténèbres qui l'entouraient, Pollyanna emprunta le sentier d'argent qui menait droit à la fenêtre. Un vaste monde d'une beauté féerique s'étendait au dehors, un monde, elle le savait,

Histoires pour les filles

où elle trouverait la douce fraîcheur à laquelle aspiraient ses joues et ses mains brûlantes.

Comme elle s'approchait plus près, elle vit, sous la fenêtre, le toit de tôle large et plat de la véranda de Miss Polly. Si seulement elle pouvait s'y allonger! se dit-elle en soupirant.

Derrière elle, quelque part, il y avait sa petite chambre chaude et son lit brûlant mais pour faire demi-tour, il fallait traverser une étendue obscure; tandis que dehors, sur le toit de la véranda, il y avait la lune, et l'air frais et doux de la nuit.

Si seulement son lit était sur le toit! Ça se faisait, de dormir dehors. Là où elle habitait, avant, le pauvre Joel Hartley, qui était tuberculeux, était même obligé de dormir à la belle étoile.

Soudain, Pollyanna se souvint d'avoir vu, près de la lucarne du grenier, une rangée de longs sacs blancs accrochés à des clous. Nancy avait dit qu'ils contenaient les habits d'hiver, et qu'on les sortirait pour l'été. Un peu effrayée, Pollyanna chercha les sacs à tâtons, en choisit un bien dodu et bien doux (il contenait le manteau en peau de phoque de Miss Polly) pour s'en faire un matelas, un plus petit pour s'en faire un oreiller, et encore un autre (si mince qu'il semblait presque vide) comme couverture. Ainsi équipée, Pollyanna se sentit très gaie. Elle regagna la fenêtre, souleva le châssis vertical, enfourna son bardas dans l'ouverture pour le faire passer sur le toit et s'y laissa glisser ensuite, puis referma soigneusement la fenêtre derrière elle – Pollyanna n'avait pas oublié ces mouches aux pattes extraordinaires qui portaient des maladies sur leurs dos…

Comme il faisait frais! C'était délicieux! Pollyanna sautait de joie en respirant l'air de la nuit. Sous ses pieds, le toit de tôle craquait en faisant de petits échos que Pollyanna trouvait très plaisants. Elle arpenta le toit deux ou trois fois de suite, de long en large. C'était tellement agréable, cette sensation, en comparaison avec l'exiguïté de sa petite chambre! Et le toit était si vaste et si plat qu'elle n'avait pas peur d'en tomber. Finalement, elle se pelotonna avec un soupir de satisfaction sur son matelas en manteau de peau de phoque, disposa un sac en oreiller et l'autre en couverture, et se prépara à s'endormir. « Je suis vraiment contente que les volets ne soient pas encore arrivés, murmura-t-elle en clignant des yeux sous les étoiles. Sinon, je ne serais pas venue ici! »

Dans sa chambre jouxtant la véranda, Miss Polly enfila précipitamment sa robe de chambre et ses pantoufles, le visage blême de frayeur. Elle venait de téléphoner d'une voix tremblante à Timothy: « Monte vite avec ton père et apportez vos lanternes!

Histoires pour les filles

Il y a quelqu'un sur le toit de la véranda. Il a dû grimper par le treillis des rosiers, et il peut entrer dans la maison par la lucarne du grenier. J'ai fermé à clé la porte d'en bas, celle qui donne sur l'escalier, mais dépêchez-vous, je vous en prie ! »

Un peu plus tard, Pollyanna, qui venait juste de s'endormir, fut réveillée en sursaut par l'éclair d'une lanterne et des exclamations étonnées. Ouvrant les yeux, elle vit Timothy, perché en haut d'une échelle, puis le vieux Tom qui enjambait la lucarne, et la tête de sa tante derrière lui.

– Pollyanna, qu'est-ce que cela veut dire ? s'écria tante Polly.

Pollyanna cligna des paupières lourdes de sommeil et se redressa sur sa couche.

– Oh, M. Tom ! Tante Polly ! balbutia-t-elle. Il ne faut pas avoir si peur ! Je n'ai pas la tuberculose comme Joel Hartley. C'est seulement parce que j'avais trop chaud à l'intérieur. Mais j'ai bien fermé la fenêtre, tante Polly, comme ça les mouches ne pourront pas porter les petits microbes dans la maison.

Timothy disparut soudain de l'échelle. Sans un mot, le vieux Tom tendit la lanterne à Miss Polly et rejoignit son fils. Miss Polly se mordit la lèvre bien fort, attendit que les deux hommes soient partis, puis dit d'une voix sévère :

– Pollyanna, donne-moi ces sacs ! Et remonte par la fenêtre… Dieu du ciel, quelle enfant extravagante !

Pollyanna la rejoignit et suivit Miss Polly qui traversait le grenier, la lanterne à la main. Il faisait encore plus étouffant, dedans, après la brise fraîche du dehors, mais la fillette ne se plaignit pas, se contentant de pousser un long soupir tremblant.

Arrivée en haut de l'escalier, Miss Polly déclara brusquement d'un ton sec :

– Cette nuit, Pollyanna, tu vas dormir dans mon lit, avec moi. Les volets seront là demain, mais d'ici là, je considère de mon devoir de te garder sous ma surveillance.

– Avec vous ? Dans votre lit ? s'écria Pollyanna, ravie. Oh, tante Polly ! Comme c'est gentil à vous ! Et moi qui voulais tellement dormir dans la même pièce que quelqu'un, au moins une fois… Quelqu'un de ma famille, bien sûr, pas une assistante pour les dames, comme j'en ai déjà connu. Qu'est-ce que je suis contente, que les volets ne soient pas arrivés ! Vous le seriez aussi, à ma place, n'est-ce pas ?

Elle n'obtint pas de réponse. Miss Polly marchait devant à grandes enjambées, car pour dire la vérité, elle se sentait étrangement impuissante. Pour la troisième fois depuis l'arrivée

Histoires pour les filles

de la fillette, Miss Polly essayait de punir Pollyanna, et pour la troisième fois, elle voyait avec stupeur que sa punition devenait pour l'enfant une sorte de récompense. Rien d'étonnant à ce que Miss Polly ait donc cet étrange sentiment d'impuissance…

Le magicien d'Oz

Lyman-Frank Baum

Introduction

Lyman-Frank Baum (1856-1919) écrivit Le magicien d'Oz *en 1900, une histoire qu'il lisait à ses fils pour les endormir. Un cyclone transporte Dorothée de sa maison dans le Kansas jusqu'au pays d'Oz. En retombant, la bâtisse supprime la Sorcière de l'Est, et les Microsiens reconnaissent alors Dorothée comme une de leurs amis. Celle-ci apprend par la suite que, si elle veut rentrer chez elle, il lui faut demander secours au magicien d'Oz, qui vit dans la Cité d'Émeraude, tout au bout de la route de brique jaune.*

Le magicien d'Oz

Lorsqu'elle se retrouva seule, Dorothée sentit son ventre gargouiller, aussi se prépara-t-elle des tartines beurrées. Elle en donna un peu à Toto puis, prenant un seau dans le placard, elle se dirigea vers le ruisseau afin d'y puiser de l'eau. Toto, lui, s'en alla aboyer sous les arbres où perchaient des oiseaux. Quand Dorothée vint le chercher, elle vit accrochés aux branches des fruits si appétissants qu'elle en cueillit quelques-uns, juste ce qu'il fallait pour compléter son petit déjeuner.

Puis elle rentra et, après s'être servie à elle-même ainsi qu'à Toto un grand verre de cette eau fraîche et claire, elle commença les préparatifs de son voyage jusqu'à la Cité d'Émeraude.

En plus de celle qu'elle portait, Dorothée ne possédait qu'une robe, suspendue à un crochet près de son lit. C'était une robe vichy à carreaux bleus et blancs, très jolie, même si le bleu en était un peu délavé. La petite fille fit sa toilette consciencieusement, après quoi elle enfila sa robe vichy et noua sa capeline rose à son cou. Elle

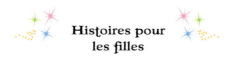

Histoires pour les filles

remplit un petit panier de pain qu'elle prit dans le placard, et couvrit le tout d'un linge blanc. C'est alors que, regardant ses pieds, elle constata que ses chaussures étaient vieilles et usées.

– Elles vont bientôt me lâcher, Toto, affirma-t-elle.

Toto l'observait de ses petits yeux noirs et remuait sa queue pour indiquer qu'il la comprenait. À ce moment-là, Dorothée aperçut, posées sur la table, les chaussures argentées qui appartenaient à la Sorcière de l'Est.

– Seraient-elles à ma taille? fit-elle à Toto. Elles seraient idéales pour une longue marche, puisque rien ne peut les user.

Dorothée retira donc ses vieilles chaussures en cuir afin d'essayer celles en argent… qui semblaient faites sur-mesure pour elle!

Pour finir, elle saisit le panier par son anse et annonça:

– Viens, Toto. Nous partons pour la Cité d'Émeraude où nous demanderons au grand magicien d'Oz comment faire pour rentrer au Kansas.

Sur ce, elle ferma la porte à clé et glissa soigneusement la clé dans la poche de sa robe. Et c'est ainsi que, Toto trottinant sagement derrière elle, elle commença son voyage.

De nombreuses routes sillonnaient la région, mais Dorothée ne mit pas longtemps à trouver celle de brique jaune. Et aussitôt,

Le magicien d'Oz

elle se dirigeait d'un bon pas vers la Cité d'Émeraude, sa marche rythmée par le gai tintement des chaussures d'argent sur la route. Sous un soleil resplendissant, et avec les chants des oiseaux pour adoucir l'atmosphère, Dorothée se sentait de bien meilleure humeur

qu'on aurait pu le croire d'une petite fille qu'un cyclone venait d'arracher de chez elle pour l'envoyer au beau milieu d'un pays inconnu.

Chemin faisant, la beauté des paysages qu'elle découvrait la surprenait. De part et d'autre, la route était bordée par de belles clôtures d'un bleu délicat qui protégeaient d'immenses champs de blé et de légumes. À l'évidence, les Microsiens étaient de fort bons fermiers. De temps à autre, Dorothée passait devant une maison dont les occupants sortaient pour la saluer au passage ; personne n'ignorait que son intervention avait été fatale à la Sorcière de l'Est

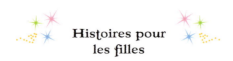

Histoires pour les filles

qui tenait la région sous son joug. Les Microsiens habitaient des demeures d'apparence bizarre : rondes, avec un grand dôme en guise de toit. Chacune était peinte en bleu, la couleur préférée des Microsiens.

Comme le soir approchait, Dorothée se sentit lasse d'avoir autant marché, et elle commençait à se demander où passer la nuit lorsqu'elle vit se dresser devant elle une maison plus grande que les autres. Des gens dansaient sur la verte pelouse qui s'étendait devant cette maison. Cinq petits violonistes jouaient à tue-tête, tout le monde riait et dansait non loin d'une longue table chargée de fruits, de noix, de tartes, de gâteaux et de nombreux autres mets délicieux.

Ces gens-là firent bon accueil à Dorothée, et l'invitèrent même à partager leur repas, puis à dormir chez eux ; la demeure appartenait à l'un des plus riches Microsiens du pays, qui avait réuni ses amis pour célébrer la fin de leur asservissement.

Le magicien d'Oz

Dorothée mangea de bon cœur, servie par le riche Microsien en personne : Boq. Le repas terminé, elle alla s'installer sur un canapé afin de profiter du spectacle des danseurs.

Remarquant les chaussures d'argent que Dorothée portait, Boq lui demanda :

— Vous devez être une grande fée.

— Pourquoi donc ? fit la jeune fille.

— Mais parce que vous portez les chaussures qui ont tué la Sorcière de l'Est. De plus, vous portez du blanc, comme seules les fées en portent.

— Ma robe a des carreaux bleus et blancs, expliqua Dorothée en lissant son vêtement.

— C'est très aimable à vous de porter du bleu, ajouta Boq. C'est la couleur des Microsiens, le blanc celle des fées. Comme ça, nous savons que vous êtes une fée.

Dorothée resta sans réponse, car tout le monde semblait voir en elle une fée, alors qu'elle-même savait pertinemment qu'elle n'était qu'une petite fille comme les autres, qu'un cyclone avait transportée dans cet étrange pays.

Quand elle en eut assez de regarder les danseurs, Boq la conduisit dans une chambre. À l'intérieur se trouvait un superbe lit paré de

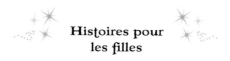

draps bleus dans lesquels Dorothée dormit à poings fermés jusqu'au matin, Toto couché en rond sur le tapis bleu au pied du lit.

Au petit déjeuner, Dorothée mangea d'un fort bon appétit tout en regardant un petit bébé microsien s'amuser avec la queue de Toto, gazouiller et rire. Toto était un sujet d'émerveillement pour tout le monde, car personne n'avait jamais vu de chien auparavant.

– La Cité d'Émeraude est-elle loin d'ici ? voulut savoir Dorothée.

– Je l'ignore, répondit Boq d'un ton grave, je n'y suis jamais allé. Quand aucune affaire ne nous appelle près de lui, on a tout intérêt à rester éloigné d'Oz. Mais le voyage jusqu'à la Cité d'Émeraude vous prendra plusieurs jours. Ce pays-ci est riche et agréable, mais il vous faudra traverser des endroits dangereux pour atteindre votre destination.

Ces paroles inquiétèrent un peu Dorothée, mais elle savait que seul le grand Oz pouvait l'aider à regagner le Kansas, aussi résolut-elle courageusement de ne pas faire demi-tour.

Elle salua ses amis puis reprit son chemin sur la route de brique jaune. Au bout de plusieurs kilomètres, l'idée lui vint de s'arrêter pour se reposer, et elle grimpa s'asseoir sur la clôture qui longeait la route. De l'autre côté de cette clôture s'étendait un vaste champ de maïs dans lequel, non loin d'elle, Dorothée remarqua la présence d'un Épouvantail.

Le magicien d'Oz

Le menton appuyé sur une main, Dorothée observait, l'air penseur, l'Épouvantail. Il avait en guise de tête un petit sac bourré de paille, sur lequel étaient peints des yeux, un nez et une bouche pour lui faire un visage. Un vieux chapeau pointu bleu, qui avait appartenu à un Microsien, trônait sur sa tête, et le reste de son vêtement se composait d'un habit bleu, usé et délavé, lui aussi rembourré avec de la paille. Il portait aux pieds de vieilles bottes bleues, comme tout un chacun dans ce pays. L'Épouvantail surplombait les épis de maïs, suspendu qu'il était par le dos à un poteau.

À sa grande surprise, alors que Dorothée regardait avec sérieux l'étrange figure peinte de l'Épouvantail, elle la vit lui

Histoires pour les filles

cligner de l'œil. Elle crut d'abord s'être trompée car, au Kansas, les épouvantails ne clignent jamais de l'œil. Mais voilà que ce personnage penchait la tête en signe d'amitié. Dorothée descendit de la clôture et s'approcha de lui tandis que Toto faisait le tour du poteau en courant et en aboyant.

– Bonjour, fit l'Épouvantail d'une voix rauque.
– C'est vous qui avez parlé ? s'étonna Dorothée.
– Mais oui, répondit l'Épouvantail. Comment allez-vous ?
– À merveille, je vous remercie. Et vous ?
– Pas très bien, déclara l'Épouvantail dans un sourire. Rester perché ici jour et nuit pour effrayer les oiseaux, c'est d'un ennui…
– Et vous ne pouvez pas descendre ? l'interrogea Dorothée.
– Non, car j'ai ce poteau attaché à mon dos. Si vous aviez la bonté de me le retirer, je vous en serais bien reconnaissant.

Dorothée n'eut aucune peine à soulever l'Épouvantail car, tout rembourré de paille qu'il était, il ne pesait pas bien lourd.

– Merci, merci beaucoup, dit l'Épouvantail dès qu'il toucha le sol. Je me sens un homme neuf.

Dorothée n'en croyait ni ses yeux ni ses oreilles : entendre parler un homme en paille et le voir marcher à côté d'elle, c'était à n'y rien comprendre.

Le magicien d'Oz

– Qui êtes-vous ? la questionna l'Épouvantail après s'être étiré et avoir baillé. Et où allez-vous ainsi ?

– Je m'appelle Dorothée, et je me rends à la Cité d'Émeraude afin de demander au grand Oz de me renvoyer au Kansas.

– Où se trouve-t-elle, la Cité d'Émeraude ? Et qui est cet Oz ?

– Vous l'ignorez ? fit Dorothée, toute à sa surprise.

– Absolument. Je ne sais absolument rien. Voyez-vous, je suis rembourré de paille, et je n'ai pas de cervelle, déclara l'Épouvantail d'un ton dépité.

– Oh ! compatit Dorothée, j'en suis vraiment navrée pour vous.

– Croyez-vous, reprit l'Épouvantail, que, si je vous accompagnais jusqu'à la Cité d'Émeraude, le grand Oz me donnerait un cerveau ?

– Je ne saurais le dire. Mais venez donc avec moi, si vous le souhaitez. Si Oz ne peut pas vous donner un cerveau, ça n'aggravera pas votre situation.

– C'est bien vrai, estima l'Épouvantail. Vous savez, ça ne me dérange pas d'avoir les jambes, les bras et le corps rembourrés de paille, car ainsi on ne peut pas me faire de mal. Qu'on me marche sur les pieds ou qu'on m'enfonce une épingle dans les côtes, peu importe, je ne le sens pas. Mais je refuse qu'on me traite d'imbécile ; or si je reste ainsi avec rien d'autre que de la paille dans la tête,

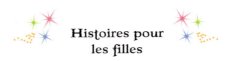

Histoires pour les filles

comment pourrai-je apprendre quoi que ce soit ?

— Je vous comprends, acquiesça la petite fille, qui éprouvait une sincère tristesse pour l'Épouvantail. Suivez-moi jusque chez Oz, et je lui demanderai s'il peut faire quelque chose pour vous.

— Oh, merci, répondit l'Épouvantail.

Dorothée et lui se dirigèrent vers la route. La petite fille aida l'Épouvantail à enjamber la clôture, puis tous deux s'engagèrent sur le chemin de brique jaune.

Au début, Toto n'appréciait guère ce nouveau compagnon. Il le reniflait comme s'il flairait la présence de rats dans toute cette paille, et il grognait plus souvent qu'à son tour en direction de l'Épouvantail.

— Ne faites pas attention à lui, dit Dorothée à son nouvel ami. Il ne mord jamais.

— Je n'ai pas peur de lui, répliqua l'Épouvantail. Il ne peut rien me faire de mal. Laissez-moi porter votre panier. Ça ne me dérange pas : je ne peux pas me fatiguer. Je vais vous confier un secret… Il n'y a qu'une chose au monde qui me fasse peur.

— Qu'est-ce donc ? s'enquit Dorothée ; le fermier microsien qui vous a créé ?

— Non, répondit l'Épouvantail, c'est du feu que j'ai peur.

Au bout de plusieurs heures de marche, le jour se mit à baisser,

Le magicien d'Oz

et nos amis se retrouvèrent à avancer dans l'obscurité. Dorothée ne distinguait rien, contrairement à Toto qui, comme certains chiens, voyait fort bien dans le noir. L'Épouvantail déclara pour sa part qu'il voyait comme en plein jour, aussi la petite fille lui prit-elle le bras afin de marcher en sûreté.

– Si vous apercevez une maison, ou tout autre endroit où passer la nuit, fit-elle, dites-le-moi, car il est très gênant de marcher dans le noir.

Peu après, l'Épouvantail s'arrêta.

– Il y a une petite maison faite de bûches et de branchages sur notre droite, annonça-t-il. On pourrait essayer d'y entrer.

– Allons-y, décida Dorothée. Je suis épuisée.

L'Épouvantail l'aida à se frayer un chemin parmi les arbres jusqu'à la petite maison. Lorsqu'elle y pénétra, Dorothée découvrit un lit de feuilles mortes dans un coin. Aussitôt elle s'y allongea et s'endormit profondément, Toto à ses côtés. L'Épouvantail, qui ne connaissait pas

Histoires pour les filles

la fatigue, patienta debout jusqu'au matin.

Quand Dorothée se réveilla, le soleil brillait déjà à travers les branchages, et Toto chassait les écureuils et les oiseaux depuis quelque temps. Elle se redressa sur le lit et regarda alentour. L'Épouvantail, toujours immobile à sa place, l'attendait.

– Nous devons aller chercher de l'eau, lui dit-elle.

– Pourquoi donc ? s'étonna l'Épouvantail.

– Mais pour que je me lave la figure de toute la poussière de la route ; et que je boive un peu en mangeant mon pain.

– Ce doit être gênant d'être fait de chair, songea l'Épouvantail, car il vous faut dormir, manger et boire. Cela dit, vous avez un cerveau, et ces petits désagréments ne sont rien s'ils vous permettent de réfléchir comme il faut.

Dorothée et l'Épouvantail sortirent de la maison et s'enfoncèrent dans les bois jusqu'à trouver une petite source d'eau claire, à laquelle la fillette put boire, se laver et prendre son petit déjeuner. En constatant qu'il ne restait guère de pain dans son panier, elle se réjouit que l'Épouvantail n'ait pas besoin de manger, car elle avait à peine de quoi se nourrir elle-même ainsi que Toto pour la journée.

Le petit déjeuner terminé, elle s'apprêtait à reprendre sa route lorsqu'un grognement la fit sursauter.

Le magicien d'Oz

– Qu'est-ce que c'était ? hésita-t-elle.

– Aucune idée, répondit l'Épouvantail, allons voir.

Un nouveau grognement leur parvint, qui semblait venir de derrière eux. Ils se retournèrent, firent quelques pas dans la forêt, et Dorothée aperçut quelque chose qui brillait à la faveur d'un rayon de soleil qui avait percé les branchages. Elle accourut vers cette chose puis s'arrêta net, dans un cri de surprise.

Le tronc d'un de ces grands arbres avait été entamé et, juste à côté de lui, se tenait un homme entièrement fait de fer-blanc, une hache à la main. Sa tête, ses bras et ses jambes étaient reliés à son corps, mais il restait là, immobile, comme incapable de faire un mouvement.

Dorothée le considérait d'un œil incrédule, tout comme l'Épouvantail, tandis que Toto poussait des aboiements perçants et mordillait les jambes de fer-blanc, ce qui lui faisait mal aux dents.

– Est-ce vous qui avez grogné ? lui demanda Dorothée.

– Oui, répondit l'Homme en Fer-Blanc. Je grogne depuis plus d'un an, sans que personne ne m'entende.

– Que puis-je faire pour vous ? s'enquit Dorothée, émue par la tristesse qu'exprimait la voix de cet homme.

– Trouvez un bidon d'huile et versez-en dans mes articulations. Elles sont si rouillées que je n'arrive pas à bouger ; si l'on m'huile

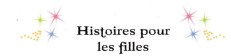

Histoires pour les filles

correctement, je serai vite remis. J'ai un bidon d'huile, chez moi, allez donc le chercher.

Dorothée s'élança sans attendre vers la maison de l'Homme en Fer-Blanc, d'où elle rapporta le bidon d'huile. À son retour, elle s'adressa à l'Homme :

– Où se trouvent vos articulations ?

– Commencez par le cou, répliqua-t-il.

Dorothée s'exécuta, mais l'Homme en Fer-Blanc avait le cou si rouillé que l'Épouvantail dut lui saisir la tête à deux mains et la faire basculer doucement pour la décoincer, après quoi l'Homme en Fer-Blanc put tourner la tête tout seul.

– À présent, reprit-il, huilez les articulations de mes bras.

Dorothée fit ce qu'on attendait d'elle et l'Épouvantail

appuya délicatement sur les bras de l'Homme en Fer-Blanc jusqu'à les dégripper.

Ce dernier poussa un soupir de satisfaction et put enfin poser sa hache contre l'arbre.

– Quel soulagement! Je tenais cette hache en l'air depuis que j'avais commencé à rouiller, je suis bien content de pouvoir la reposer. Auriez-vous la gentillesse de vous occuper de mes jambes, maintenant?

Dorothée et l'Épouvantail huilèrent les jambes de l'Homme en Fer-Blanc afin qu'il puisse à nouveau les bouger. Nos amis reçurent les plus chaleureux des remerciements, car l'Homme en Fer-Blanc était un personnage fort poli et très reconnaissant.

– Sans votre aide, j'aurais pu rester ici à tout jamais, leur confia-t-il. Vous m'avez sauvé la vie. Qu'est-ce qui vous a conduits par ici?

– Nous nous rendons à la Cité d'Émeraude, afin d'y rencontrer le grand Oz, expliqua Dorothée. En chemin, nous nous sommes arrêtés dans votre maison pour y passer la nuit.

– Dans quel but souhaitez-vous voir Oz?

– Moi, je veux qu'il me renvoie au Kansas; et l'Épouvantail veut qu'il lui donne un cerveau.

L'Homme en Fer-Blanc parut réfléchir intensément, puis il demanda:

Histoires pour les filles

– D'après vous, Oz pourrait-il me donner un cœur ?

– Ma foi…, répondit Dorothée, pourquoi pas ? Ce ne serait pas plus compliqué que de donner un cerveau à l'Épouvantail.

– Mais oui, s'enthousiasma l'Homme en Fer-Blanc. Accepteriez-vous que je me joigne à vous ? Moi aussi je veux aller demander de l'aide au grand Oz, à la Cité d'Émeraude.

– Soyez des nôtres, accepta l'Épouvantail.

Dorothée ajouta qu'elle serait ravie de cheminer avec lui. À ces mots, l'Homme en Fer-Blanc reprit sa hache et la petite troupe regagna la route de brique jaune.

L'Homme en Fer-Blanc avait demandé à Dorothée d'emporter le bidon d'huile dans son panier.

– Au cas où il pleuvrait, avait-il précisé.

Dorothée et l'Épouvantail eurent bien de la chance d'avoir trouvé ce nouvel ami. En effet, ils atteignirent bientôt un endroit de la route où les arbres et les branchages empêchaient les voyageurs d'avancer. Aussitôt, l'Homme en Fer-Blanc se mit au travail et, armé de sa hache, il leur fraya un chemin praticable.

Dorothée était si absorbée par ses pensées qu'elle ne vit pas l'Épouvantail trébucher et tomber dans le bas-côté. Notre ami fut même obligé de l'appeler à l'aide.

Le magicien d'Oz

— Pourquoi ne pas avoir contourné ce trou ? s'étonna l'Homme en Fer-Blanc.

— Je suis trop bête, répondit l'Épouvantail. J'ai la tête remplie de paille, c'est pour ça que je vais voir le grand Oz : pour qu'il me donne un cerveau.

— Je vois, comprit l'Homme en Fer-Blanc. Mais, vous savez, un cerveau, ce n'est pas ce qu'il y a de mieux au monde…

— Vous en avez un, vous ? s'enquit l'Épouvantail.

— Non. Ma tête est tout ce qu'il y a de plus vide. Mais j'en avais un, autrefois, ainsi qu'un cœur. Ayant connu les deux, je préfère de loin avoir un cœur.

— Pourquoi donc ?

— Je vais vous raconter mon histoire, vous allez comprendre.

Ainsi, tandis que nos amis traversaient la forêt, l'Homme en Fer-Blanc leur raconta ce qui suit :

— Mon père était un bûcheron qui gagnait sa vie en abattant des arbres puis en vendant leur bois. Moi aussi, je devins bûcheron et, à la mort de mon père, je pris soin de ma mère jusqu'à la fin de ses jours. Après quoi, afin de ne pas rester seul, je décidai de me marier.

Chez les Microsiens, il y avait une jeune fille que je trouvais si belle que je l'aimais de tout mon cœur. Elle m'avait promis de

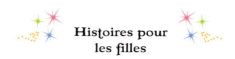

Histoires pour les filles

m'épouser dès que j'aurais assez d'argent pour lui construire une belle maison. Je me mis donc à travailler d'arrache-pied. Mais cette jeune fille vivait avec une vieille femme qui refusait qu'elle se marie, préférant qu'elle reste à s'occuper d'elle. La vieille femme s'en alla trouver la Sorcière de l'Est, et lui offrit deux moutons pour qu'elle empêche notre mariage. Alors la Sorcière de l'Est jeta un sort à ma hache : un jour que j'étais occupé à abattre un arbre, ma hache me glissa des mains et me coupa la jambe gauche.

Cela me parut être un grand malheur, car je savais qu'un unijambiste ne pouvait pas faire bûcheron. J'allai donc consulter un ferblantier qui me fabriqua une jambe en fer-blanc. Il me fallut un peu de temps pour m'y habituer, mais j'en fus bien content. La Sorcière de l'Est, elle, était furieuse, car elle avait promis à la vieille femme qu'elle m'empêcherait d'épouser la jolie petite Microsienne. Le jour où je repris le travail, ma hache m'échappa de nouveau et me trancha la jambe droite. Je retournai chez le ferblantier, et il me fabriqua une jambe droite en fer-blanc. Après quoi, ma hache me sectionna les bras, l'un après l'autre ; mais ça ne me découragea pas, je les fis remplacer par des bras en fer-blanc. Alors la Sorcière de l'Est s'arrangea pour que ma hache me glisse une nouvelle fois des mains et aille me trancher la tête. J'ai bien cru que c'en était fini de moi. Par chance, le ferblantier passait par là, et il me fabriqua une tête toute neuve, en fer-blanc.

Je me disais que j'avais vaincu la Sorcière de l'Est, et je retournai travailler. Mais j'ignorais en fait à quel point mon ennemie était cruelle. Elle conçut un nouveau stratagème pour anéantir mon amour : ma hache m'échappa de nouveau et cette fois vint se ficher dans mon corps, me coupant en deux. Là encore, le ferblantier me tira d'affaire en me construisant un corps en fer-blanc qu'il relia à mes bras, mes jambes et à ma tête. Mais hélas ! je n'avais plus de cœur, et je perdis tout l'amour que m'inspirait la belle Microsienne. L'épouser ou non m'était égal. J'imagine qu'elle vit toujours chez cette vieille femme, à attendre que je vienne la chercher.

J'étais très fier d'avoir un corps si brillant, et je n'avais plus à craindre de me blesser si ma hache m'échappait. Je ne courais plus qu'un seul risque, celui de rouiller. Aussi gardais-je un bidon d'huile à portée de main afin de m'huiler les articulations en cas de besoin. Toutefois, j'oubliai un jour de m'en occuper, et je fus surpris par un orage qui me fit rouiller avant que j'aie pu me prémunir. Je restai donc là, immobile et seul dans la forêt, jusqu'à votre arrivée. Ce fut une terrible épreuve mais, durant cette éprouvante année, j'ai eu tout le temps de me rendre compte

Histoires pour les filles

que la plus grande perte que j'avais subie, c'était celle de mon cœur. Lorsque j'étais amoureux, j'étais le plus heureux des hommes. Mais personne n'aimera jamais un homme sans cœur, alors j'ai bien l'intention de demander à Oz de m'en donner un. S'il accepte, je retournerai épouser ma jolie Microsienne.

Dorothée et l'Épouvantail avaient écouté l'histoire de l'Homme en Fer-Blanc avec grande attention. Ils savaient à présent pourquoi celui-ci tenait tant à avoir un cœur tout neuf.

– Pour ma part, reprit l'Épouvantail, je compte quand même lui demander un cerveau. Un imbécile ne saurait quoi faire d'un cœur s'il en avait un.

– Moi, je prendrai un cœur, s'entêta l'Homme en Fer-Blanc, car ce n'est pas un cerveau qui me rendra heureux, or le bonheur est ce qu'il y a de mieux au monde.

Dorothée, quant à elle, resta muette ; elle ne savait lequel de ses deux amis avait raison. Elle décida que, du moment qu'elle parvenait à rentrer au Kansas chez Tante Em, peu lui importait que l'Homme en Fer-Blanc n'ait pas de cerveau, ou l'Épouvantail pas de cœur, ou que chacun obtienne ce qu'il désirait.

Ce qui l'inquiétait le plus, c'était qu'il ne lui restait presque plus de pain, et que le prochain repas viderait son panier. Certes,

Le magicien d'Oz

l'Homme en Fer-Blanc et l'Épouvantail ne mangeaient rien, mais ni elle ni Toto n'étaient faits de paille ou de fer-blanc.

Pendant tout ce temps, Dorothée et ses compagnons avaient traversé une forêt dense. La route était toujours pavée de brique jaune, mais des branches et des feuilles mortes la recouvraient, ce qui éprouvait les marcheurs.

Les oiseaux étaient rares dans cette partie de la forêt, car ils préfèrent les clairières inondées de soleil. On entendait cependant çà et là le grondement de quelque bête sauvage cachée derrière les arbres. À ces bruits, le cœur de Dorothée battait plus fort, car la petite fille ne savait à quoi s'en tenir. Toto, lui, le savait : il ne quittait pas sa maîtresse d'une semelle et se gardait bien d'aboyer.

– Dans combien de temps aurons-nous quitté cette forêt ? demanda Dorothée à l'Homme en Fer-Blanc.

– Je l'ignore. C'est la première fois que je me rends à la Cité d'Émeraude. Mon père y est allé une fois, quand j'étais petit, et il m'a parlé d'un long voyage dans un pays dangereux. Mais les environs de la ville où vit Oz sont magnifiques, paraît-il. Enfin, tant que j'ai mon bidon d'huile sur moi, je n'ai rien à craindre ; l'Épouvantail ne risque absolument rien ; et, tant que vous porterez au front la marque du baiser de la bonne fée, rien ne vous arrivera.

Histoires pour les filles

— Et Toto ! s'alarma Dorothée. Qui va le protéger ?

— En cas de danger, c'est nous qui le protégerons, répliqua l'Homme en Fer-Blanc.

C'est alors que retentit dans la forêt un terrible rugissement, et qu'un énorme Lion surgit devant eux. D'un seul coup de patte, il projeta l'Épouvantail hors de la route, puis il attaqua l'Homme en Fer-Blanc avec ses crocs tranchants. Mais, à sa grande surprise, bien que l'Homme en Fer-Blanc restât allongé et immobile, le fer-blanc de ses membres résista à ses attaques.

À présent qu'il avait un ennemi face à lui, le petit Toto courut se planter devant le Lion en aboyant. La grande bête avait ouvert la gueule, prête à mordre le chien, lorsque Dorothée, aveugle au danger car craignant pour la vie de Toto, s'élança sur le félin et lui frappa la truffe de toutes ses forces en hurlant :

— N'essayez même pas de mordre Toto ! Vous devriez avoir honte ! Une grande bête comme vous, s'attaquer à un pauvre petit chien !

— Mais je ne l'ai pas mordu, se défendit le Lion tout en se frottant la truffe là où Dorothée l'avait frappé.

— Vous avez essayé, c'est pareil, répliqua Dorothée. Vous n'êtes qu'un lâche.

Le magicien d'Oz

– Je le sais bien, reconnut le Lion en baissant la tête, penaud. Et ce depuis toujours. Mais qu'y puis-je ?

– Je n'en sais rien, moi. Dire que vous vous en êtes pris à ce pauvre Épouvantail qui n'est fait que de paille.

– Il n'est fait que de paille ? répéta le Lion, incrédule, tandis que Dorothée aidait son ami à se relever, puis à retrouver ses formes.

– Évidemment qu'il en est rempli ! s'énerva Dorothée.

– C'est pour ça que je n'ai eu aucune peine à le projeter, comprit le Lion. Ça m'étonnait, aussi, de le voir faire des pirouettes comme ça. L'autre aussi, il est bourré de paille ?

– Non, répondit Dorothée. Il est en fer-blanc.

Elle aida l'Homme en Fer-Blanc à se relever lui aussi.

– C'est pour ça qu'il a failli émousser mes crocs, déclara le Lion. Quand je les ai entendus frotter contre ce fer-blanc, j'en ai eu des frissons dans le dos. Quel est ce petit animal que vous aimez tant ?

Histoires pour les filles

– C'est mon chien, Toto, répondit Dorothée.

– Est-il en fer-blanc, ou bien rempli de paille ?

– Ni l'un ni l'autre. C'est un chien… fait de chair.

– Quel curieux animal, si petit, maintenant que je le regarde. Qui songerait à mordre une si petite chose, à part un lâche comme moi ? s'attrista le Lion.

– Pourquoi êtes-vous lâche ? demanda Dorothée qui l'observait avec étonnement, car il était de la taille d'un petit cheval.

– Mystère… J'ai dû naître ainsi. Les animaux de la forêt attendent de moi que je me montre courageux, car tout le monde considère le lion comme le « roi des animaux ». J'ai appris qu'en rugissant très fort, je réussissais à effrayer toute créature vivante. Chaque fois que je rencontrais un homme, j'étais pétrifié de peur ; mais je n'avais qu'à rugir pour qu'il prenne ses jambes à son cou. Qu'un éléphant, un tigre ou un ours ait tenté de m'attaquer, là c'est moi qui aurais pris mes jambes à mon cou – je suis si peureux ; mais comme ils s'enfuient dès qu'ils m'entendent rugir, moi, je les laisse partir.

– Ça n'est pas juste. Le « roi des animaux » ne devrait pas être peureux, déclara l'Épouvantail.

– Je le sais bien, répondit le Lion en s'essuyant une larme du bout de sa queue. C'est mon grand souci, celui qui me gâche la vie. Sitôt

Le magicien d'Oz

qu'un danger apparaît, j'ai le cœur qui bat la chamade.

– Vous avez peut-être un problème cardiaque, estima l'Homme en Fer-Blanc.

– Peut-être, hésita le Lion.

– Dans ce cas, reprit l'Homme en Fer-Blanc, réjouissez-vous, car cela prouve que vous avez un cœur. En ce qui me concerne, je n'en ai pas.

– En effet, réfléchit le Lion, si je n'avais pas de cœur, je ne serais pas poltron.

– Avez-vous un cerveau ? fit l'Épouvantail.

– Oui, j'imagine, fit le Lion. Mais je ne suis jamais allé vérifier.

– Moi, je vais voir le grand Oz afin qu'il m'en donne un, affirma l'Épouvantail, car j'ai la tête remplie de paille.

– Moi, je compte lui demander de me donner un cœur, annonça l'Homme en Fer-Blanc.

– Et moi, je vais lui demander de nous renvoyer, Toto et moi, au Kansas, ajouta Dorothée.

– Croyez-vous qu'Oz pourrait me donner du courage ? s'enquit le Lion Poltron.

– Aussi facilement qu'il me donnera un cerveau, répliqua l'Épouvantail.

Histoires pour les filles

— Et à moi un cœur, poursuivit l'Homme en Fer-Blanc.

— Et qu'il me renverra au Kansas, conclut Dorothée.

— Eh bien alors, si cela ne vous dérange pas, je vous accompagne, décida le Lion, car je ne supporte pas de vivre sans courage.

— Soyez le bienvenu, fit Dorothée, vous nous aiderez à maintenir les autres bêtes sauvages à distance. Elles doivent être bien plus poltronnes que vous si vous arrivez à les effrayer.

— C'est bien vrai, admit le Lion, mais ça ne me rend pas plus courageux pour autant, et tant qu'il en sera ainsi, je ne connaîtrai pas le bonheur.

Et c'est ainsi que la petite troupe se mit en marche, le Lion avançant d'une foulée majestueuse près de Dorothée. Le nouvel arrivant n'était pas du goût de Toto, qui ne pouvait oublier qu'il avait failli périr entre les mâchoires du Lion. Mais avec le temps, il finit par se calmer, et une belle amitié naquit même entre Toto et le Lion Poltron.

Le génie des sables

Edith Nesbit

Introduction

Le génie des sables, *d'Edith Nesbit, parut en 1902. Cinq enfants restent seuls à la campagne en l'absence de leurs parents. Ils découvrent un "génie des sables", doté d'oreilles de chauve-souris, avec des yeux d'escargot et qui semble être toujours de méchante humeur. Il accorde chaque jour un vœu aux enfants, vœux qui s'avèrent souvent désastreux mais dont les effets cessent de se faire sentir à la tombée de la nuit.*

Le génie des sables

Au matin, Anthea se réveilla d'un rêve des plus réels, dans lequel elle visitait le jardin zoologique sous la pluie, sans parapluie. L'averse désespérait les animaux qui poussaient tous de lugubres grognements. Une fois réveillée, Anthea constata que la pluie et les grognements n'avaient pas cessé. Les grognements provenaient de sa sœur Jane, endormie, dont la respiration était perturbée par un léger rhume. Quant à la pluie, elle s'expliquait par la serviette humide que son frère Robert pressait doucement au-dessus de son visage afin de la réveiller, comme il le lui annonça.

– Arrête ça tout de suite! ronchonna-t-elle.

Et Robert obéit, car il n'était pas un méchant garçon, malgré son goût prononcé pour les lits en portefeuille, les farces, les techniques originales pour réveiller ses sœurs, et autres menus exploits qui l'enchantaient.

– J'ai fait un rêve vraiment bizarre, déclara Anthea.

– Moi aussi, intervint Jane, qui venait de se réveiller à l'improviste. J'ai rêvé qu'on trouvait une créature dans la carrière, qui disait être un génie des sables et qui nous exauçait un vœu tous les jours, et que…

– Mais c'est exactement ce que j'ai rêvé, s'étonna Robert. Je m'apprêtais à vous en parler. Notre premier vœu a été exaucé dès

Histoires pour les filles

qu'il l'a prononcé. Dans mon rêve, vous avez été assez bêtes pour lui demander que nous soyons tous beaux comme des astres, et en bonne santé, et ça a été du tonnerre.

– Ça arrive que des gens fassent le même rêve ? demanda Anthea. Parce que moi, en plus de ça, j'ai rêvé que nous visitions le zoo sous la pluie. Et dans mon rêve, Bébé ne nous connaissait pas, les domestiques refusaient de nous ouvrir car notre beauté éclatante agissait comme un déguisement, et…

La voix de leur frère aîné se fit entendre de l'autre bout du palier :

– Dépêche-toi un peu, Robert, ou tu vas encore rater le petit déjeuner. À moins que tu ne veuilles échapper à ton bain, comme mardi.

– Attends voir, répondit Robert. Je ne me suis pas dérobé, je l'ai pris après le petit déjeuner, dans le dressing de Père, car le nôtre avait été vidé.

Cyril apparut dans l'embrasure de la porte, à moitié nu.

– Écoute, Cyril, s'immisça Anthea, nous avons tous fait un rêve franchement bizarre. Nous avons tous rêvé que nous avions trouvé un génie des sables.

Sa voix faiblit face au regard méprisant de Cyril.

– Petits benêts, leur expliqua-t-il, ce n'était pas un rêve. Ça s'est

Le génie
des sables

réellement passé. C'est pour cela que je tiens à ce qu'on sorte tôt. Nous y retournons sitôt le petit déjeuner terminé pour formuler un nouveau vœu. Mais cette fois, on réfléchira bien à ce qu'on demandera avant de partir, et personne ne devra demander autre chose sans avoir consulté les autres. Finies les beautés fatales, compris ?

Bouche bée, les trois autres finirent de s'habiller. Si le rêve concernant le génie était réel, ce dressing réel avait quant à lui des allures de rêve, estimaient les filles. Jane pensait que Cyril avait raison, mais Anthea hésitait un peu, cela jusqu'à ce que Martha leur rappelle combien ils s'étaient mal conduits la veille. Les dernières hésitations d'Anthea disparurent alors :

– Les domestiques ne rêvent jamais qu'à ce dont parlent les livres d'interprétation des rêves, comme les serpents, les huîtres et les mariages – les mariages représentent des enterrements, les serpents une amie perfide et les huîtres des bébés.

– En parlant de bébés, la coupa Cyril, où est notre cher agneau ?

– Martha l'emmène voir ses cousins à Rochester, répondit Jane. Mère a dit qu'elle pouvait. Elle lui met ses habits du dimanche. Quelle chance il a !

– On dirait qu'elle aime bien le balader, Martha, s'étonna Robert.

Histoires pour les filles

— Les domestiques aiment bien montrer les bébés à leur famille, expliqua Cyril. Ce n'est pas la première fois que je le remarque, surtout s'ils sont sur leur trente-et-un.

— J'imagine qu'ils racontent que ce sont leurs propres enfants, qu'eux-mêmes ne sont pas domestiques mais mariés à un duc de très noble ascendance, et que les bébés sont des petits ducs et duchesses, intervint Jane d'un ton rêveur en se resservant de la marmelade. C'est sûrement ce que Martha va prétendre à ses cousins. Elle sera aux anges.

— En tout cas, fit Robert, moi je ne serais pas aux anges si je devais transporter notre petit duc jusqu'à Rochester dans mes bras.

— Tu te vois te rendre à pied jusque là-bas avec notre petit agneau sur ton dos ? Quelle horreur ! approuva Cyril.

— Elle fera le voyage en carriole, dit Jane. Allons leur dire au revoir, bien poliment et gentiment, après quoi nous serons débarrassés d'eux pour la journée.

Aussitôt dit, aussitôt fait. Martha portait sa robe du dimanche, violet clair et violet foncé, qui lui enserrait la poitrine au point de lui courber le dos, ainsi que son chapeau bleu avec un ruban blanc. Elle arborait en outre une collerette en dentelle jaune avec un nœud vert. L'Agneau, quant à lui, portait en effet ses plus beaux habits : manteau et chapeau de soie couleur crème. C'est un bien joli couple qui prit le

Le génie
des sables

départ pour Rochester. Quand la carriole eut disparu dans un tourbillon de poussière, Cyril déclara :

– Et maintenant, tous à la carrière !

Chemin faisant, ils réfléchissaient au vœu qu'ils allaient demander. Bien que très pressés, ils ne cherchèrent pas à descendre par les parois de la carrière, préférant emprunter, plus prudemment, la route normale. Comme ils avaient encerclé de petits cailloux l'endroit où le génie avait disparu, ils le retrouvèrent sans difficulté. Un soleil ardent luisait dans un ciel sans nuage. Le sable lui-même était brûlant.

– Et si tout ça n'avait été qu'un rêve ? s'inquiéta Robert tandis que Cyril et lui-même récupéraient leurs pioches sous un tas de sable pour se mettre à creuser.

– Et si tu avais un peu de jugeote ? le rembarra Cyril ; l'un est aussi plausible que l'autre.

– Et si tu restais un peu poli ? reprit Robert.

– Et si vous nous laissiez un peu faire ? intervint Jane, le sourire aux lèvres, vous avez l'air de vous échauffer.

– Et si vous vous mêliez un peu de vos affaires, les filles ? rétorqua Robert, qui s'échauffait bel et bien.

– Pas question, fit Anthea. Allons, Robert, ne sois pas si bougon. Nous ne dirons pas un mot, c'est toi qui parleras à la créature pour

Histoires pour les filles

lui annoncer notre vœu. Tu te débrouilleras bien mieux que nous.

– Et si vous arrêtiez ces sornettes ? demanda Robert, sans méchanceté. Regardez, maintenant, on peut creuser avec les mains.

Tous s'activèrent et mirent au jour le corps poilu du génie, en forme d'araignée, doté de longs membres, avec des oreilles de chauve-souris et des yeux d'escargots. Les enfants poussèrent un soupir de satisfaction car ils surent alors qu'ils n'avaient pas rêvé.

La chose se redressa puis épousseta sa fourrure.

– Comment se portent vos favoris gauches, ce matin ? lui demanda poliment Anthea.

– Ce n'est pas la grande forme, fit-il. La nuit a été pénible. C'est gentil de vous en inquiéter.

– Alors, intervint Robert, vous sentez-vous d'humeur à nous accorder des vœux aujourd'hui ? Nous en voudrions un de plus que le normal. Rien de bien extraordinaire, je vous rassure.

– Humph ! s'exclama le génie. (Si vous lisez cette histoire à voix haute, prononcez bien "humph" comme c'est écrit, car le génie des sables l'a lui-même dit de cette façon.) Humph ! Vous voyez, jusqu'à ce que je vous entende vous chamailler juste au-dessus de ma tête, j'étais presque sûr que notre rencontre n'avait été qu'un rêve. Il m'arrive de faire des rêves bien étranges.

Le génie
des sables

— Vraiment ? s'empressa d'ajouter Jane, afin de détourner la conversation de leurs chamailleries. J'aimerais que vous nous racontiez vos rêves ; ils doivent être passionnants.

— C'est votre vœu du jour ? demanda le génie, dans un bâillement.

Cyril marmonna entre ses dents quelque chose qui ressemblait à : « Ah… les filles, alors ! » et les autres restèrent muets. S'ils répondaient « oui », ils pouvaient dire adieu aux autres vœux qu'ils comptaient demander. Quant à répondre « non », ce serait malpoli ; or nos amis étaient des enfants bien élevés, qui avaient retenu leurs leçons. Un soupir de soulagement leur échappa lorsque le génie déclara :

— Si je vous raconte mes rêves, je n'aurai plus assez de force pour vous accorder un second vœu ; même pas pour vous donner de la bonne humeur, du bon sens ou de bonnes manières.

— Inutile de vous déranger pour si peu, l'assura Cyril, nous saurons bien nous débrouiller pour ces choses-là.

Ses frères et sœurs échangeaient entre eux des regards coupables en espérant que leur bienfaiteur changerait d'avis. Qu'il leur passe un savon, au besoin, mais qu'on en finisse.

— Bien, commençons par le petit vœu, reprit le génie en dardant ses yeux d'escargot de façon si soudaine que l'un d'eux faillit heurter celui de Robert.

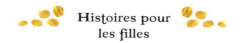

Histoires pour les filles

– Nous souhaitons que les domestiques ne remarquent pas les dons que vous nous faites.

– Que vous avez la bonté de nous faire, murmura Anthea.

– Que vous avez la bonté de nous faire, répéta Robert.

Le génie gonfla la poitrine, puis il expira, avant de déclarer :

– C'est fait. Une formalité. En général, les gens ne remarquent jamais grand-chose, de toute façon. Quel est votre autre vœu ?

– Nous voulons, annonça lentement Robert, être plus riches que riches.

– L'avarice, ajouta Jane.

– Exactement, confirma la créature, à la surprise générale. Mais vous n'y gagnerez rien… marmonna-t-il. Bon, plus riches que riches, ça, ça m'est impossible ! Combien vous faut-il ? En or ou en billets ?

– En or, s'il vous plaît… des millions.

– J'en remplis la carrière, ça vous va ? proposa le génie d'un ton désinvolte.

– Parfait !

– Dans ce cas, éloignez-vous, sinon vous y serez enterrés vivants.

Le génie allongea les bras démesurément, puis fit des moulinets si effrayants que les enfants prirent leurs jambes à leur cou pour regagner la route par laquelle les charrettes accédaient à la carrière.

Le génie des sables

Seule Anthea eut la présence d'esprit d'ajouter un timide :

– Bonne journée. J'espère que vos favoris gauches iront mieux demain.

Arrivés sur la route, ils se retournèrent et durent fermer les yeux puis les rouvrir petit à petit car ce qu'ils voyaient risquait de les aveugler. C'était un peu comme vouloir regarder le soleil à midi en plein été. En effet, la carrière était remplie à ras bord de pièces d'or toutes neuves, qui obstruaient les trous où nichaient les hirondelles de rivage. Là où la route rejoint la carrière se trouvaient des tas de pièces d'or comme on voit des tas de pierres au bord de la route. Le tout d'un or pur et neuf. Partout d'innombrables pièces reflétaient le soleil : elles brillaient, luisaient, scintillaient, si bien que la carrière ressemblait à un immense fourneau.

Les enfants restèrent bouche bée face à ce spectacle, incapables de prononcer un mot.

**Histoires pour
les filles**

Au bout d'un moment, Robert ramassa une pièce et l'observa de chaque côté. Puis, à voix basse, d'une façon qui ne lui ressemblait guère, il déclara :

— Ce ne sont pas des souverains.

— En tout cas, c'est bien de l'or, ajouta Cyril.

Ils se mirent alors à parler tous en même temps. Ils ramassaient des pièces d'or par poignées entières et les laissaient retomber entre leurs doigts comme si c'était de l'eau. Le bruit des pièces heurtant le sol leur semblait être une musique merveilleuse. Ils s'amusaient tant à jouer avec cet or qu'ils oublièrent dans un premier temps de réfléchir au moyen de le dépenser. Jane s'assit entre deux tas d'or, et Robert entreprit de l'enterrer, comme on enterre son père dans le sable à la plage, quand il s'est endormi avec un journal sur la tête. Elle n'était pas recouverte à moitié que Jane s'écria :

— Arrête, c'est trop lourd ! ça fait mal !

Robert n'en crut rien et poursuivit les opérations.

— Mais laisse-moi sortir, enfin ! s'époumona Jane.

Quand on l'extirpa du tas d'or, elle avait pâli et tremblait un peu.

— Tu ne sais pas l'effet que ça fait ! criait-elle. C'est comme d'être enterré sous des cailloux, ou des chaînes.

Le génie
des sables

– Bon, allez, décida Cyril, si nous voulons en profiter, il nous faut en emporter le plus possible. Remplissons-nous les poches et partons faire des achats. Et n'oubliez pas : une fois le soleil couché, tout ça disparaîtra. Nous aurions dû demander au génie pourquoi les choses ne se changent pas en pierres. Cette fois, peut-être que ça arrivera. Mais j'y pense, il y a une carriole et un poney au village.

– Et tu as envie de les acheter ? lui demanda Jane.

– Non, petite sotte. Nous allons la louer. Ensuite, nous partirons faire des emplettes à Rochester. Maintenant, que chacun prenne autant d'or qu'il peut en porter. Mais ce ne sont pas des souverains. Sur une face, il y a une tête d'homme, et sur l'autre un as de pique. Remplissez-vous les poches, et en route. Si vous avez envie de papoter, rien ne vous en empêche.

Cyril s'assit et entreprit de se remplir les poches.

– Dire que vous vous êtes moqués de moi quand j'ai demandé à Père de faire coudre neuf poches à mon costume… Vous riez moins, n'est-ce pas ?

Et en effet, personne ne riait. Mais lorsque Cyril eut rempli ses neuf poches, son mouchoir, et qu'il eut glissé des pièces jusque sous sa chemise, il lui fallut bien se lever. Il ne put toutefois que tituber et se rasseoir au plus vite.

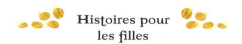
Histoires pour les filles

– Décharge un peu le bateau, lui conseilla Robert, sinon il va couler. Cette histoire de neuf poches…

Cyril ne put faire autrement que de suivre le conseil de Robert.

Après quoi la petite troupe prit la direction du village. Il y avait près de deux kilomètres d'une route poudreuse à parcourir, sous un soleil qui se faisait de plus en plus chaud. L'or qu'ils transportaient paraissait quant à lui de plus en plus lourd.

Jane dit alors :

– Je ne vois pas comment nous allons pouvoir dépenser tout cela. Nous devons en avoir une somme phénoménale. Moi, je vais en laisser un peu dans ce tronc creux. Sitôt qu'on sera arrivés au village, on achètera des biscuits : on a laissé passer l'heure du déjeuner.

Ajoutant le geste à la parole, elle dissimula quelques poignées d'or dans le tronc creux d'un vieux charme.

– Qu'elles sont belles, toutes rondes et jaunes, s'extasia-t-elle.

Le génie des sables

Ça ne vous plairait pas qu'elles soient des noix de pain d'épices et qu'on puisse les manger ?

– En tout cas, ce n'est pas possible, la coupa Cyril. En route !

Leur progression était lente et harassante. Ils n'avaient pas atteint le village que déjà ils s'étaient délestés de plusieurs poignées de pièces, dissimulées dans des cachettes. Arrivés à destination, il leur restait douze cents guinées. Rien dans leur apparence ne trahissait la présence d'un tel trésor : personne ne les aurait crus en possession d'une somme si importante. La brume de chaleur, alliée à la fumée de bois, formait une sorte d'épais nuage par-dessus les toits du village. Nos quatre amis s'assirent sur le premier banc qu'ils rencontrèrent. Celui-ci se trouvait appartenir à l'auberge The Blue Boar.

Les enfants décidèrent d'envoyer Cyril commander des rafraîchissements à l'aubergiste car, d'après Anthea : « Les hommes ont le droit d'entrer dans ce genre d'endroit, mais pas les enfants. Or Cyril est notre aîné, c'est presque un homme. »

– Quelle chaleur ! s'écria Robert. Quand ils ont trop chaud, les chiens tirent la langue pour se rafraîchir ; je me demande si ça marcherait pour nous.

– Essayons, nous verrons bien, proposa Jane.

Histoires pour les filles

Chacun tira la langue à se la décoller de la gorge, mais cela n'eut pour effet que d'augmenter leur soif... en plus de choquer les passants. Aussi rentrèrent-ils tous leur langue, à l'instant même où Cyril rapportait les boissons.

– J'ai dû payer avec mes propres sous, alors que je comptais m'acheter des lapins avec, annonça-t-il. Le patron a refusé mon or. Quand je lui en ai sorti une poignée, il a éclaté de rire en disant que c'étaient des jetons de casino. J'ai pris des gâteaux et des biscuits, aussi.

Les gâteaux étaient à la fois mous et secs ; et les biscuits secs un peu mous... plutôt gênant pour des biscuits ! Mais la limonade fit passer tout cela.

– C'est à mon tour d'essayer d'acheter quelque chose avec mon argent, décida Anthea. Je suis la plus âgée après Cyril. Où se trouvent-ils, le poney et la carriole ?

Le poney et la carriole étaient stationnés à l'auberge The Chequers. Anthea se garda bien d'entrer dans l'établissement, car les petites filles n'y étaient pas autorisées. Quelques minutes plus tard, elle ressortait de la cour de derrière en déclarant :

– Tout sera prêt dans une minute. Et l'aller-retour jusqu'à Rochester ne nous coûtera qu'un souverain, enfin une de ces pièces, là. Je crois m'en être plutôt bien sortie.

Le génie
des sables

– Tu te trouves sûrement fortiche, non ? fit Cyril, dépité. Comment t'y es-tu prise ?

– En tout cas, je ne suis pas allée sortir de l'or de mes poches par poignées entières, répliqua-t-elle. Je suis tombée sur un jeune homme qui s'occupait de la patte d'un cheval avec une éponge et de l'eau. Je lui ai tendu un souverain en lui demandant : « Savez-vous ce que c'est ? ». Il m'a répondu : « Non », et m'a dit qu'il allait chercher son père. Le vieil homme nous a rejoints et a affirmé que ce n'était qu'une guinée. Après, il m'a demandé si elle m'appartenait et si j'avais le droit de l'utiliser à ma guise. J'ai répondu : « Oui ». C'est là que je lui ai parlé de la carriole et du poney, en lui proposant de lui donner ma guinée s'il acceptait de nous conduire à Rochester. Il s'appelle S. Crispin. Il a répondu : « D'accord ».

Ce trajet en carriole sur de jolies routes de campagne fut pour les enfants une expérience toute nouvelle, et fort plaisante (ce qui n'est pas le cas de toutes les nouvelles expériences). Très différente cependant de ce que chacun avait prévu comme moyen de dépenser son argent. Prévisions personnelles, bien sûr, et muettes, car aucun n'aurait voulu que le vieil aubergiste les entende évoquer leurs richesses. À leur demande, le vieil homme les déposa près du pont.

– Où vous rendriez-vous, si vous vouliez acheter un équipage et des chevaux ? l'interrogea Cyril, comme s'il cherchait simplement à faire la conversation.

– Chez Billy Peasemarsh, à l'auberge The Saracen's Head, répondit aussitôt le vieil homme. En même temps, je suis mal placé pour recommander en matière de chevaux, et moi-même, si je voulais en acheter un, je ne demanderais conseil à personne. Mais si votre père a besoin d'un coup de main, il ne trouvera personne de plus correct à Rochester que Billy.

– Merci, fit Cyril. The Saracen's Head.

Les enfants virent alors une des lois de la nature se renverser et

Le génie des sables

marcher sur la tête : n'importe quel adulte vous dira que l'argent est dur à gagner mais qu'il se dépense facilement. L'argent du génie, lui, avait été facile à gagner mais il s'avérait plus que difficile, presque impossible, à dépenser. La vue de cet or semblait intimider les marchands de la ville de Rochester.

Pour commencer, Anthea avait eu le malheur de s'asseoir sur son chapeau, quelques heures plus tôt. Elle souhaitait donc s'en offrir un neuf. Elle en choisit un superbe, orné de roses et de paons bleus. En vitrine, l'affichette annonçait : « Modèle parisien, trois guinées ».

– Quelle chance, se réjouit la fillette. Le prix est en guinées et pas en souverains !

Mais lorsqu'elle prit trois guinées et les tendit à la jeune vendeuse, celle-ci trouva la main d'Anthea si sale – elle n'avait pas mis de gants pour aller à la carrière – qu'elle s'en alla consulter une collègue plus âgée. Lorsqu'elle revint vers notre amie, elle lui rendit son argent sous prétexte que cette monnaie n'avait plus cours.

– Mais ce sont des vraies, fit Anthea. Et elles sont à moi.

– Je n'en doute pas, lui rétorqua la vendeuse, mais cette monnaie n'a plus cours et nous ne l'acceptons plus.

Anthea sortit du magasin et confia à ses frères et sœur :

– Ils doivent nous prendre pour des voleurs. Si nous portions des

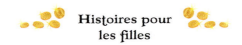

Histoires pour les filles

gants, ils nous verraient autrement. Ce sont mes mains sales qui leur ont mis la puce à l'oreille.

Les enfants se dirigèrent alors vers une modeste boutique où les filles achetèrent des gants de coton bon marché. Mais lorsqu'elles donnèrent à la vendeuse une guinée pour payer, cette dernière étudia la pièce à travers ses lunettes et prétexta ne pas avoir de monnaie ; Cyril dut une nouvelle fois puiser dans le pécule qu'il réservait à l'achat de lapins, et qui servit en outre à acheter un porte-monnaie vert, imitation crocodile. Ils tentèrent par la suite leur chance dans plusieurs autres boutiques – magasins de jouets, parfumeries, librairies, papeteries, etc.

Mais aucun établissement ne voulut de leurs guinées. À mesure qu'ils passaient d'un magasin à un autre, les enfants se salissaient davantage, leurs cheveux se décoiffaient et Jane glissa même dans l'ornière qu'une charrette venait d'imprimer dans la route. La faim commençait à les tarauder, mais ils ne trouvèrent aucun endroit où manger en échange de leurs guinées. Ayant essuyé les refus de deux

Le génie des sables

boulangers, ils eurent si faim (sans doute, à en croire Cyril, à cause des bonnes odeurs de gâteaux qu'ils avaient senties dans ces boutiques-là) qu'ils échafaudèrent en secret un plan qu'ils mirent à exécution, en désespoir de cause. Ils entrèrent dans une troisième boulangerie – chez Beale – et, avant même qu'on leur ait adressé la parole, chaque enfant saisit trois petits pains, les pressa entre ses mains sales, puis mordit à belles dents ce sandwich à trois étages. Ils restaient là, leurs douze petits pains bien en mains, la bouche pleine. Sous le choc, le patron fit d'un bond le tour du comptoir.

– Tenez, lui dit Cyril le plus clairement qu'il put, en donnant la guinée qu'il avait préparée avant d'entrer dans cette boutique. Voilà pour payer.

M. Beale lui saisit sa pièce, la mordilla puis la glissa dans sa poche.

– Allez-vous-en, leur ordonna-t-il d'un ton sec et déterminé.

– Et la monnaie? s'enquit Anthea, qui n'aimait pas jeter l'argent par les fenêtres.

– La monnaie? s'énerva Beale. Estimez-vous donc heureux que je n'appelle pas la police pour leur demander d'où elle sort, cette guinée!

Les quatre millionnaires s'en allèrent finir leurs petits pains dans un square. Mais ce repas avait beau les réconforter, aucun n'eut le courage d'aller tenter sa chance chez Billy Peasemarsh, à l'auberge The Saracen's

Histoires pour les filles

Head, pour acheter un équipage et des chevaux. Les deux garçons étaient prêts à tout abandonner, mais pas Jane, d'une nature optimiste, ni Anthea, d'un naturel obstiné, et leur détermination paya.

La petite troupe, à présent fort crasseuse, mit le cap sur The Saracen's Head. Ils décidèrent d'employer à nouveau la méthode qui avait si bien fonctionné à l'auberge The Chequers. M. Peasemarsh se trouvait dans la cour, et Robert entama la négociation avec lui en ces termes :

– Il paraît que vous vendez des équipages et des chevaux.

Robert avait été désigné porte-parole du groupe, car dans les livres, ce sont toujours les messieurs qui achètent des chevaux, et non les dames. Or, comme Cyril avait conduit les opérations à l'auberge The Blue Boar, ce fut au tour de Robert.

– On ne vous a pas menti, jeune homme, confirma M. Peasemarsh.

C'était un homme grand et mince, aux yeux très bleus, et aux lèvres minces.

– Nous voudrions en acheter, si vous n'y voyez aucun inconvénient.

– Je n'en vois aucun, rassurez-vous.

– Auriez-vous l'obligeance de nous montrer quelques spécimens, afin que nous puissions choisir ?

– Non mais de qui se moque-t-on ? s'énerva Billy Peasemarsh. Qui vous envoie ?

Le génie
des sables

— Écoutez, répondit Robert, nous voulions acheter un équipage et des chevaux, et on nous a dit que vous étiez correct. Je commence à me poser des questions.

— Sacré nom d'une pipe! explosa M. Peasemarsh. Vous voudriez quand même pas que je fasse défiler toute mon écurie pour votre bon plaisir? Vaudrait peut-être mieux que j'envoie chercher l'évêque, qu'on voie s'il aurait pas un canasson ou deux à vous donner?

— Faites donc, accepta Robert, si cela ne vous dérange pas trop. Ce serait très aimable de votre part.

M. Peasemarsh fourra ses mains dans ses poches et éclata de rire – d'un rire qui ne plut guère aux enfants. Après quoi il hurla:

— William!

Un valet d'écurie bossu apparut à la porte d'un des boxes.

— Viens un peu voir le jeune duc que voilà, William! Il veut nous racheter l'écurie. De fond en comble, tout, je te dis. Ma main à couper qu'il a pas un sou en poche!

— Votre main à couper? Vous êtes sûr?

C'est alors que Robert reprit la parole, bien que ses sœurs le tirent par les pans de sa veste et l'implorent de les suivre. D'une voix courroucée, il déclara:

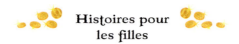
Histoires pour les filles

– Je ne suis pas un jeune duc, et n'ai jamais prétendu l'être. Quant aux sous que j'ai en poche, que dites-vous de ceci ?

Et avant que les autres n'aient le temps de l'en empêcher, il tira de ses poches deux grosses poignées de guinées étincelantes qu'il tendit à M. Peasemarsh pour qu'il les observe. Ce qu'il fit. Puis il prit une des pièces et la mordilla. Jane s'attendait à l'entendre dire : « Mon meilleur cheval vous attend ». Ses frères et sœur étaient moins optimistes. Mais aucun n'était préparé à ce qui suivit :

– William, va fermer la porte de la cour.

William s'exécuta, un large sourire aux lèvres.

– Eh bien, se hâta d'ajouter Robert, bonne fin de journée. Finalement, nous n'allons pas vous acheter de chevaux aujourd'hui. Que cela vous serve de leçon !

Ayant aperçu une petite porte dérobée, Robert se dirigea vers celle-ci pour prendre la fuite, mais M. Peasemarsh s'interposa.

– Pas si vite, jeune maraudeur, fit-il. William, va chercher la police.

Le génie des sables

William obéit. Les enfants se serrèrent les uns contre les autres comme des moutons apeurés. M. Peasemarsh leur parla jusqu'à l'arrivée de la police. Il leur raconta bien des choses. Entre autres, ceci :

– Petits chenapans, comment osez-vous venir tenter d'honnêtes gens avec vos guinées ?

– Mais ce sont des vraies ! s'indigna Cyril.

– Mais bien sûr, c'est bien connu tout ça, hein ? Et entraîner des fillettes avec vous… Écoutez voir, suivez-moi à la police sans moufeter et je laisse filer les petites.

– Pas question, protesta héroïquement Jane. Nous ne filerons pas sans eux. L'argent nous appartient autant qu'à eux, vieille crapule !

– Et où est-ce que vous l'avez trouvé, hein ? voulut savoir l'homme, qui commençait à se calmer, contrairement à ce que l'injure proférée par Jane laissait penser aux garçons.

Jane adressa un regard angoissé aux autres.

– On a avalé sa langue, pas vrai ? C'est moins facile que d'insulter les gens, hein ? Alors, tu me le dis où tu l'as trouvé ce magot ?

– Dans la carrière, avoua l'honnête Jane.

Histoires pour les filles

— À d'autres! répliqua l'homme.

— Mais c'est la vérité, persista Jane. Là-bas, il y a un génie, tout couvert de poils marron, avec des oreilles de chauve-souris et des yeux d'escargot, et il vous exauce un vœu par jour.

— Elle a plus toute sa tête, marmonna l'homme. Vous devriez avoir honte, vous deux, de mêler à vos rapines une pauvre aliénée.

— Elle n'est pas folle, elle vous dit la vérité! intervint Anthea. Ce génie existe. Si jamais je le revois, mon prochain vœu vous concernera. Enfin, il vous concernerait si la vengeance n'était pas un péché.

— À tous les coups, estima M. Peasemarsh, ils ont un complice.

Sur ces entrefaites, William revint, le visage toujours illuminé d'un sourire malveillant, accompagné d'un policier avec lequel M. Peasemarsh s'entretint à voix basse le plus sérieusement du monde.

— Vous avez sans doute raison, dit le policier. Je vais déjà les inculper pour détention illégale, en attendant le résultat de l'enquête. Le juge s'occupera de l'affaire. Les folles iront à l'hospice et les garçons en maison de correction. Allez, jeunes gens, suivez-moi! Inutile de résister. Occupez-vous des filles, M. Peasemarsh, je me charge des garçons.

Le génie des sables

Muets de rage et d'horreur, les enfants furent escortés à travers les rues de Rochester. Des larmes de colère et de honte les aveuglaient, si bien que Robert heurta une passante qu'il ne reconnut qu'en l'entendant dire :

– Ça alors, monsieur Robert, si on m'avait dit ! Mais qu'avez-vous donc fait ?

Une autre voix, tout aussi connue réclamait :

– Bonbons… Ze veux bonbons !

C'étaient Martha et le bébé.

Martha s'avéra une alliée de premier ordre. Elle refusa de croire un traître mot de ce que lui racontèrent le policier et M. Peasemarsh, même lorsque Robert lui montra les guinées qu'il avait dans ses poches.

– Je ne vois rien, affirma-t-elle. Vous avez perdu la raison, messieurs ! Ce n'est pas de l'or que ces petits ont dans les mains, mais de la crasse. Oh, si on m'avait dit !

Les enfants trouvèrent l'attitude de Martha très noble, bien qu'un tantinet malhonnête, jusqu'à

Histoires pour les filles

ce qu'ils se rappellent que leur bienfaiteur leur avait promis qu'aucun domestique ne verrait les dons qu'il leur accordait. Alors, naturellement, Martha ne pouvait voir les pièces d'or, elle ne mentait donc pas, ce qui était honnête, bien sûr, mais pas spécialement noble.

Il faisait presque nuit lorsqu'ils arrivèrent au commissariat. Le policier fit son rapport à un inspecteur assis dans une grande salle vide au fond de laquelle une sorte de petite cage était destinée aux prisonniers. Robert se demandait s'il s'agissait d'une cellule ou du banc des accusés.

– Montrez-moi ces pièces, ordonna l'inspecteur à l'agent.

– Videz vos poches, fit ce dernier aux enfants.

De désespoir, Cyril glissa ses mains dans ses poches, resta immobile un instant, puis se mit à rire – un rire étrange, qui lui faisait mal et ressemblait plutôt à des pleurs. Ses poches étaient vides. Celles de son frère et de ses sœurs également. Quoi de plus normal ? À la tombée de la nuit, les pièccs d'or magiques avaient disparu.

– Videz vos poches, et en silence, répéta l'inspecteur.

Cyril examina chacune des neuf poches de son riche costume. Toutes étaient vides.

– Par exemple ! fit l'inspecteur.

Le génie
des sables

– Je ne sais pas comment ils s'y sont pris… ces sales petits voleurs ! Je ne les ai pas quittés des yeux une seconde !

– Pas banal, grimaça l'inspecteur.

– Si vous avez fini de martyriser ces innocents petits, intervint Martha, je m'en vais louer une diligence pour les ramener chez leur père. Vous aurez de ses nouvelles, croyez-moi, jeune homme ! Je vous l'avais bien dit qu'ils ne possédaient pas d'or quand vous prétendiez en voir de vos yeux ! Qu'un agent de police ne sache plus ce qu'il voit de si bonne heure, c'est un peu fort. Quant à l'autre, c'est le patron de l'auberge The Saracen's Head, donc inutile d'en dire plus : il connaît l'alcool mieux que quiconque.

– Emmenez-les donc, nom de Dieu ! trancha l'inspecteur.

Et pendant que nos amis quittaient le commissariat, l'inspecteur s'adressa à l'agent de police ainsi qu'à M. Peasemarsh, et en des termes vingt fois plus injurieux que ceux qu'il avait adressés à Martha.

Cette dernière fit ce qu'elle avait dit. Elle raccompagna tout son monde dans une belle diligence, parce que la carriole avait disparu. En outre, bien qu'elle ait pris leur défense, elle en voulait beaucoup aux enfants d'être « allés traîner à Rochester », et ceux-ci n'osèrent pas lui parler du conducteur de la carriole censé les attendre. Ainsi donc, au terme d'une journée de richesse opulente, les enfants se virent

Histoires pour les filles

envoyés au lit, en pénitence. Leur nouvelle fortune se résumait à deux paires de gants en coton, un porte-monnaie en imitation crocodile et douze petits pains, digérés depuis longtemps.

Ce qui les tracassait le plus, c'était la crainte que la guinée qu'ils avaient donnée au vieil homme ait elle aussi disparu à la tombée de la nuit. Aussi se rendirent-ils au village le lendemain matin pour s'excuser de ne pas s'être montrés au rendez-vous la veille à Rochester, et pour savoir ce qu'était devenue la guinée. Ils trouvèrent le vieil homme de fort bonne humeur. Sa guinée n'avait pas disparu, il l'avait même percée afin de la passer à la chaîne de sa montre. Quant à celle que le boulanger avait prise, les enfants se moquaient bien de savoir ce qu'il en était advenu. Cela n'était sans doute guère honnête, mais tout à fait compréhensible. Après coup, néanmoins, cette pensée tarauda l'esprit d'Anthea au point qu'elle fit parvenir en secret par la poste douze timbres à « M. Beale, Boulanger, Rochester », ainsi que ce mot : « Pour les petits pains ». J'espère que la guinée avait bien disparu, car ce boulanger n'avait rien de sympathique, et en plus, ses petits pains étaient les plus chers de toute la région.

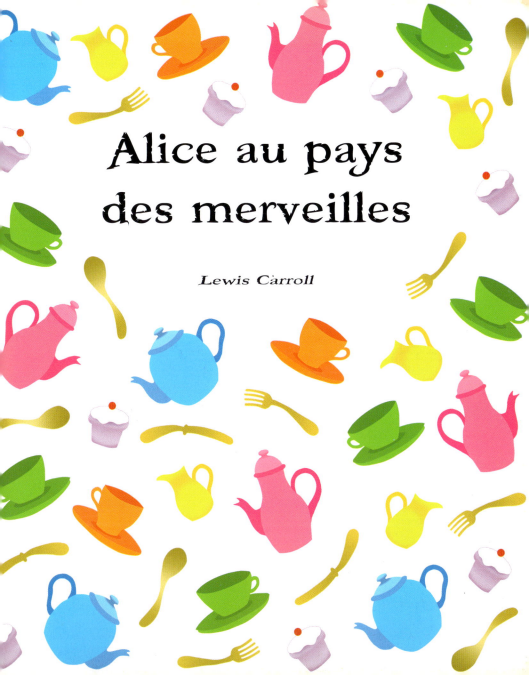

Alice au pays des merveilles

Lewis Carroll

Introduction

Alice au pays des merveilles *est le premier livre de Lewis Carroll où apparaît le personnage d'Alice. Au début du récit, Alice aperçoit un lapin blanc dans sa course, qui marmonne qu'il est en retard, en regardant sa montre. Alice le suit jusque dans sa tanière, et se retrouve alors dans un monde fantastique. Dans ce chapitre, elle est en présence de personnages loufoques qui prennent le thé, dans la maison du Lièvre de Mars.*

Alice au pays des merveilles

Une table avait été dressée sous un arbre, devant la maison. Le Lièvre de Mars et le Chapelier prenaient le thé. Un Loir était assis entre eux, profondément endormi, et les deux autres appuyaient leurs coudes sur lui comme sur un coussin et parlaient au-dessus de sa tête. « Très incommode pour le Loir, pensa Alice, mais comme il dort, je suppose que ça lui est égal. »

La table était une grande table, mais tous trois se trouvaient entassés à l'un des coins. « Pas de place! » crièrent-ils en voyant Alice arriver. « Il y a *beaucoup* de place! » dit Alice d'une voix indignée, et elle s'assit dans un vaste fauteuil à un bout de la table.

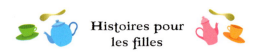

Histoires pour les filles

« Un peu de vin ? » demanda le Lièvre de Mars d'un ton aimable.

Alice examina ce qu'il y avait sur la table, mais elle ne vit que du thé :

« Je ne vois pas de vin, fit-elle observer.

– Il n'y en a pas, dit le Lièvre de Mars.

– Alors, ce n'est pas très poli de m'en offrir, dit Alice avec indignation.

– Ce n'est pas très poli non plus de vous asseoir à notre table sans y avoir été invitée, dit le Lièvre de Mars.

– Je ne savais pas que c'était *votre* table, dit Alice, elle est dressée pour beaucoup plus de trois personnes.

– Il faut vous faire couper les cheveux, dit le Chapelier. » Il fixait Alice depuis quelque temps avec une intense curiosité et c'étaient là ses premières paroles.

« On ne doit pas faire de remarques personnelles, dit Alice sévèrement, c'est très impoli ! »

Le Chapelier ouvrit de grands yeux, mais tout ce qu'il *dit* fut :

« Pourquoi un corbeau ressemble-t-il à un bureau ? »

« Bon. Nous allons nous amuser ! pensa Alice. Je suis contente qu'ils aient commencé à poser des devinettes. »

« Je pense que je peux le dire, ajouta-t-elle à voix haute. »

Alice au pays des merveilles

— Voulez-vous dire que vous pouvez trouver la réponse ? demanda le Lièvre de Mars.

— Exactement, dit Alice.

— Alors, vous devriez dire ce que vous pensez, poursuivit le Lièvre de Mars.

— C'est ce que je fais, dit Alice très vite ; enfin… enfin, je pense ce que je dis…, c'est la même chose, n'est-ce pas ?

— Pas du tout la même chose ! dit le Chapelier. Vous pourriez tout aussi bien dire que : « Je vois ce que je mange » est la même chose que : « Je mange ce que je vois ! »

— Vous pourriez aussi bien dire, ajouta le Lièvre de Mars, que : « J'aime ce qu'on me donne » est la même chose que : « On me donne ce que j'aime. »

— Vous pourriez tout aussi bien dire, ajouta le Loir, qui semblait parler dans son sommeil, que : « Je respire quand je dors » est la même chose que : « Je dors quand je respire ! »

— « C'est la même chose pour vous », dit le Chapelier, et là-dessus la conversation tomba et la compagnie resta silencieuse une minute. Pendant ce temps, Alice passa en revue tous ses souvenirs sur les

Histoires pour les filles

corbeaux et les bureaux, mais elle ne trouva rien.

Le Chapelier fut le premier à rompre le silence.

« Quel jour du mois est-on ? » dit-il en se tournant vers Alice. Il avait sorti sa montre de sa poche et la regardait d'un air inquiet, la secouant, puis la portant à son oreille.

Alice réfléchit un peu et dit : « Le quatre ».

– Deux jours de retard ! soupira le Chapelier. Je vous avais bien dit que le beurre ne ferait pas l'affaire, ajouta-t-il en jetant au Lièvre de Mars un regard furieux.

– C'était du beurre *extra*, répondit le Lièvre de Mars.

– Oui, mais des miettes sont tombées dedans, grommela le Chapelier, vous n'auriez pas dû le mettre avec le couteau à pain.

Le lièvre de Mars prit la montre et la regarda encore. Mais il ne pouvait rien trouver de mieux à dire que : « C'était du beurre extra, vous savez ».

Alice, curieuse, avait jeté un coup d'œil par-dessus son épaule.

« Quelle drôle de montre ! remarqua-t-elle. Elle indique les jours du mois et non pas l'heure qu'il est !

– Pourquoi pas ? grommela le Chapelier. Est-ce que votre montre vous dit en quelle année nous sommes ?

– Naturellement pas, répondit Alice sans hésitation, mais c'est qu'une seule année dure trop longtemps.

– C'est pourtant le cas avec la *mienne* », dit le Chapelier.

Alice sentit qu'elle perdait la tête. La remarque du Chapelier semblait n'avoir aucun sens.

« Je ne comprends pas très bien ! dit-elle aussi poliment qu'il lui fut possible.

– Le Loir s'est endormi », dit le Chapelier, et il lui répandit un peu de thé chaud sur le nez.

Le Loir secoua la tête avec impatience et dit sans ouvrir les yeux :

« Naturellement, naturellement, c'est justement ce que j'étais en train de constater moi-même.

– Avez-vous trouvé la devinette ? demanda le Chapelier en se retournant vers Alice.

– Non, je donne ma langue au chat, répondit Alice ; qu'est-ce que c'est ?

– Je n'en ai aucune idée, dit le Chapelier.

– Ni moi », dit le Lièvre de Mars.

Alice soupira :

« Je pense que vous pourriez faire mieux que de gaspiller le temps à poser des devinettes qui n'ont pas de réponse.

– Si vous connaissiez le temps aussi bien que moi, dit le Chapelier,

Histoires pour les filles

vous n'en parleriez pas comme ça. C'est de *lui* qu'il s'agit.

– Je ne sais pas ce que vous entendez par là, dit Alice.

– Naturellement! dit le Chapelier, hochant la tête avec mépris. J'ose dire que vous n'avez même jamais parlé au Temps.

– Peut-être pas, dit Alice prudemment, mais je sais que je dois le battre en mesure quand j'apprends la musique.

– Ah! voilà bien la preuve, dit le Chapelier, il ne supporte pas d'être battu. Si vous restiez seulement en bons termes avec lui, il ferait tout ce que vous voudriez avec les heures. Par exemple, supposez qu'il soit neuf heures du matin, le moment où commencent les leçons, vous lui feriez signe et l'aiguille passerait aussitôt à midi et demi, l'heure du déjeuner!

(« Je voudrais que ça soit vrai », soupira le Lièvre de Mars se parlant à lui-même.)

– Ce serait une bonne affaire, sûrement, dit Alice pensivement, mais alors je n'aurais pas faim.

– Pas tout de suite, peut-être, dit le Chapelier, mais vous pourriez rester à midi et demi aussi longtemps qu'il vous plairait.

– Est-ce ainsi que *vous* faites? » demanda Alice.

Le Chapelier secoua la tête tristement.

« Pas moi! répondit-il, nous nous sommes querellés en mars

Alice au pays des merveilles

dernier… juste avant qu'il ne devienne fou, vous savez (et il pointait sa cuillère à thé dans la direction du Lièvre de Mars) ; c'était au grand concert donné par la Reine de Cœur et je devais chanter :

Brillez, brillez, petite chauve-souris !
Que faites-vous si loin d'ici ?

« Peut-être connaissez-vous la chanson ?
— J'ai déjà entendu quelque chose comme ça, dit Alice.
— Il y a une suite, vous savez, poursuivit le Chapelier, la voici :

Au-dessus du monde, vous planez,
Dans le ciel, comme un plateau à thé
Brillez, brillez…

Là-dessus le Loir se secoua et commença à chanter dans son sommeil :

Brillez, brillez, brillez, brillez…

Et continua ainsi pendant si longtemps qu'ils durent le pincer pour l'arrêter.

« Eh bien, j'avais à peine fini le premier vers quand la Reine sursauta et hurla : « Il chante faux ! Il massacre le temps !
— Coupez-lui la tête ! » dit le Chapelier.
— C'est affreux ! s'écria Alice.
— Et depuis, continua le Chapelier d'un ton plaintif, le Temps

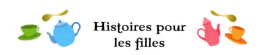

Histoires pour les filles

n'a plus jamais voulu rien faire de ce que je lui demandais! C'est toujours l'heure du thé, maintenant. »

Une idée jaillit dans l'esprit d'Alice :

« Est-ce la raison pour laquelle il y a un tel désordre ici ? demanda-t-elle.

– Oui, c'est ça même, dit le Chapelier dans un soupir, il est toujours l'heure du thé et nous n'avons plus le temps de laver les tasses.

– Alors vous ne cessez de tourner en rond, je suppose ? dit Alice.

– Exactement, dit le Chapelier, à mesure que les ustensiles ont été utilisés.

– Mais qu'est-ce qui se passe quand vous revenez au commencement ? se risqua à demander Alice.

– Si nous changions de sujet de conversation ? interrompit le Lièvre de Mars en bâillant, j'en ai assez de celui-là. Je propose que la jeune demoiselle nous raconte une histoire.

– Je regrette, mais je n'en sais pas, dit Alice, assez alarmée par cette proposition.

– Le Loir, alors ! crièrent-ils tous deux.

– Eh ! Loir ! Réveille-toi ! »

Et ils le pincèrent en même temps des deux côtés.

Le Loir ouvrit lentement les yeux :

Alice au pays des merveilles

« Je n'étais pas endormi, dit-il d'une voix pâteuse et ensommeillée, j'ai entendu tout ce que vous disiez.

– Raconte-nous une histoire ! dit le Lièvre de Mars.

– Oh ! oui, je vous en prie, demanda Alice.

– Et vite, ajouta le Chapelier, sinon tu seras rendormi avant d'avoir fini.

– Il y avait une fois trois petites sœurs, commença le Loir à toute vitesse, et elles s'appelaient Elsie, Lacie et Tillie et elles vivaient au fond d'un puits.

– De quoi vivaient-elles ? dit Alice qui prenait toujours grand intérêt à tout ce qui était manger et boire.

– Elles vivaient de mélasse, dit le Loir après avoir réfléchi une ou deux minutes.

– C'est impossible, vous savez, remarqua Alice gentiment ; elles auraient été malades.

– Elles l'étaient, malades, dit le Loir et *très* malades. »

Alice essaya de s'imaginer ce que pouvait être une aussi extraordinaire manière de vivre, aussi poursuivit-elle :

Histoires pour les filles

« Mais pourquoi vivaient-elles au fond d'un puits ?

— Mais reprenez donc un peu de thé, dit gravement le Lièvre de Mars à Alice.

— Je n'en ai pas encore pris, répondit Alice d'un ton offensé. Je ne vois pas comment je pourrais en prendre *plus*.

— Vous voulez dire que vous ne pouvez pas en prendre *moins*, dit le Chapelier : car il est facile de prendre *plus* de rien.

— Personne ne vous demande *votre* avis, dit Alice.

— Qui fait des remarques personnelles maintenant ? » demanda le Chapelier triomphant.

Alice ne sut trop que répondre. Elle se servit du thé et du pain beurré, puis se tourna vers le Loir et répéta :

« Pourquoi vivaient-elles au fond du puits ? »

Le Loir réfléchit encore une ou deux minutes, puis il dit :

« C'était un puits de mélasse.

— Ça n'existe pas ! allait s'écrier Alice, mais le Chapelier et le Lièvre de Mars firent : « chut ! chut ! » et le Loir remarqua, maussade :

— Si vous ne pouvez pas avoir la politesse de vous taire, finissez donc l'histoire vous-même.

— Non ! je vous en prie, continuez ! dit Alice, je ne vous interromprai plus. Je veux bien croire qu'il en existe *un*.

Alice au pays des merveilles

– Bien sûr, un ! dit le Loir, indigné.

Cependant, il voulut bien continuer :

« Donc ces trois petites sœurs… elles apprenaient à dessiner, voyez-vous, à tirer des traits.

– Des traits comment ? dit Alice, oubliant tout à fait sa promesse.

– Des traits de mélasse, dit le Loir sans hésiter.

– Je veux une tasse propre, interrompit le Chapelier ; avançons d'une place. »

Ce qu'il fit, et le Loir le suivit. Le Lièvre de Mars prit la place du Loir et Alice, à contre-cœur, prit la place du Lièvre de Mars. Le chapelier fut le seul à bénéficier de ce changement et Alice se trouva la plus désavantagée, car le Lièvre de Mars venait de renverser le pot à lait dans sa soucoupe.

Alice voulait éviter d'offenser le Loir une fois de plus, aussi demanda-t-elle très prudemment :

« Mais je ne comprends pas, d'où tiraient-elles la mélasse ?

– Vous pouvez tirer de l'eau d'un puits ordinaire, dit le Chapelier ; je suppose donc que vous pouvez tirer de la mélasse d'un puits de mélasse. Est-elle stupide !

– Mais elles étaient *dans* le puits, dit Alice au Loir, préférant ne pas relever cette impertinence.

Histoires pour les filles

— Et *puis* elles étaient dedans, dit le Loir, naturellement ! »

Cette réponse troubla tellement la pauvre Alice qu'elle laissa le Loir parler sans plus l'interrompre.

« Elles apprenaient à dessiner, poursuivit le Loir, en bâillant et en se frottant les yeux, car il commençait à avoir très envie de dormir, et elles dessinaient toutes sortes de choses… Tout ce qui commençait par un M.

— Pourquoi par un M ? dit Alice.

— Pourquoi pas ? fit le Lièvre de Mars.

Le Loir, entre-temps, avait fermé les yeux et allait se rendormir. Mais, pincé par le Chapelier, il se réveilla avec un petit cri et continua :

« Ce qui commençait par un M, tels que mouche, mirliton, mémoire, machins… vous savez quand on ne trouve pas un mot, on dit des machins… avez-vous jamais vu quelque chose comme un dessin de machins ?

— Vraiment, vous me demandez cela ? dit Alice ahurie. Je ne pense pas.

— Alors, vous devriez vous taire », dit le Chapelier.

Cette impolitesse était plus qu'Alice n'en pouvait supporter. Elle se leva, dégoûtée, et s'en alla. Le Loir s'endormit instantanément

**Alice au pays
des merveilles**

et personne ne remarqua le départ d'Alice, bien qu'elle se retournât une ou deux fois, dans le vague espoir qu'ils la rappelleraient. Quand elle les vit pour la dernière fois, ils essayaient de mettre le Loir dans la théière.

« En tout cas, je ne reviendrai plus jamais *ici* ! dit Alice en se frayant un chemin à travers bois. C'est le thé le plus stupide auquel j'aie jamais assisté ! »

Comme elle disait cela, elle s'aperçut que l'un des arbres avait une porte qui donnait accès à l'intérieur de son tronc. « Ça, c'est curieux ! pensa-t-elle, mais tout est curieux aujourd'hui. J'imagine que je peux entrer. » Ce qu'elle fit sans réfléchir.

Une fois de plus, elle se trouva dans un long couloir et tout près de la petite table de verre. « Cette fois, je vais faire mieux », se dit-elle, et elle commença par prendre la petite clé d'or, puis elle ouvrit la porte qui conduisait dans le jardin. Elle se mit à mordiller le champignon (elle en avait gardé un petit morceau dans sa poche) jusqu'à ce qu'elle mesurât environ trente centimètres, ensuite elle descendit par l'étroit passage, et alors, elle se trouva enfin dans le jardin merveilleux, parmi les lumineux parterres de fleurs et les fraîches fontaines.

Remerciements

Les éditeurs voudraient remercier les artistes suivants qui ont apporté leur contribution à ce livre :

Shirley Bellwood/B L Kearley, Julie Cornwall,
Peter Dennis/Linda Rogers Associates,
John Dillow/Beehive Illustration,
Pamela Goodchild/B L Kearley,
Richard Hook/Linden Artists,
Iole Rose/Beehive Illustration,
Eric Rowe/Linden Artists, Mike Saunders,
Elena Selivanova/Beehive Illustration,
Colin Sullivan/Beehive Illustration,
Roger Wade Walker/Beehive Illustration,
Mike White/Temple Rogers

Les autres éléments graphiques proviennent de la banque d'images Miles Kelly.

Merci également aux agences photographiques :

Castrol CMCD Corbis Corel digitalSTOCK digitalvision
Flat Earth Hemera ILNJohn Foxx PhotoAlto PhotoDisc
PhotoEssentials PhotoPro Stockbyte